大宋繁华

造极之世的表与里

谌旭彬 著

浙江人民出版社

图书在版编目（CIP）数据

大宋繁华：造极之世的表与里 / 谌旭彬著.

杭州：浙江人民出版社，2024. 8（2025. 7重印）.

ISBN 978-7-213-11520-2

Ⅰ. K244. 066

中国国家版本馆CIP数据核字第2024S7U118号

大宋繁华：造极之世的表与里
DASONG FANHUA: ZAOJIZHISHI DE BIAOYULI

谌旭彬　著

出版发行：浙江人民出版社（杭州市环城北路 177 号　邮编　310006）

　　　　　市场部电话：（0571）85061682　85176516

责任编辑：潘海林　魏　力

策划编辑：魏　力

营销编辑：周乐兮

责任校对：何培玉

责任印务：幸天骄

封面设计：琥珀视觉

电脑制版：北京之江文化传媒有限公司

印　　刷：杭州丰源印刷有限公司

开　　本：710 毫米 × 1000 毫米　1/16　印　　张：20

字　　数：257 千字　　　　　　　　　　插　　页：4

版　　次：2024 年 8 月第 1 版　　　　　印　　次：2025 年 7 月第 5 次印刷

书　　号：ISBN 978-7-213-11520-2

定　　价：88.00 元

目 录
CONTENTS

前　言

一

这是一本解读两宋繁华的书。

关于宋朝，传统意见多强调其积贫积弱。近年则有一股新观念，认为两宋的经济与文化都很发达，不但是个宝马香车、雕梁画栋、新声巧笑、按管调弦、集四海之奇珍、会寰区之异味的时代，而且"是中国历史上最具有人文精神、最有教养、最有思想的朝代之一，甚至可能在世界历史上也是如此"。[①]繁华，成了近些年认识两宋的新标签。

论证两宋繁华可以找到很多资料。仅《东京梦华录》与《梦粱录》中的记载，便足可使人对那个时代的开封与临安生出许多向往。但承认了两宋的繁华，仍有许多疑问未解——这繁华从何而来？谁是这繁华的缔造者？谁是这繁华的受益者？谁成了这繁华的代价？普通宋人在这繁华中过着怎样的生活？他们为什么会过上那样的生活？关于繁华的叙

[①] ［德］迪特·库恩（Dieter Kuhn）著，李文锋译：《儒家统治的时代：宋的转型》（哈佛中国史·第四部），导言，中信出版社2016年版。

述如果缺失了这些问题的解释，会显得空洞，也显得可疑。历史是人的历史，应该关怀具体的人，对时代繁华的叙述不应脱离普通人的生存境遇。所以，本书实际上也是在试图复原被统治者的历史，是在讲述普通宋人生活的辗转腾挪。

本书共计九章，大体可分为两个部分。前五章的重点是解释两宋繁华，后四章的重点是介绍两宋普通百姓如何在这繁华时期挣扎求生。前五章中，第一章是总论，即回归常识来讨论两宋繁华的成因及其本质。随后用多达三章的篇幅来试图重构一条中国人口史的隐形脉络，并因之将视线自两宋追溯秦汉，晚至明清。这种写法看似有些"离题"，实则非如此不可。因为在笔者看来，两宋繁华的因素众多，最关键者却是空前的人口红利。而要理解这一空前人口红利为何没有发生在秦汉至隋唐这一漫长的历史时期，而独独发生在两宋，那就必须将那条被长期忽略的人口史隐形脉络勾勒出来。也唯有正视这条隐形脉络的存在并廓清其发生机理，从所谓的"大历史"角度，才能更准确地定位两宋繁华在中国两千年秦制时代①的坐标，才能更真切地理解宋人的生活逻辑与其祖辈的生存境遇的差异。"大历史"不仅要从长远的政治、经济与社会结构变化来观察历史走向，也应关怀具体的人。不关怀具体的人而奢谈历史趋势或历史规律，那样的大历史不会有温度。而没有温度的历史是危险的，很容易掉进宏大叙事的某种陷阱。

第五章谈的是无为红利，即在那官权力完全不受民意制约的时代，"老爷们不干什么"往往要比"老爷们干了什么"更利于社会发展，更能给社会带来（或谓存留）活力。笔者认为，在造就两宋繁华的诸多因素中，"无为"红利的重要性仅次于人口红利。为了更好地说明"无

---

① 自秦汉至明清的两千余年，有称之为封建时代者，也有称之为帝制时代者，还有称之为东方专制主义时代者。笔者更愿意用"秦制时代"来概括这一历史阶段，一如谭嗣同所言："二千年来之政，秦政也，皆大盗也。"笔者对于秦制时代的定义与分析，可参见拙作《秦制两千年》（浙江人民出版社2021年出版）。

为"也是红利这个朴素的道理,本章一方面介绍了赵宋政权不立田制带来的好处,另一方面集中列举了诸多朝廷雄心勃勃意欲有为而造就的悲剧。这些悲剧无一例外,最终只能由普通百姓来"埋单"。

第六章谈宋代的乡下人(即乡户),第七章谈宋代的城里人(即坊郭户)。之所以分开来谈,一是因为历史进入宋代后,中国终于出现了真正意义上的城市人口,大量普通人进入城市谋生,而在宋代之前,城市居民的主体始终是统治者及其附属服务人员。二是因为针对城乡民众,赵宋政权有着不同的控制与汲取政策,城乡民众也有不同的应付手段。有必要指出的是,这些应付手段绝非什么"被统治的艺术",而是普遍呈现为惨烈的两害相权取其轻,即通过主动伤害自己来躲避官权力,以免被官权力逮到,进而造成更严重的伤害。唐太宗贞观年间,百姓为逃避繁重的徭役与兵役而自残手脚,且将残手残脚称作"福手福足",便是这种两害相权取其轻的典型案例。在丧失性命与自残手脚之间,被统治者毅然选择了后者,这惨烈的做法典型地反映了统治者的取民无艺。两宋经济上号称繁华,政治上号称清明,可类似的两害相权并未消失,儿子逼着老母再嫁,父亲为了后代自杀,农户不敢做田主而纷纷化身佃户给人打工,商人积极选择歇业绝不肯再开张,百姓宁愿保持贫穷也不敢努力致富……如此种种,皆是两宋百姓在以两害相权的方式辗转腾挪,艰难求生。这种自损八百避害一千的两害相权,可以说是整个秦制时代底层民生的基本特征,内中只有血泪。

第八章介绍两宋政权的统治逻辑,涉及政治(与士大夫共治天下)、军事(禁军制度)、地方郡县运作、政府救济责任等诸多方面,实际上是想要回答"赵宋王朝是个怎样的政权""普通宋人呈现出怎样的精神面貌"这类问题。本书其他章节不可避免也会或多或少涉及这个问题,这里集中起来谈只是为了让答案变得更加清晰——政治结构会严重影响国民性格,统治滑坡必然诱发道德滑坡。在一个以特权治国的时代,在一个以维持内部控制和汲取力度为要务的时代,在一个官府想尽办法推卸社会救济责任的时代，普通宋人会养成慕权慕强的国民性格，实在不足为奇。

第九章谈的是历史记忆，也是全书的收束。《东京梦华录》里的宝马香车与雕梁画栋很迷人，但再迷人，也只是烂游叠赏的官宦子弟对帝都昔日繁华的追忆。官宦之后的历史记忆无法等同于普通宋人的历史记忆。普通宋人无力记录自身命运，也无力解释自身命运，他们是沉默的大多数。关怀这些沉默者的命运，正是历史研究者和写作者应该关注的命题之一。

二

总体而言，本书无意颂扬宋朝的伟大，也无意赞美两宋的明君贤臣，更无意讨论宋朝是不是中国近世的开端[①]这个问题，而更愿意回答这样一个问题：就被统治者即普通百姓的命运而言，宋朝的出现意味着什么？它相比前代有哪些变与不变？

有些变化很大。比如，两宋广义人头税的征收力度较之前代已大幅削弱，民众的生育意愿获得了大解放；再比如，两宋不立田制，朝廷不再以暴力手段干预田亩的市场流通，这也是生产力的一次大解放。只是，这些变化既不能视为两宋政府的制度创新，也不能视为两宋政府的历史功绩——因为决策权长期掌握在官府手中，许多人或许已习惯于将社会的改良与进步归功于衙门；也因为臣民实在做得太久，许多人或许也会真以为自己是皇帝养活的。实则两宋广义人头税负担的削弱与不立田制的出现，皆非偶然，而是唐朝中后期实施两税法的必然结果。而唐

---

① 将宋朝视为中国近世的开端，始于日本学者内藤湖南（1866—1934），其在20世纪20年代进行了系统性的阐述。内藤参考欧洲文艺复兴以来的历史分期法，将唐代视为中国中世纪的结束，将宋代视为近世的开端，分界的重点落在"贵族政治的衰颓和独裁的兴起"。内藤湖南的区分法曾产生很大影响，但当代很多日本学者和中国学者已不认同这种观点。

朝政府之所以实施两税法，又是因为不受制约的官权力与租庸调制度结合，已将唐朝百姓逼至极艰难的困境。百姓纷纷两害相权取其轻，抛弃了田宅家园，抛弃了年迈的父母，宁愿如无根浮萍般去做逃亡者，也不肯再做唐王朝的编户齐民。消极抵抗也是抵抗。在官权力不受制约的时代，在民意缺乏力量转换机制的时代，消极抵抗更是最后的抵抗，也是最有力的抵抗。不是皇帝们发了善心，而是普通民众的消极抵抗逼着皇权在赋税制度与田亩制度上做出了改变。皇权愿意改变，不过是因为做出改变有助于延续政权寿命罢了。

政权的统治模式是影响民众日常生活面貌最重要的因素。当赵宋政权的赋税征收不再以人头税为主，而转以田亩税（资产税）为主时，很多事情都会发生变化。主户们（在农村有田产或在城市有房宅店铺者）不敢求富，客户们（在乡村为人佣耕或在城市被人雇佣者）变成了更自由的打工人，乡村里出现了草市，城市里涌入了市民，如此种种，皆是统治模式与汲取模式变更后的产物。然而，种种变化之外，秦制这个基本底色没有变。赵宋政权仍以官僚集团和军队为统治基础，其皇权与官权仍然不受制约，其施政仍以控制与汲取而非提供公共服务为第一要义。换言之，两宋的变化只是统治技术层面的变化，它仍然是一个典型的秦制政权，与之前和之后的朝代并无本质区别。

叙述这些变与不变，不可避免会有许多针对赵宋政权的批评。或许会有人认为这些批评太过苛责，是在用今人的标准去要求古人。其实，站在普通民众即被统治者的立场，而非站在帝王将相的立场，去审视统治者的施政，去审视时代的进步与退步，是中国文化古已有之的传统。早在先秦时代，老子便以"圣人"（即统治者）为批评对象，要求他们收敛自己的欲望，收敛其实践所谓"雄才大略"的冲动。老子深信只有"为无为，则无不治"，"圣人"不折腾，民众才能过上好日子。孔子也常以统治者为批评对象，要求他们"克己复礼"，克制欲望约束自己，尽量不要去做折腾百姓之事。孟子更是旗帜鲜明地主张民贵君轻，以百姓生活得好不好作为评价君王的终极标准。太史公撰写《史记》点评帝王，同样将施政是否有利于民生放在了首位，同样厌恶统治者的"雄才大略"，更欣赏安静无为之君。所以他才会既在《史记》里如实记载吕后伏杀韩信、毒杀赵王、虐杀戚夫人等诸多残忍变态的事迹，又在"太史公曰"里对吕后不吝赞美之词：

> 惠帝垂拱，高后女主称制，政不出房户，天下晏然。刑罚罕用，罪人是希。民务稼穑，衣食滋殖。①

在太史公的认知里，长达十五年之久的惠帝吕后时代，汉帝国百姓能过上稍好一点的日子，靠的不是惠帝与吕后干了什么，而是他们没有干什么。所谓"垂拱"，所谓"政不出房户"，所谓"刑罚罕用"，皆是指统治者不搞事。统治者不搞事，便是最大的好事。太史公有史德，不会漏记吕后在高层政治斗争中的残暴与变态。太史公也有史识，故而在评价吕后的历史功过时，更在意她的"政不出房户"让普通民众获得了喘息的机会。

可以说，站在被统治者的立场，而非代入秦皇汉武这些统治者的角度去审视历史与现实，是中国早在先秦两汉时代便已成型的文化基因。留存普通人的辗转腾挪，廓清普通人的命运浮沉与权力施政的关系，当然要有批评。支撑这些批评的标准古已有之，不存在苛责古人的问题。遗憾的是，上述文化基因在后世不断遭到污染，已变得面目全非。为了将自己打扮成英明神武的救世主，秦皇汉武们启动了一轮又一轮文化阉割，消灭了一代又一代有理想的知识分子，长期致力于将天下读书人统统培养成条件反射式要与皇权共情的畸形种。故而才有梁启超于清末剧变之际幡然醒悟，痛斥中国传统史书只见一家一姓不见民众，只见统治

---

① （西汉）司马迁：《史记》卷九《吕太后本纪》。

者而不见被统治者，实可谓无史。[1]

　　笔者从事历史写作已有十余年，常被问"你最喜欢历史上的哪个时代""你最想穿越到哪个朝代"这类问题。实则所谓时代不过是历史写作的剖析对象，无所谓喜欢或者不喜欢，两宋自然也是如此。书写历史是在朝后看，朝后看的目的绝不是要制造一个存在于昔日的美好幻象，而是要从那来路中看到经验与教训。史学起源于现实关怀，不断地朝后看，是为了更好地朝前看。

谌旭彬

2024年3月写于海淀北下关

---

　　[1] 梁启超：《新史学》，《饮冰室合集·文集·第九册》，中华书局1989年版，第7页。

第一章

北宋繁华的真相

本章试图回答如下几个问题：赵宋王朝的繁华从何而来？相较于前代，两宋做了哪些有助于提升繁华度的重要变化？两宋繁华的实质是什么？

峰值人口过亿

与唐代相比，两宋经济领域最大的变化是人口激增。有学者认为，北宋的峰值人口已经过亿。《中国人口史》第三卷称：

> 北宋以前我国人口增长缓慢。西汉元始二年（公元2年）全国有6000余万人……到唐朝人口峰值阶段的天宝十四载（755）仍只有1300万—1400万户、7000余万人。北宋承唐末五代天下大乱，太平兴国五年（980）只有约3540万人。经过百余年的迅速增长，到12世纪初的北宋末年达到峰值阶段。当时，在北宋、辽、西夏、大理等国范围内，总人口达1.4亿。[①]

这1.4亿人口大部分生活在北宋境内。下表（表1）是北宋的部分官方

① 葛剑雄主编，吴松弟著：《中国人口史（第三卷）辽宋金元时期》，复旦大学出版社2005年版，第621页。

人口统计数据：

表1 北宋部分年份人口统计数据一览

年　份	户　数	口　数	户均口数
宋真宗咸平六年（1003）	6864160	14278040	2.08
宋仁宗嘉祐八年（1063）	12462317	26421651	2.12
宋徽宗大观三年（1109）	20882438	46734784	2.24

资料来源：梁方仲编著：《中国历代户口、田地、田赋统计》，上海人民出版社1980年版，第172—178页，"甲表32：北宋各朝户口数、每户平均口数及户口数的升降比"。

　　需要注意的是，表中统计的"口数"仅指男性人口[①]，这是北宋人口统计数据与前代及后代大不相同之处。宋太祖于乾德元年（963）命地方诸州统计人口上报户账，其中便有"其丁口男夫二十为丁，六十为老，女口不须通勘"[②]的规定，意思是只统计不同年龄段的男丁，不统计女性人口。

　　若将女性也包括进来，宋代家庭的户均口数将是多少？《中国人口史》的估算结论是："最保守的估计也应在5口以上，或许5.4口比较合理一些"[③]。不过，考虑到宋代有着重男轻女的传统，户均女性人口应略低于户均男性人口，户均口数估计不到5.4人——学者程民生利用41种两宋文集提供的家庭人口资料，共统计到男子4657人，女子3480人，男女比例为133∶100。扣除夭折与早亡等因素后，男女比例为127∶100。可见性别失衡、重男轻女在两宋是普遍现象[④]。所以，假设前表提供的户均男

---

　　① 葛剑雄主编，吴松弟著：《中国人口史（第三卷）辽宋金元时期》，复旦大学出版社2005年版，第56页。

　　② （南宋）李焘：《续资治通鉴长编》卷四，"乾德元年冬十月庚辰"条。

　　③ 葛剑雄主编，吴松弟著：《中国人口史（第三卷）辽宋金元时期》，复旦大学出版社2005年版，第162页。

　　④ 程民生：《宋人婚龄及平均死亡年龄、死亡率、家庭子女数、男女比例考》，《宋史研究论文集》第11辑，巴蜀书社2006年版。

丁口数不存在隐瞒情况，户均女性口数又略低于表中的户均男丁口数，两者相加，所得家庭规模当不足4.5人。

当然，部分宋代家庭为减轻税赋与劳役负担，会隐瞒男丁，故数据还可能会有增加；但并不是所有家庭皆有能力隐瞒男丁，所以这个增加的可能性不大。也就是说，将北宋户均人口估计为五口，应是最为实际。再往上估算，便可能存在夸张——实际上，宋人谈论本朝人口问题，最常见的说法正是"大率户为五口"[①]。

如此，以总户数乘以户均人口数，宋徽宗大观三年（1109）的总人口便已过亿——据《中国人口史》的估算，大观三年的北宋总人口约为1.1275亿，宣和六年（1124）的北宋总人口约为1.26亿[②]。这也是中国人口在历史上首次突破亿级大关。这个估算，与古人的观感也是一致的。《宋史·地理一》说，宋徽宗崇宁年间的总人口"视西汉盛时盖有加焉；隋、唐疆理虽广，而户口皆有所不及"[③]，不但已超越西汉人口的极盛时代，也超越了疆域更为广阔的隋唐两朝，实可谓前所未有的人口盛世。

至于宋代的峰值人口为何能够过亿，这个重大的问题留到本书第二章与第三章单独分析，这里暂且略过。

粮食亩产提升

两宋经济领域的第二个显著变化，是粮食亩产有了很大提升。

关于粮食亩产，宋代史料留下了不少数据。如范仲淹告诉宋仁宗，他在苏州做官时，发现当地"中稔之利，每亩得米二硕至三硕"[④]。硕

---

① （清）徐松：《宋会要辑稿·食货二四》。

② 葛剑雄主编，吴松弟著：《中国人口史（第三卷）辽宋金元时期》，复旦大学出版社2005年版，第349页、第352页。

③ （元）脱脱等：《宋史》志第三十八《地理一》。

④ （北宋）范仲淹：《答手诏条陈十事》，见（南宋）李焘：《续资治通鉴长编》卷一百四十三，"庆历三年九月"条。

同石。也就是中等年成里，每亩稻田可以收获大米2—3石。南宋高宗绍兴九年（1139），明州（治所位于今天的宁波）官员周纲上奏说，自己询问鄞县当地老农，得知北宋时期，用于灌溉的广德湖未废之前，"七乡民田每亩收谷六七硕"，将稻谷按半数折算为米①，即每亩稻田可产米3—3.5石（周纲提供的是围湖造田前的粮食单产，考虑到该奏章旨在强调围湖造田的危害，这个数据可能是个带有夸张色彩的极限值）。此外，南宋淳熙九年（1182），朱熹也曾上奏说，绍兴府其中六个县目前的收成是"每亩出米二石"②。当时，江南地区的农业生产已大体自靖康之变的动乱中恢复了过来，这个数据也具有一定的代表性。

表2是关于宋代粮食亩产（全部折算为稻米）数据的一份不完整统计：

表2 宋代部分年份粮食亩产数据一览

时 间	地 区	稻米亩产（石）	史料出处
北宋前期	开封地区	1	张方平《刍荛论·税赋》
景祐元年（1034年）前	苏州	2—3	范仲淹《答手诏条陈十事》
熙宁年间（保甲法实施后）	北方地区	1	吕陶《净德集》卷二
元祐二年（1087）	河东路	1	《宋会辑稿·食货二》
政和七年（1117）前	明州鄞县	3—3.5	《宋会辑稿·食货七》
乾道元年（1165）	常州宜兴县	2.1	《陈氏（宗道）舍田碑记》

①　南宋乾道六年（1170），有官员上奏建议，在征收税粮时，如百姓"如愿纳稻子，以稻子二石折米一石"。可见将稻谷按半数折算为米，是当时通用的做法。见（清）徐松：《宋会辑稿·食货七》。

②　（南宋）朱熹：《朱文公文集》卷一六，《奏救荒事宜状》。

时 间	地 区	稻米亩产（石）	史料出处
淳熙四年 （1177）	台州	2.4	应椿年《台州增学田记》
淳熙九年 （1182）	绍兴府	2	朱熹《奏救荒事宜》
嘉定二年 （1209）	湖州	3	《宋会要辑稿·食货六》
端平元年 （1234）前	湖州	3	周弼《丰年行》
咸淳五年 （1269）	浙西	2.5—3	高斯得《宁国府劝农文》

资料来源：表格数据多引自方健《再论宋代农业生产力的发展水平与高度：以南宋人口、田地、产量为例》一文表8"宋代江浙地区亩产稻米估测"，收入于武建国、林文勋、吴晓亮主编：《永久的思念：李埏教授逝世周年纪念文集》，云南大学出版社2011年版，第193页。

从表中可以看到：南方的苏州、湖州等地是粮食高产区，北方粮食亩产总体不如南方。若将南方高产区与北方低产区扯平抵消，大体可以认为，亩产稻米2石是宋代农业的平均产量。吴慧的经典著作《中国历代粮食亩产研究》，便将宋代的粮食亩产确定为亩产米2石或亩产稻谷4石。

亩产米2石，意味着宋代的粮食亩产较之前代有了颇为可观的提升。吴慧将宋亩折算为今天的市亩，将宋石折算成今天的市斤，得到的结论是宋代"每市亩产稻381市斤"。与汉代相比，增长了54.4%；与唐代相比，增长了12.5%[①]。

今人若不从事农业，可能很难理解"每市亩产稻381市斤"意味着什么。这里提供两个当代数据以供对照：1977年，苏州地区单季晚稻每亩

---

① 吴慧：《中国历代粮食亩产研究》，农业出版社1985年版，第160页。

单产为760市斤[①]；2001年，苏州地区单季晚稻每亩单产为1125市斤[②]。也就是说，宋代的粮食平均亩产相当于1977年苏州晚稻亩产的二分之一，相当于2001年苏州晚稻亩产的三分之一。在没有化肥和高产稻种的时代，毫无疑问，这是个很不错的数据。

亩产的提升，让宋朝政府可以从民众身上征收到更多的粮食。唐玄宗天宝年间（742—756），是唐朝政府岁入粮食（地税＋租庸调中的粮食）最多的时期，共计2506万石；而在北宋天禧五年（1021），政府的岁入粮食（租税中的粮食）已达到3278万石。宋石的容量略大于唐石。不考虑这一点，后者也已是前者的1.31倍。[③]

宋人开垦了不少新耕地。"梯田"一词首见于宋代文献[④]，此外还有围田、圩田、湖田等。这导致其疆域面积虽不如唐代，耕地面积反有所增加。当然，北宋的耕地面积较之唐代具体增加了多少，是个难以计算的问题。宋英宗时代政府编修的《治平会计录》，只推测说"率而计之，则天下垦田无虑三千余万顷"[⑤]。这个推测数据不能全然当真，因为"去掉余数，以3000万顷计，再按一宋亩等于0.865市亩换算，当时天下垦田多达25.95亿亩，大大超过现今全国耕地总面积18亿亩"[⑥]，这似乎不太可能。不过，这则材料透露北宋政府确有一种感受，认为本朝新垦耕地亩数极可观。

---

① 江苏省统计局、江苏省农林厅编：《江苏省农业统计资料（1997年）》，第65页。

② 江苏省统计局、江苏省农林厅编：《江苏省农村统计年鉴（2001）》，第239页。

③ 杜文玉：《中国中古政治与社会史论稿》，三秦出版社2010年版，第154页。

④ 李剑农：《中国古代经济史稿（宋元明部分）》，武汉大学出版社2011年版，第754—758页。

⑤ （元）马端临：《文献通考》卷四《田赋考四》。

⑥ 张邦炜：《历史学如何算起来？——从北宋耕地面积、粮食亩产量等数字说起》，收入于包伟民、刘后滨主编：《唐宋历史评论》第三辑，社会科学文献出版社2017年版。

总而言之，北宋政府从农民身上征收到的粮食，相当于唐代最大征收力水平的1.31倍。这种增长主要缘于亩产提升与耕地亩数扩张。

宋代亩产提升的原因很多。除了耕作技术提高、农作物改进、水利设施修筑等常规原因外，一个重要原因就是前文提到的人口大爆炸。在传统农业社会，劳动力大幅增加，意味着每个劳动力可耕种的土地会变少——有统计数据认为，唐代一名成年男丁大约耕地40亩，宋代一名成年男丁大约耕地30亩[①]。人均耕地数量变少，意味着土地的精耕细作程度会有所提升，也意味着粮食亩产的提升。

宋朝"不立田制"也是一次对生产力的大解放。这个问题颇有些复杂，我们留到本书的第五章再细讲，这里也暂且略过。

此外，在募兵制下，兵役主要由中央禁军承担，徭役主要由地方厢军承担，普通民众免去了这两项极为沉重的人头税，也可以将更多时间用在生产耕作之中。还有就是自唐代初年开始出现的"定额租"，在宋代已成为一种普遍现象，也有助于提升佃农的耕作积极性[②]。所谓定额租，就是土地的拥有者按固定额度向佃户收取地租。因为给田主的地租是固定的，佃户精耕细作后收获越多，能留在自己手里的粮食就越多。与两汉三国魏晋南北朝时代普遍实施的"分成租"（田主与佃户按实际收获数量按比例分配）相比，定额租更能调动佃农的积极性，更能鞭策他们对土地进行精耕细作，更用心地从事灌溉、除草、施肥，以求获取更高的亩产，进而改善自己的生活。

财政"蛋糕"变大

人口增多与粮食亩产提升，引发了宋朝经济领域的第三个显著变化：财政"蛋糕"规模远超前朝。

---

① 葛金芳：《宋辽夏金经济研析》，武汉出版社1991年版，第137—139页。

② 王棣：《宋代经济史稿》，长春出版社2001年版，第231—233页。

这是个必然结果。对传统秦制政权而言，财政"蛋糕"的大小主要取决于三项因素：人口，物力，汲取手段。其中前两项因素是决定财政蛋糕规模的基本前提。人口对应劳役，物力对应税赋，人口多，可供汲取的劳役就多。物力多（农业时代主要指粮食亩产提升），可供汲取的税赋就多。

当然，即便人口与物力都未增长，秦制政权仍可以通过变更汲取手段，来提升汲取强度与汲取效率，进而做大财政"蛋糕"。不过，这种办法实属竭泽而渔。在短时间里，财政"蛋糕"确实能够得到肉眼可见的提升，但在长时间段里，必会陷入汲取手段越狠，民间的人力与物力便萎缩得越厉害的恶性循环。随之而来的是汲取成本越来越高，财政"蛋糕"不断缩小，最后整个经济体走向崩溃。三国时代的蜀汉政权便是一个很典型的例子。

据《后汉书·郡国志五》记载，东汉顺帝永和五年（140），益州所辖十二郡国，共有1525257户，7242046人。其中仅蜀郡一地便有300452户，1350476人[①]。70余年后，刘备夺取益州。当时的具体户口数虽不可知，但益州在东汉末年遭遇的战乱不多，有限的几次如黄巾军马相部之乱与东州兵之乱，持续的时间都不长，规模与残酷性皆不如中原地区。所以益州在东汉末年长期属于人口流入地，吸引了很多荆州与三辅地区（汉代长安附近的京兆尹、左冯翊、右扶风三个地区）的流民。庞统建议刘备攻取益州，说的便是"今益州国富民强，户口百万，四部兵马，所出必具，宝货无求于外"[②]。所谓"户口百万"，指的正是益州的总人口超过了百万户。以100万户计算，便有大约500万人口。即便考虑到刘

---

　　① （南朝宋）范晔：《后汉书·郡国志五》。因范晔未及完成《后汉书》便死于非命，该书的《郡国志》实际上是后人摘自司马彪的《续汉书》。

　　② （西晋）陈寿：《三国志·蜀书·庞统传》，裴松之注引《九州春秋》，中华书局1959年版，第955页。

备夺取益州的战争持续了较长时间（两年左右），曹操在汉中之战后又强制迁空了汉中百姓（《后汉书》记载汉中户5万有余，口26万有余），折半计算，益州也至少仍有50余万户，超过200万人口。可是，蜀汉政权在诸葛亮与姜维独掌军权时代一直穷兵黩武，至灭亡之日，竟已窘困至"领户二十八万，男女口九十四万，带甲将士十万二千，吏四万人"①的地步。

上述数据提供了两个信息：一是为了维持穷兵黩武政策，蜀汉政权加大了汲取强度，结果导致人口发生急剧萎缩。二是人口萎缩后，军队仍维持在10万人以上；抽调如此多的壮丁入伍，意味着从事生产的劳动力进一步萎缩，也意味着蜀汉政权要想维持财政"蛋糕"的规模，唯一的办法便是加大汲取力度。蜀汉政权仅20万户百姓，却需要4万名官吏来管理，原因便在这里。增加官吏人数，既是为了提升汲取强度维持财政"蛋糕"，也是为了用高压手段维持社会稳定。可是，大量豢养不事生产的官吏又等于抬升了汲取成本。长此以往，即便没有外敌入侵，蜀汉政权的结局也只有溃败——汲取收益越来越低，汲取成本越来越高，财政"蛋糕"越来越小。当汲取成本的提升幅度超过汲取收益的增长幅度时，政权就会陷入无法维持的困境。

两宋与蜀汉不同。在长达300余年的时间里，两宋的财政"蛋糕"总体量虽有起伏（靖康之变前后的起伏最大），但整体而言始终处于不断扩张的态势，"不同的统计方式都显示，从宋太祖、太宗到徽宗朝，财政收入总体趋势是不断上升的"②。南宋建炎三年（1129），广州州学教授林勋向朝廷进呈《本政书》，内中称："本朝二税之数，视唐增至七倍。"③虽然林勋只提到了两税正赋，未计入劳役，也未计入体量绝不亚

---

① （西晋）陈寿：《三国志·蜀书·后主传》，裴松之注引王隐《蜀记》，中华书局1959年版，第901页。

② 黄纯艳：《宋代财政史》，云南大学出版社2013年版，第356页。

③ （元）脱脱等：《宋史》志第一百二十六《食货上一》。

于正赋的诸般杂税，但这番比较已足以说明两宋的财政"蛋糕"增加到了何种程度。

财政"蛋糕"的这种大规模扩张，既得益于人口的增长，也得益于粮食单产的提升。民间有了更多的人力与物力，两宋政府才会有更多可汲取的对象。同样，两宋财政"蛋糕"的扩张也得益于两宋政府的汲取手段够多、够狠、够有效。用朱熹的话说，就是"古者刻剥之法本朝皆备"①，两宋王朝是历代汲取手段之集大成者。

关于汲取手段的具体细节，本书后文诸多章节皆会涉及，这里只讲一个总的趋势：当民间有了更多的人力与物力后，更多更频繁的商业活动成为可能，两宋政府也将财政"蛋糕"的重心，从实物收入（征收粮食与绢绸丝绵等，主要来自二税正赋）逐渐转移到了货币收入（直接向百姓收铜钱）。当然，这并不是说两宋财政中的实物收入少于前朝——如前文所言，北宋天禧五年（1021）的粮食收入是唐朝天宝年间粮食收入的1.31倍——而是说货币收入在两宋财政"蛋糕"中所占的比重越来越大。

下面这张"唐宋岁入总额与钱币收入占比"表，足以说明这一点。

表3　唐宋岁入总额与钱币收入占比

年　代	岁入总额	岁入钱数	百分比（%）
唐玄宗天宝八年（749）	52300000+	2000000+	3.9
宋真宗天禧五年（1021）	150850100	26530000+	17.6
宋仁宗皇祐元年（1049）	126251964	39000000	30.9
宋英宗治平二年（1065）	116138405	60000000+	51.6

资料来源：全汉昇：《唐宋政府岁入与货币经济的关系》，《历史语言研究所集刊》第20辑上册，1948年。

---

① （南宋）朱熹：《朱子语类》卷一百一十。

表3来自全汉昇先生的经典论文《唐宋政府岁入与货币经济的关系》。岁入总额即财政"蛋糕"总量，岁入钱数即财政"蛋糕"中的货币收入。需要注意的是，表中岁入总额的单位是"贯石匹两"，货币收入的单位是"贯"。也就是说，该表未将各种实物收入，如粮食、布绢丝绵、草茶盐铁等，全部折算成统一的货币单位"贯"，而是将不同计量单位的收入直接加在了一起。这样做的原因，是考证不同时期各种实物的市场价格难度非常大。即便如此，这张表也已足够直观，足够得出两个结论：第一，相比唐朝政府，宋朝政府更愿意向百姓征收货币，而非征收实物；第二，货币收入在宋代财政"蛋糕"中的比例不断扩张，最终变成了宋代财政"蛋糕"的主体。

如果勉强将宋代财政蛋糕中的各项实物收入皆折算为铜钱，那么，货币收入在财政"蛋糕"中所占的百分比只会更高。原因很简单：除了粮食与绢的价格在北宋末年曾达到或超过了每石（匹）1贯，其他实物普遍远低于这个价格。布在宋真宗时代是每匹150—300文（1贯等于1000文），丝和绵在宋神宗时代分别是每两65文和每两35文，盐价、茶价、铁价、草价也是如此。学者贾大泉依据上述物价，将北宋财政蛋糕中的赋税总收入全部折算为货币后，得出的结论如下（见表4）：

表4 宋代财政"蛋糕"总额与金钱收入占比

年 代	赋税总收入	二税收入 （全折算为钱）	岁入钱数	金钱收入占比 （%）
宋太宗至道末年	3559万	2321万	1238万	35
宋真宗天禧末年	5735万	2762万	2963万	52
宋神宗熙丰年间	7073万	2162万	4911万	70

资料来源：贾大泉：《宋代赋税结构初探》，《社会科学研究》1981年第3期。

据该表的统计，早在宋真宗天禧末年，朝廷的货币收入占比就已过半，成了财政"蛋糕"的主体。较之唐玄宗时代货币收入只占到3.9%，变化可谓翻天覆地。

这种翻天覆地，固然与赵宋王朝的所谓"商业繁荣"有关，直接原因却是赵宋王朝统治者以货币收入为财政"蛋糕"主体的征税思路——相比征收实物，将手直接伸向百姓的钱袋子，是征税成本更低、征税效率更高的方式。比如，原本收实物的税种改收银钱，得有个折算标准，这个标准完全由官府说了算，百姓无权参与制定，只能集体被迫将收获的实物拿到市场上去出售（市场当然也会因此"繁荣"起来）；再如某地不产某物，本无相关税种，改收银钱后，官府便可以设立名目进行征税，反正收的是银钱，只要有折算标准即可。此外，实物税还存在运输、储存、损耗等诸多烦琐环节，每个环节都意味着成本，远不如直接掏百姓的钱袋子来得便利。

数据也很能体现这种征税思路。宋太宗至道三年（997），朝廷收到的实物税里，有粮食（谷）3171万石，到宋真宗天禧五年（1021）增加至3278万石，近半个世纪的时间里，增长幅度仅为3.4%[①]。增幅这般微小，说明北宋政府对直接征粮的兴趣有限，没有将增收的重点放在这里，不愿为此太多花力气——这当然不是说北宋政府没有加大税收的汲取力度，而是说相比收取实物，政府更愿意将实物税折变为金钱税。所以，货币收入自北宋初年开始即不断翻倍，宋人李心传在《建炎以来朝野杂记》中记载：

> 国朝混一之初，天下岁入缗钱千六百余万，太宗皇帝以为极盛，两倍唐室矣。天禧之末，所入又增至二千六百五十余万缗。嘉祐间又增至三千六百八十余万缗。其后月增岁广，至熙

---

① 梁方仲编著：《中国历代户口、田地、田赋统计》，上海人民出版社1980年版，"乙表6：北宋至道末年及天禧末年实收租税数"，第396页。

丰间，合苗役税易等钱，所入乃至六千余万。[①]

宋太宗时代的"两倍唐室"也好，王安石变法时扩张至岁入"六千余万"也罢，皆是指政府的货币收入。相比实物，赵宋王朝更爱钱。因为收钱更有效率，可以让财政"蛋糕"变得更大。

食税规模暴增

财政"蛋糕"的扩张，引发了宋朝经济领域的第四个大变化，也是与"两宋繁华"最直接相关的一项变化，即：纯依赖税赋供养的统治阶层人数暴增，是前代的数倍乃至数十倍。

传统秦制王朝的食税群体，通常由皇帝、宗室、文武官吏与军人构成。唐宋两代皆有热衷于大操大办掏空国库的皇帝，也皆有体量有限消耗有限的宗室[②]。评估唐宋两代食税群体的区别，主要得看文武官吏与军人的情况——既要看数量上的差异，也要看待遇上的差异。

先来看唐代的情况。

军人方面，唐前半期实施府兵制。百姓按资产多寡被分成九个等级，资产等级在中等以上，且家有三丁者，须派一人充当府兵。这些府兵平日耕种训练，战时奔赴前线。不但出人出命，还得自备粮食、衣物与武器，自行负担前往戍守地的盘资，实在不能算是食税群体。因朝廷仅负担京城宿卫部队、出征作战部队和边镇守卫部队的衣食，

---

① （南宋）李心传：《建炎以来朝野杂记》甲集卷十四，财赋一"国初至绍熙天下岁收数"条。

② 有些朝代则不同。如明代因朱元璋对宗室实施畸形供养制度，多生子孙以增加禄赐，成了宗室增收的核心手段。许多人认为，明末之时靠税赋供养的朱明宗室已扩张到了近百万的规模，"遍天下几百万""明季天下宗室几百万"［分别见（清）温睿临：《南疆逸史》卷四十八，列传第四十四"宗藩"；（清）魏禧：《魏叔子文集外篇》卷十七，《朱中尉传》］，庞大的宗室群体给明王朝的财政造成了沉重负担。

故唐高宗与武则天时代虽有近70万府兵，军费开支却只占到国家岁入的30%。[1]

府兵制在唐玄宗时代崩溃后（主要原因是做府兵太惨，兵士纷纷逃亡），唐王朝改行募兵制，自民间招募士兵到军中长期服役。为保证招募有吸引力，这些士兵由政府供给吃喝、提供衣装并发放兵器。于是军费开支大涨。唐德宗时代的官员沈传师感慨说，消耗唐王朝财政"蛋糕"最大者"唯二事焉，最多者兵资，次多者官俸。其余杂费，十不当二事之一"。[2]军费已上升到财政支出的第一位。这里的"兵资"既指蓄养士兵的成本，也包括军中各级将官的俸禄。当时的军队主体是中央禁军和藩镇兵。以藩镇兵数量最多，极盛时有80余万之众，占唐王朝总兵力的八成。安史之乱后，藩镇大多无视朝廷节制，自行掌控辖区税赋来供养和扩张军队。这些名义上由唐王朝税赋供养的藩镇兵，实际上已成为地方军阀的私兵。

文武官吏是唐王朝的另一个主要食税群体。唐高宗时代，全国文武官员总数是13465人[3]。唐玄宗开元年间上升至18805人，另有分布在中央、地方与军队中，由朝廷发放俸禄的胥吏数十种[4]，共349863人。两项合计，当时由朝廷税赋供养的文武官吏总数是368668人[5]。这也是唐

---

① 黄天华编著：《中国财政制度史纲》，上海财经大学出版社2012年版，第171页。

② （后晋）刘昫等：《旧唐书》卷一百五十三，《沈传师》。

③ （后晋）刘昫等：《旧唐书》卷八十五，《刘祥道》。

④ 唐宋历史上存在两种胥吏。一种相当于下层官员，领朝廷俸禄，如在各级政府部门工作的令史、书手、录事、谒者、府史、掌固、亭长等。因不在九品之内，一般称作"外流官"。另一种则是纯粹的劳役。地方官府会将衙门里又脏又累的工作如征粮、捕盗等摊派给民众，被摊派者无报酬，须免费乃至贴钱为官府干活。一般称作"职役"。见赵世瑜：《吏与中国传统社会》，浙江人民出版社1994年版，第49—54页。

⑤ （唐）杜佑：《通典·职官二十二》。

代文武官吏体量的高峰数据。

两宋的情况与唐王朝大不相同。

第一项不同是宋代的食税群体总人数暴增。

军队方面，北宋通过募兵制长期维持着一支由中央禁军与地方厢军构成、数量达百万级别的庞大职业军队。军中上至各级将官，下至底层小兵，皆由朝廷财政供养，皆属于北宋的食税群体。这个食税群体在北宋不同时期的具体数量如下：

表5　北宋军队体量变化

时　期	总兵力	中央禁军	地方厢军
宋太祖开宝年间	37.8万	19.3万	18.5万
宋太宗至道年间	66.6万	35.8万	30.8万
宋真宗天禧年间	91.2万	43.2万	48万
宋仁宗庆历年间	125.9万	82.6万	43.3万
宋仁宗皇祐初年	141万	不详	不详
宋英宗治平年间	118.2万	69.3万	48.9万
宋神宗熙宁年间	106.9万	56.9万	50万
宋神宗元丰年间	85.8万	61.2万	24.6万
宋哲宗元祐年间	75万	55万	20万

数据来源：程民生：《宋代军队数量考》，《社会科学战线》2009年第5期。

文武官吏方面，北宋的规模同样远大于唐代。官员人数，宋真宗景德年间是1万余人，宋仁宗宝元年间增至15400余人，宋哲宗元祐年间增至34000余人。至宋徽宗宣和元年（1119），已达51000余人，几乎是唐代开元年间官员数量的3倍。[1]

食税胥吏的数据，两宋缺乏具体统计，但有一个数字可见一斑：宋

---

① 以上宋代官员总量数据转引自张希清：《论宋代科举取士之多与冗官问题》，《北京大学学报（哲学社会科学版）》1987年第5期。

真宗咸平四年（1001），朝廷为减轻开支，派人去地方实施"减省天下冗吏"的工作，结果"计省十九万五千八百二人"[1]，有超过19万食税胥吏被裁。考虑到这次裁员并未真正解决"冗吏"的问题，仍在职的食税胥吏想必更多。而且，宋真宗时代也不是两宋"冗官"与"冗吏"问题最严重的时期。前文提到，唐玄宗开元年间有官员18805人，有食税胥吏349863人，二者的比例是1:18。两宋"古者刻剥之法本朝皆备""取民无艺"，各级衙门在做大财政"蛋糕"方面有更多的事情要做，其官员与食税胥吏的比例，势必不会低于唐朝。即便保守按1:18来计算，宋哲宗元祐年间的食税胥吏也应有60余万，已是唐朝的两倍；宋徽宗时期则应有90余万，已是唐朝的近3倍。

第二项不同是宋代的食税标准暴涨。

宋朝为军队制定了优渥的月俸。宋英宗治平元年（1064），官员蔡襄在上奏中提到北宋职业兵的收入情况，"禁军一兵之费，以衣粮、特支、郊赍通计，一岁约费钱五十千，厢兵一兵之费岁约三十千"，意思是一名基层禁军士兵，包括吃穿与常规赏赐，一年要消耗50贯钱（相当于月俸4.1贯），一名地方厢兵一年要消耗30贯钱（相当于月俸2.5贯）[2]。此外，宋代基层军官的月俸是7贯，中层武官是20—100贯不等，高级武官是150—400贯不等。这是唐代府兵不敢想象的待遇。唯有唐代后期待遇最优厚、收入相当于边军三倍的神策军士兵可以与之相提并论——神策军士兵的俸禄加上常规赏赐，每年能得粟36石、绢布21匹。宋英宗时期基层禁军士兵的收入，按当时的物价可以买到约60石大米[3]。二者大体相近。但神策军最多时不过20万人，宋英宗时期的禁军

---

① （南宋）李焘：《续资治通鉴长编》卷四十九。

② 蔡襄：《论兵十事》，《蔡襄全集》，福建人民出版社1999年版，第435页。

③ 宋英宗治平元年（1064）的米价缺乏数据，这里使用了宋神宗熙宁八年（1075）苏州的米价数据"每斗50—80文"来进行计算，取其中的高值80。见漆侠：《宋代经济史》下册，"粮价表"，南开大学出版社2019年版，第1087页。

却有近70万之众，若加上厢军则超过了118万。

再来看文武官吏的俸禄。一般来说，唐、宋官员的俸禄均包括正俸、加俸和职田三大块。就正俸而言，又包括禄粟（米）、俸钱和衣赐三项。北宋的《嘉祐禄令》将官员俸禄自上而下，从宰相而下划分为41个等级。禄粟方面，最高级别的宰相与枢密使是每月200石，最低一级是每月1石。俸钱方面，最高级别的宰相与枢密使月俸是300贯，最低一级的月俸是10贯[①]。衣赐方面，最高级别的宰相与枢密使是每年绫40匹、绢60匹、绵100两，最低一级是每年绢4匹，布0.5匹。[②]反观唐代，唐太宗贞观年间制定的京官禄米标准是：正一品每年700石（相当于每月58石），从一品600石，正二品500石，依次往下递减，至从九品是52石。之后虽有改动，但数据变化不大。唐高宗时期，官员的俸料钱开始正规化，规定一品官员每月可以拿到11000文（11贯），二品官员能拿到9000文（9贯），依次往下递减，至九品官能拿到1500文（1.5贯）。[③]也就是说，禄粟（米）方面，宋代一品官员每年可以拿到2400石，是唐代一品京官的3倍有余。俸钱方面，宋代一品官员每年可以拿到3600贯，是唐代一品京官的27倍有余。其他相应品级的对比也大体如此，不再赘述（宋代分级多，是因为俸禄的覆盖面比唐代广）。

当然，这番比较有点简单，不够严谨，未将所有收入都纳入进来，只选择了最重要的几项；也未在比较俸钱时考虑不同时代的物价，且没有细究禄粟和禄米的区别。

但这些因素无关宏旨，不妨碍我们得出一个基本结论：宋代官员的食税标准是唐代官员的数倍乃至数十倍，这使得他们可以很轻松地过上

---

① （元）脱脱等：《宋史》志第一百二十四《职官十一》。

② 黄惠贤、陈锋：《中国俸禄制度史》，武汉大学出版社2012年版，第234页。

③ 黄惠贤、陈锋：《中国俸禄制度史》，武汉大学出版社2012年版，第161—182页。

比唐代官员更安逸的生活。

富养统治基础

宋代食税者数量的暴增与食税标准的暴涨，是其制度设计的必然结果。

这种制度设计可以概括为"富养统治基础，以优待来贿买忠诚"。秦制政权的核心统治基础是军队和官僚集团。宋太祖赵匡胤曾对宰相赵普等人说，要想让王朝千秋万代，必须不惜财力去养兵。将兵养满意了，遇上灾年只会"有叛民而无叛兵"；太平年景里当然更不用忧虑。[1]历代赵宋皇帝也都深信这套统治逻辑，宋神宗曾如此赞美宋太祖的制度设计：

> 前世为乱者，皆无赖不逞之人。艺祖平定天下，悉招聚四方无赖不逞之人以为兵，……无赖不逞之人既聚而为兵，有以制之，无敢为非，因取其力以卫养良民，各安田里，所以太平之业定，而无叛民，自古未有及者。[2]

宋代以前起来造反作乱的，都是些无业游民。本朝太祖皇帝吸取教训，以优厚的待遇为饵，将大宋的无业游民全招进军队之中，用军营与军法将这些不安定因素管控起来，再用他们去控制普通百姓。大宋无叛民，太平便是这么来的，这是前无古人的成就。宋神宗这些话，既显示他深谙宋太祖统治之道，也赤裸裸地挑明了赵宋王朝富养军队的首要目的是维持对内的统治，而非对外御敌。

---

[1]（北宋）晁说之：《嵩山文集》卷一，《元符三年应诏封事》，《四部丛刊续编·集部》，上海书店1985年版。赵匡胤的原话是："可以利百代者，唯养兵也。方凶年饥岁，有叛民而无叛兵，不幸乐岁而变生，则有叛兵而无叛民。"

[2]（南宋）李焘：《续资治通鉴长编》卷三二七。

　　赵宋王朝富养官僚集团的逻辑，与富养军队的逻辑是一样的。对秦制政权而言，知识群体与游民同属需要优先控制的社会群体。两宋以军队吸纳游民，也以官吏吸纳知识群体；既不惜将军队扩张至百余万，也不惜将官吏扩张至唐代的数倍。官僚集团膨胀至最极端时，"率数十人而竞一阙"①，录用官员的数量远远超出实际职位所需，数十名候选者盯着一个实缺。需要注意的是，两宋虽扩大了科举规模，但官吏集团膨胀的主要途径并非科举，而是恩荫，也就是官宦子弟们拥有直接做官、优先做官的福利。据南宋嘉定六年（1213）的统计，科举出身的官员只占到当时全部官员的26.1%，远比不上占比56.9%的"恩荫出仕"②。扩大科举取士规模，意味着两宋政权愿意给底层人提供进入统治集团的上升通道；恩荫出仕的比例如此之高，则意味着两宋政权无意破坏官僚集团的稳定性。给底层知识分子以进入体制的希望，与维护体制内官僚的世袭利益，皆是为了巩固两宋政权的统治基础。

　　除了富养之外，两宋政权对官僚群体还有一项重要优待，即不对他们施以严刑峻法。北宋神宗年间，皇帝欲诛杀漕官，大臣们谏阻的理由是"祖宗以来未尝杀士人，臣等不欲自陛下始"③。宋哲宗年间，大臣吕大防奉命向皇帝讲授"祖宗之法"，也重点提到"唯本朝用法最轻，臣下有罪，止于罢斥，此宽仁之法也"④。宋哲宗后来拒绝杀戮党争失败者，理由是"朕遵祖宗遗志，未尝杀戮大臣"⑤。可见官僚群体在宋代鲜少有性命之忧。

---

① （南宋）周必大：《周益国文忠公集》卷十一。

② 方健：《北宋士人交游录》，上海书店出版社2013年版，第3页。

③ （南宋）高文虎：《蓼花洲闲录》，《丛书集成新编》第86册，台湾新文丰出版公司影印版，第752页。

④ （清）毕沅：《续资治通鉴》宋纪卷八十二，"元祐八年正月丁亥"条。

⑤ （元）马端临：《文献通考》卷一百六十七。

在清代史家赵翼看来，这种"富养统治基础，以优待来贿买忠诚"的立国之策是一把双刃剑。一方面，优待政策将赵宋皇室与军队、官僚集团牢牢结为利益共同体，被富养的军队和官僚集团很愿意支持赵宋皇室，两宋读书人多慷慨报国者，两宋亡国之际捐躯殉国者独多，均非偶然。但另一方面，这种优待也给底层百姓造成了极大负担，乃是"恩逮于百官者唯恐其不足，财取于万民者不留其有余"[①]——百官是统治基础，唯恐给他们的优待有所不足；万民是被统治者，唯恐从他们身上汲取太少而有剩余。这种治理逻辑，也正是两宋财政"蛋糕"规模相当于唐代的数倍乃至数十倍，但绝大部分消耗在食税者身上，鲜少用于改善民生的主要缘故。对此，做过掌管财政收支的三司使的北宋官员蔡襄深有感触。他在给宋英宗的奏章中说：

> 臣约一岁总计，天下之入不过缗钱六千余万，而养兵之费约及五千（万）。是天下六分之物，五分养兵，一分给郊庙之奉、国家之费。国何得不穷？民何得不困？[②]

按蔡襄所见统计数据，北宋财政"蛋糕"的六分之五用来养军队，剩下的六分之一用来养皇室和官僚集团，几乎完全没用在百姓身上。蔡襄的感受不是孤例，南宋庆元年间（1195—1200）的官员姚愈也上奏说，天下之财"大略官俸居十之一，吏禄居十之二，兵廪居十之七"[③]——官俸加吏禄消耗掉了财政的十分之三，军队消耗掉了财政的十分之七。换言之，取之于民的财政"蛋糕"，全用在了"富养统治基础"这件事情上。

---

① （清）赵翼：《廿二史札记》卷二五，"宋制禄之厚"条。

② 蔡襄：《国论要目·强兵》，《蔡襄全集》，福建人民出版社1999年版，第430页。

③ （清）徐松：《宋会要辑稿·食货五六》。

宋神宗赞誉"富养统治基础"的祖制，其实也是因为他切实见到了该制度设计带来的好处。两宋"古者刻剥之法本朝皆备"[1]，本是个民变迭起的时代。据何竹淇编纂的《两宋农民战争史料汇编》一书统计，北宋有各类民变203次，南宋有各类民变230次，可谓年年皆有百姓铤而走险。但因赵宋王朝富养统治基础，这些此起彼伏的民变鲜少有官军和士绅加入。民变在人力、物力、智力与组织能力方面皆很难得到支持，大多旋起旋灭，规模止于数百人或数千人[2]。规模最大的蜀中王小波与李顺起义、浙江方腊起义，波及范围与持续时间均远不能与汉之绿林、赤眉、黄巾，隋之瓦岗诸军、唐之黄巢、明之闯献相比。北宋存续160余年，亡于外敌入侵；南宋存续150余年，也亡于外敌入侵。这300余年间，得益于富养统治基础，赵宋王朝没有发生过统治集团的内部分裂，确如赵匡胤所言是个"有叛民而无叛兵"的时代。

繁华的底层逻辑

富养统治基础造就的结果，便是所谓的两宋"繁华"。

今人谈论两宋繁华，通常有两个维度。一是物质与市井层面，也就是《东京梦华录》所载开封城内的香车宝马、雕梁画栋、新声巧笑、按管调弦、集四海之奇珍、会寰区之异味。二是精神与文化层面，也就是陈寅恪所说的"华夏民族之文化，历数千载之演进，造极于赵宋之世"。

这两个维度的繁华，其社会基础都是两宋那规模庞大、前无古人的食税群体——职业兵按100万算，加上家属按五口之家算，便是500万之众；官与吏的数量取宋哲宗时期的保守估算数字——官员34000余人，食

---

① （南宋）朱熹：《朱子语类》卷一百一十。

② 据关履权的统计，两宋"规模较大"的民变共计70余次。可惜他未明确什么是"规模较大"。见关履权：《论两宋农民战争》，《历史研究》1962年第2期。

税胥吏60余万；官员之家按十口算，食税胥吏之家按五口算，便是330余万之众。再加上皇室、王公贵族与他们蓄养的僧道之流，说北宋共计有上千万食税人口，应是个比较保守的数字。这些人构成了北宋最具消费力的人群。哪座城市聚集着更多的食税人群，哪座城市就必定更繁华，必定能提供更多的奢侈品、生活用品与文化产品，必定有更多的物质享受与精神享受。

北宋都城开封的繁华逻辑便是如此。宋太宗说过，开封城"养甲兵数十万，居人百万"①，这话很具象地显示开封是一座聚集了数十万食税者的城市。一般认为，北宋时期，开封城的人口规模大致维持在130万—150万人。这当中包括：驻军10万—20万人，皇室、贵族、官僚、官用工匠约10万人，僧尼道士2万—3万人。这些人加上他们的眷属，至少占全城人口的三分之一，某些时段甚至可占半数以上。②为这些富有的食税者提供服务，从他们身上赚到钱，是普通民众涌入开封城的主要驱动力。

从孟元老的《东京梦华录》里也可以清楚地看到，开封没有产业，是一座纯粹的消费之城，在这座城市谋生的工匠、商贩、娼妓、船工等，主要依赖食税群体的消费维持生计。要想在开封城站稳脚跟挣到大钱，必须认真揣摩食税群体的消费心理，满足他们的消费需求。活跃于

---

① （南宋）李焘：《续资治通鉴长编》卷三十二，"淳化二年六月乙酉"条。

② 周宝珠：《宋代东京开封府》，《河南师大学报增刊》，1984年3月，第27—30页。另可参见日本学者久保田和男的研究。久保田和男认为，宋太宗时开封有禁军约17万人，加上家属共计约68万人（其考据认为禁军家庭规模一般略小于普通民户，按每户四口计算较为合理），再加上民间人口约55万，再加上皇室、贵族、官僚、工匠等约10万人，城内人口合计可达130余万人。宋仁宗时因驻京禁军人数增多，入京谋生的普通民户也有增长，城内人口可达140余万人。宋神宗元丰年间，因驻京禁军人数的减少量大于普通民户的增长量，开封城内人口约为125万。到了宋徽宗时期，开封城内的总人口仍有120万左右。见 ［日］久保田和男著，郭万平、董科泽：《宋代开封研究》，上海古籍出版社2010年版，第97—98页。

宋神宗时期的京官苏颂，在给子孙的家训中，讲过一个叫作"孙赐号"的开封商人的发迹之道：

> 孙赐号本行酒家博士，诚实不欺，主人爱之，假以百千，使为脚店。……其货渐侈大，乃置图画于壁间，列书史于几案，为雅戏之具，皆不凡。人竞趋之。久之，遂开正店，建楼，渐倾中都。[①]

正店和脚店都是酒店。区别在于正店得到官府允许可以自己酿酒，而脚店不可以。宋朝实施酒水专营政策，所有酿酒者必须向官府购买配额。为便于监管，只有部分酒店被允许直接向官府购买酿酒配额。这部分酒店被称作"正店"。那些没有酿酒资格，只能从官府或正店购买酒水的酒店，则被称作"脚店"。

苏颂写下这段家训，本意是要子孙后代学习孙赐号"诚实不欺"的好品行，却也无意间留下了在开封城做酒楼生意的秘诀——孙赐号本在正店做事，因为人诚实被老板看中，让他单独开了一家脚店，以扩张正店的酒水买卖。孙经营脚店的策略，是在店内墙壁上绘制图画，在店内桌案之上陈列书籍。这种文雅的经营风格，迎合了开封城庞大食税群体中的官僚士大夫的消费趣味，于是生意兴隆。挣了大钱的孙赐号，后来建楼开起正店，成了开封城里有头有脸的人物。[②]

不难想象，如果开封城是一座工商业者云集的商业之城，而非文人士大夫云集的食税之城，孙赐号的这种经营策略便很难奏效；如果有一

---

① （北宋）苏象先：《丞相魏公谭训》卷十。

② 孙赐号在宋代史料中又被写作"孙四皓"或"孙思皓"，确实是当时开封城里的一号人物，有说法称其女曾入宋太宗后宫。可参见何惠鉴《李成略传》中的相关考据，收入于《何惠鉴美术史论丛稿》，上海书画出版社2019年版。

天食税群体中的文人士大夫消失了，孙赐号的酒楼也将开不下去；如果有一天所有食税群体都消失了，开封城的所谓繁华必将瞬间崩塌，这座城市在很大程度上将失去它的生命力。也就是说，由土公贵族、京官群体与数量众多的禁军构成的食税群体，才是北宋开封城繁华的底层逻辑。而这些食税群体的高消费，实际上又是由北宋全体民众的高税负来承担的。

北宋时期人口体量较开封城次一级的代表性城市是杭州。作为江南的区域政治中心与经济中心，杭州有驻军，有诸多常规衙门，还设有专管海外贸易的市舶司，食税人口本就不少，且能吸引商贾与劳力来此谋生。但杭州的食税人口总量毕竟无法与开封相比，故其人口最繁盛时也不过8万—10万户（约40万—50万人）[①]。直到后来成为南宋的都城临安，大量纯食税者涌入，杭州城的户数才上升至20万左右，人口也增至百万规模。

开封只有一个，杭州也只有一个。那些更次一级的城市，因食税群体的数量有限（两宋冗兵、冗官、冗吏的问题很严重，食税群体严重超标，这里说"有限"是相对开封、杭州而言），总体谈不上繁华。比如北宋京西北路的政治中心郑州，时人对它的形容是"南北更无三座寺，东西只有一条街。四时八节无筵席，半夜三更有界牌"；陕西的延州也是"沙堆套里三条路，石炭烟中两座城"[②]。南方的州级城市要略好一些，但程度也有限，城内居民一般只在万户规模。县级城市则不分南北，普遍呈凋敝状态，如北宋苏州的吴江县只有民屋数百间，南宋汀

---

① 元祐五年（1090），苏轼出知杭州碰上灾荒，他向朝廷投诉转运使叶温叟分配给杭州的救灾度牒太少，其中提到"杭州城内，生齿不可胜数，约计四五十万人"。按一户五口计算，应是8万—10万户。苏轼：《论叶温叟分擘度牒不公状》，收入于李之亮笺注：《苏轼文集编年笺注》第四册，巴蜀书社2011年版，第165—168页。

② （南宋）庄绰：《鸡肋编》卷上。

州的上杭县城只有百余户人家[①]；北方河东路泽州的凌川县一片荒芜，"市中唯有卖胡饼一家"[②]。这种凋敝，皆是因为城中既无产业，也无食税群体。

综上可知，两宋的繁华是一种汲取型繁华，而非发展型繁华。这种繁华的源头是人口大爆炸带来了前所未有的人口红利——唐代的人口峰值是天宝十四年（755）的7000余万人，北宋的人口峰值是宋徽宗大观三年（1109）的1.04亿人，如果加上周边的辽、西夏与大理，总人口将达到空前的1.4亿规模，已是唐朝人口峰值的两倍。劳动力激增又助推精耕细作，带来粮食亩产的提升。两宋政权由此有了更多的人力与物力可以汲取。可汲取总量的增长与"古者刻剥之法本朝皆备"的汲取手段相结合，使两宋的财政"蛋糕"较之前代有了大规模扩张。财政"蛋糕"的扩张与"富养统治基础"的治国策略相结合，支撑起了两宋空前规模的食税群体。这个庞大的食税群体是两宋最具消费力之人，构成了两宋繁华的主体。而供养千万高消费食税群体的代价，是剩下的八九千万人承担着高税负，挣扎在贫困线上。

接下来的问题是：这场人口大爆炸从何而来，它是北宋皇权的施政成就吗？

---

① 分别见钱公辅《利往桥记》与徐松《宋会要辑稿·方域七》。转引自包伟民：《两宋时期城市的规模、类型与其特征》，收入于《中国城市史研究论文集》，杭州出版社2016年版，第102页。

② （南宋）洪迈：《夷坚志·丁志》卷十六，《鸡子梦》。

第二章

人口史的脉络：从秦汉到隋唐

上一章尝试阐释了两宋"繁华"的发生逻辑，将两宋繁华的源头追溯到了人口总量的大爆炸。接下来理应回答这场人口大爆炸究竟从何而来。但在正式回答这个问题之前，本章想要将视线拉至更早的秦汉时代，先试着回答另一个问题：为什么北宋之前的朝期，自秦汉到隋唐，没有发生过人口大爆炸？

回答这个问题，将牵扯出一条中国人口史的隐形脉络。

峰值停滞近千年

人口数量增长的原因很多。开垦土地、精耕细作、修筑水利、改良农具与农作物等，都有助于人口增长。其中效果最显著的方式，莫过于社会结束动荡，进入和平时代。

数据很足以说明这一点。秦灭六国实现统一后，全国人口总数一度接近4000万①，经历秦末乱世，到汉初文景时期已只剩下约1400万——

---

① 葛剑雄：《中国人口史（第一卷）导论、先秦至南北朝时期》，复旦大学出版社2002年版，第304页。

1800万[1]。经过百余年的和平，到西汉平帝元始二年（公元2年）又增长至5959.4879万[2]。不久后新莽政权崩溃，绿林、赤眉、铜马等流民军兴起，人口又进入锐减阶段，到东汉光武中兴时只剩下2100.7820万[3]。此后又经历百余年的和平时光，到汉桓帝永寿二年（156），总人口又增长至5647.6856万[4]。不久后进入乱世，先是诸路军阀混战，后是魏、蜀、吴三国争雄，至西晋太康元年（280），全国人口已只剩下1616.3863万[5]。南北朝时代略过不提。再往后，隋炀帝大业五年（609），多年承平又让全国人口数恢复至4601.9956万[6]。不久后隋末大乱，至唐朝贞观时代已剩人口1235.1681万[7]。此后经百余年太平，至天宝十四年（755），人口又增长至7000万的规模[8]。

上述人口起伏情况，大体如下面这张简图所示。为方便后面的讨论，简图增入北宋太平兴国五年（980）的人口数据3540万，与北宋大观

① 葛剑雄：《中国人口史（第一卷）导论、先秦至南北朝时期》，复旦大学出版社2002年版，第316页。

② （东汉）班固：《汉书》卷二十八《地理志第八下》。

③ （西晋）司马彪：《续汉书·郡国志一》，刘昭引《帝王世纪》，转引自葛剑雄：《中国人口史》（第一卷）导论、先秦至南北朝时期，复旦大学出版社2002年版，第402页。

④ （唐）房玄龄等：《晋书·地理志》，转引自葛剑雄：《中国人口史》（第一卷）导论、先秦至南北朝时期》，复旦大学出版社2002年版，第402页。

⑤ （唐）房玄龄等：《晋书·地理志》，转引自葛剑雄：《中国人口史（第一卷）导论、先秦至南北朝时期》，复旦大学出版社2002年版，第452页。

⑥ （唐）魏征等：《隋书·地理志》，转引自冻国栋：《中国人口史》（第二卷）隋唐五代时期》，复旦大学2002年版，第54页。

⑦ （后晋）刘昫等：《旧唐书·地理志》，转引自冻国栋：《中国人口史（第二卷）隋唐五代时期》，复旦大学2002年版，第96页。

⑧ 葛剑雄主编，吴松弟著：《中国人口史（第三卷）辽宋金元时期》，复旦大学出版社2005年版，第621页。

三年（1109）的人口数据1.4亿——考虑到疆域面积相近更好比较，这里采用了包括宋、辽、西夏和大理在内的总人口数据。

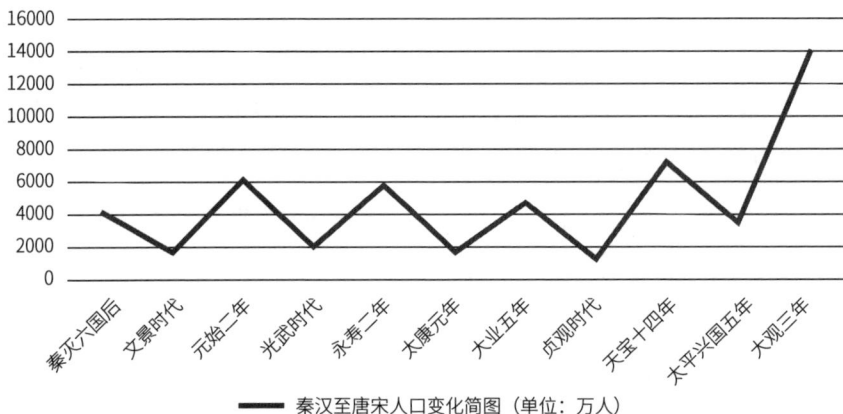

秦汉至唐宋人口变化简图（单位：万人）

秦汉至唐宋人口变化简图

可以看到，简图中的每一个峰值，相对于前一个谷值，都是一次人口总量的大恢复。这种大恢复的主因，正是时代自残酷的乱世进入难得的太平年岁。同时还可以注意到，自秦汉到隋唐，人口总量大恢复的变化不大，其峰值始终在6000万这个水平徘徊，无法突破7000万这个上限。而且，从西汉平帝元始二年（公元2年）的近6000万人口，到唐天宝十四年（755）的约7000万人口，七个半世纪的时间里，在大体相当的疆域里，峰值人口只增长了约1000万，增长速度可以说是犹如蜗牛爬行——可以设想，如果秦帝国统一后与民休息而非疯狂虐民，国祚稍长，其峰值人口大概率也能攀升到五六千万的水平，如此，蜗牛般爬行的时间跨度甚至达到了千年之久。故此，《中国人口史》第三卷才会评价说：

北宋以前我国人口增长缓慢。[1]

---

[1] 葛剑雄主编，吴松弟著：《中国人口史（第三卷）辽宋金元时期》，复旦大学出版社2005年版，第621页。

这种缓慢的人口峰值增长，实是在提醒我们：自秦汉至隋唐这段时期里，必然存在某种共通的、制度性的限制因素，在制约着人口峰值的提升。

众所周知，自秦汉至隋唐，铁制农具普及了，水利灌溉设施更多更好了，有许多农作物引进与更新，种植技术也有了进步。此类因素全部加在一起，可以让粮食亩产发生很大的提升。吴慧的经典著作《中国历代粮食亩产研究》认为"唐代的亩产比汉代增长了四分之一还多"[1]，便是一个很中肯的结论。可是，自汉至唐，人口峰值数据却仅提升了六分之一。可见这个共通的、制度性的限制因素，大幅抵消掉了生产力提升（粮食亩产增长）对人口增长的正面影响。自唐入宋的情况则大不相同。据吴慧的研究，宋代的粮食亩产较之唐代，增长了12.5%[2]，相当于生产力水平提升了八分之一。大体相当疆域下的宋代人口峰值数据较之唐代，却整整提升了一倍。这意味着限制因素已解除或部分解除，其对人口峰值数据的压制效果已消失或部分消失。

那么，这个自秦汉至隋唐始终存在的限制因素，究竟是什么？

人头税是限制因素

答案是人头税。

这里必须说明：本章提及人头税，皆是就其广义而言，指以家庭人丁的多寡为依据来征收钱粮人力的所有汲取名目。狭义人头税一般指算赋（按人头向成年人收取）和口赋（按人头向未成年人收取），是两种具体税目。与人头税对应的概念是田亩税（资产税），也就是以耕地（资产）的多寡肥瘦为依据来征收钱粮人力的所有汲取名目。

中国秦制时代的税赋（取其广义，包括钱粮与劳役），皆由人头税与田亩税两大块构成。汉代的田亩税主要指田赋，人头税则包括口钱（针对

---

[1] 吴慧：《中国历代粮食亩产研究》，农业出版社1985年版，第155页。

[2] 吴慧：《中国历代粮食亩产研究》，农业出版社1985年版，第160页。

未成年人）、算赋（针对成年人）、徭役与兵役四大项。唐朝前半期实行租庸调制。租指田租，每名成年男丁每年纳租税两石，庸是按人头向朝廷服劳役，调是按人头向朝廷缴纳绢绵布帛，皆属于广义的人头税。学者高树林以粮价折算的方式，测算过汉代与唐代前半期百姓每户每年的田亩税和人头税的比例。他的结论是：在汉代，人头税占到了百姓负担的九成以上，田亩税只占了不到一成。在唐代前半期的租庸调时代，人头税占到了百姓负担的约六到七成，仍远大于田亩税。具体数据见下表：

表6 汉、唐（租庸调时期）赋役指数表

时期	赋役总指数	人头税所占指数	田亩税所占指数
汉代	100	99.5—94.26	0.5—5.74
唐代前半期	100	76.36—57.13	23.64—42.87

资料来源：高树林：《试论中国封建社会赋税制度的税役变化问题》，《中国史研究》1989年第1期。

正因为人头税在汉代占到了百姓负担的九成以上，所以汉文帝在田亩税上实施"三十税一"政策，并不能改变民不聊生的现实。晁错对汉文帝讲百姓凄惨的生存境况时，重点就落在了人头税上面。他说：

> 今农夫五口之家，其服役者不下二人，其能耕者不过百亩，百亩之收不过百石。春耕夏耘，秋获冬藏。伐薪樵，治官府，给徭役；春不得避风尘，夏不得避暑热，秋不得避阴雨，冬不得避寒冻，四时之间亡日休息；又私自送往迎来，吊死问疾，养孤长幼在其中。勤苦如此，尚复被水旱之灾，急政暴虐，赋敛不时，朝令而暮改。当具有者半贾而卖，亡者取倍称之息，于是有卖田宅鬻子孙以偿责者矣。[1]

---

① （东汉）班固：《汉书》卷二十四《食货志第四上》。

五口之家中，至少有两名成年劳动力要经常去服劳役，要去"伐薪樵，治官府，给繇役"，一年四季不得休息。这些负担都属于人头税。晁错的意思是：这些常规而沉重的人头税，加上非常规的水旱灾害、急暴之政与额外赋敛，共同迫使汉文帝时期的百姓不得不卖掉田宅，甚至卖儿鬻女，以寻求活命的机会。

同时期的贾谊也留下了相似的论述。他告诉汉文帝，淮南之地的郡县百姓之所以纷纷抛弃家园，逃亡到诸侯王的地盘，不是因为田赋（田亩税）太重，而是徭役（人头税）太重："其吏民繇役往来长安者，自悉而补，中道衣敝，钱用诸费称此，其苦属汉而欲得王至甚"[①]——往来长安的徭役将这些百姓压得喘不过气来，所以他们不想做郡县百姓了，都想去做王国的百姓。汉文帝在田亩税上搞了"三十税一"，但人头税才是汉帝国百姓最沉重的负担，"三十税一"无法阻止汉帝国的百姓"用脚投票"逃走。

理解了人头税在秦汉至隋唐时代税赋体系中的绝对主体地位，便不难明白它为什么会成为压抑人口峰值的限制因素。原因并不复杂：人口峰值要想出现大爆炸，百姓就要有强烈的生育意愿。政治权力再强大，也只能间接催生，无法直接管控女性的子宫。[②]所以百姓的生育意愿，通

---

① （西汉）贾谊：《请封建子弟疏》，（东汉）班固：《汉书》卷四十八《贾谊传》。

② 秦制时代，以政策间接催生是一种政策常态，且往往强迫与诱导并行。如西汉惠帝时代，已制定有强迫百姓结婚生育的政策："女子年十五以上至三十不嫁，五算。"将年满15岁到30岁之间的女性不嫁者分作五等，每上升一等，便加征一算的未婚税。至30岁时将加征至每年五算，这对未婚女性而言是极重的负担。见（东汉）班固：《汉书》卷二惠帝纪》。东汉汉章时期，则下诏说："人有产子者复，勿算三岁。今诸怀妊者，赐胎养谷人三斛，复其夫，勿算一岁。"通过减免税赋来诱导民众提高生育率。见（南朝宋）范晔：《后汉书·章帝纪》。世界现代史上，则有苏联、罗马尼亚等国曾出台"未婚、鳏寡及少子女公民税"。苏联的办法是向按月领工资者分别征收工资的6%（无子女者）、1%（一个子女者）和0.5%（两个子女者）；向非按月领工资者每年征税90卢布（无子女者）、30卢布（一个子女者）、15卢布（两个子女者）。见［苏联］K. H. 普洛特尼科夫著，邓子基译：《苏联国家预算》，财政经济出版社1953年版，第66—67页。

常会是一个趋近理性的经济行为。在传统农业社会，百姓生育子女的意愿是强是弱，主要取决于两个因素：

一、民众当下的物质生活水准。

二、现行制度下，生养孩子能否给家庭带来好处，孩子是否有好的未来。

当下物质生活水准高，百姓的生育意愿就高；反之，百姓的生育意愿就低。觉得现行制度下生养孩子，有助于在未来提升家庭的生存境况，孩子也会有好的未来，百姓的生育意愿就高；反之，百姓的生育意愿就低。而这两个因素，恰恰都会受到人头税的强力制约。

人头税会直接地压制民众的物质生活水准。在农耕时代，民众的物质生活水准主要取决于名下土地能够产出多少粮食布帛，以及这些粮食布帛有多少能够留在自己手里。简言之就是：

$$民众的财富留存量 \approx 土地出产总量 - 政权汲取量$$

这个公式里的政权汲取量，无论是汉代的算赋、口赋、劳役与徭役，还是唐代前半期的租庸调制，皆主要取决于家庭人口数据。家庭人丁越多，被汲取量就越大。而公式里的土地出产总量却并不直接等于土地亩产乘以土地亩数。土地亩产固然会随着各种因素如工具与种植技术的改进而慢慢提升，政权的汲取能力也会随着统治技术的"进步"与"完善"而不断提升；且土地上的劳动力还会经常因政权对兵役、劳役的汲取而减少——男丁被征发去给朝廷服劳役与兵役，就无法参与耕种，土地产出就要降低；服劳役和兵役还需要自备路费、衣物与工具，会直接削减家庭财富。也就是说，在人头税时代，当政权提升汲取强度、加大汲取量时，土地出产总量往往也会相应下降。一升一降之间，民众的财富留存量会急剧减少。

正因为土地出产总量与政权汲取强度之间存在这样的关系，所以人头税时代的民众物质生活水准，往往很难有质的改善。汉代文景之治时期的百姓如贾谊所言百姓设法逃跑，唐代贞观之治时期的百姓也同样被逼自断手脚。贞观十六年（642），李世民下发诏书说："自今有自伤残者，据法加罪，仍从赋役"[1]，透露了贞观时代的百姓被朝廷的劳役逼得活不下去，只能砍手砍脚去做残疾人。如果帝王们野心勃勃要去实践自己的"雄才大略"，钱粮与人力的征发将大幅提升，土地的出产总量将大幅下降，民众的财富留存量会急剧减少，情况会在短时间内迅速变得更加糟糕。隋末遍地流民便是因此而起。

此外，人头税也会压制民众对未来的期望，降低他们生育孩子的意愿。在王朝初期，战乱结束，土地多而人口少，增加劳动力可以耕种更多的土地，获得更多的收入，这个多出来的收入通常会大于政权按人头汲取造成的损失，可以改善家庭的经济状况，民众的生育意愿一般比较强。但到了王朝中晚期，当人口已增至四五千万的规模时，人均占有耕地面积已经很少，已没有多余的荒地可以开垦，增加劳动力带来的精耕细作远不足以抵消新增的人头税，这时民众就会对生育之事感到悲观，认为多养孩子会恶化家庭的生存境况。

总而言之，生育意愿这种事，既取决于民众的经济状况能否支撑其多养孩子，也取决于现行制度下民众对未来的预判，取决于多养孩子是否能给家庭的未来带来正面影响。理解这一点，有助于破除现代人常有的一种错觉。这种错觉认为，古人养育孩子成本较低，主要就是给孩子提供衣食。只要孩子有衣穿有饭吃，冻不死饿不死，古人就会倾向于多生多养。毕竟当时的医疗水平低下，孩子成活率低，多生几个可以加大保障。多一个孩子也多一分劳动力。这种说法逻辑上似乎是自洽的，但

---

[1] （北宋）司马光：《资治通鉴》卷一九六《唐纪十二》。

这种自洽只在部分时段里（如地多人少的和平时期）成立。

在另一些时段里，古人也会选择抑制自己的生育意愿。毕竟古人也有自己的经济理性。古人需要权衡多养孩子会不会带来无法承受的人头税，需要权衡抚养孩子会不会占用家庭中的女性劳动力，使土地无法得到充分耕种，使家庭收入急剧变少——假设一个五口之家由一名老人、一对成年夫妻和两个子女构成，丈夫被朝廷征去服劳役，妻子必须成为家庭的核心劳动力，承担起下地耕种的重任，此时若有老人和年幼的子女需要照顾，就会分身乏术。这是人头税时代所有普通百姓皆会面临的困境。面对沉重的人头税，他们经常需要两害相权。当民众权衡之后认为家庭承受不起增加人丁的后果时，就会选择少生孩子或不生孩子。

在秦汉至隋唐时代的史料中，这类两害相权的现象经常出现。其最激烈、最极端的表现，在史料中通常被称作"生子不举"——古人缺乏安全的避孕手段与流产技术，怀孕后只能将孩子生下来。而家庭又因沉重的人头税无法承受新增人丁，父母们只好将刚生下来的孩子忍痛抛弃或者杀死。这是中国人口史上极隐形的一条脉络。揭示这条隐形脉络的存在，呈现其残酷性，并廓清其发生逻辑，才能真正理解北宋之前的朝代——自秦汉到隋唐——为何从未发生过人口大爆炸。笔者接下来将用两大章篇幅，扼要梳理这条隐形的脉络。

秦汉贫民生子辄杀

为减轻人头税暴政带来的伤害而忍痛不生孩子、不养孩子，甚至杀死孩子的现象，秦代（国）便已出现。睡虎地秦墓竹简的"法律答问"里，记载了这样一条律法：

> "擅杀子，黥为城旦舂。其子新生而有怪物其身及不全而
> 杀之，勿罪。"今生子，子身全殹（也），毋（无）怪物，直

以多子故，不欲其生，即弗举而杀之，可（何）论？为杀子。[1]

睡虎地秦墓竹简整理小组为这段"法律答问"提供的译文是："擅自杀子，应黥为城旦舂[2]。如小儿生下时身上长有异物，以及肢体不全，因而杀死，不予治罪。如新生小儿，身体完好，没有生长异物，只是由于孩子太多，不愿他活下来，就不加养育而把他杀死，应如何论处？作为杀子。"[3] 简言之就是按照秦律，父母杀害畸形儿无罪，弃养正常婴儿则要受到严惩。

秦政高度功利化，视民众为可汲取的劳动力资源，而非值得爱护与关怀的活生生的"人"。对秦制政权而言，畸形儿无法成长为合格的劳动力，对国家而言没有价值，故鼓励父母将其杀害（在秦政的高强度汲取下，父母往往不具备抚养畸形儿的能力，政治上的滑坡一定会引发人伦道德上的滑坡）；正常婴儿则不然，故须制定律法来重点保护。这条"法律答问"显示，在秦国治下，是存在父母杀死正常婴儿现象的。如果正常婴儿被父母弃养或杀害只是很少见的个案，似不必有这样一条"法律答问"。父母杀害畸形儿尚可理解，为什么还要杀害正常婴儿？"答问"撰写者提供的解释是"直以多子故，不欲其生，即弗举而杀之"，意思是孩子多了养不起，故一生下来就将之杀死。

这个解释很模糊，没说清秦民为何养不起孩子。先秦时代生产力低下、土地产出不足，自然是重要原因之一。但除此之外，还有一个易被

---

① 睡虎地秦墓竹简整理小组编：《睡虎地秦墓竹简》，文物出版社1990年版，"法律答问释文注释"，第109页。

② 所谓"城旦舂"，指的是一种残酷程度仅次于死刑的无期徒刑。"城旦"对应男性，本意是筑城；"舂"对应女性，本意是舂米。"城旦舂"的意思便是犯人须无限期为官府服劳役，实际劳役的范围很广，并不限于筑城和舂米。

③ 睡虎地秦墓竹简整理小组编：《睡虎地秦墓竹简》，文物出版社1990年版，"法律答问释文注释"，第110页。

忽略的关键原因，那就是：

> 秦赋户口，百姓贺死吊生，故秦谣云"渭水不洗，口赋起"，即苛政猛于虎之谣。[1]

这里的"秦赋户口"，指商鞅变法期间开启的"初为赋"[2]政策。该政策的核心内容是"舍地税人"，也就是从按土地亩数征税，转变为按户下人丁数量征税，家中人丁的多少与家庭的税赋负担直接挂钩。税赋政策改革造成的直接结果，是百姓对生死的看法发生了改变，听闻亲戚友邻家中有人去世，便去祝贺；听闻亲戚友邻家中有孩子出生，便去吊问。"渭水不洗，口赋起"是一句在秦民中流传的民谣，意思是"渭水边冤死者的血还没洗干净[3]，口赋又要来夺人性命"。

史料有限，秦代（国）人头税的具体情况已经不详。大略可知的是，狭义人头税"口赋"在当时由少府主管，收的是钱而非粮食。这意味着民众纳税前须先将粮食拿到市场上换成钱，多受一次盘剥。《史记·张耳陈余列传》里记载，武臣等人前往赵地游说豪杰反秦，其说辞之一是"头会箕敛，以供军费，财匮力尽，民不聊生"[4]。所谓"头会箕敛"，即按人头向百姓征税，征税时以畚箕来装钱。人头税成为武臣用来策反豪杰的说辞，可见其已招致天怒人怨。《史记·秦始皇本纪》也记载，义军蜂起之后，李斯等一干朝廷重臣曾联名向秦二世上奏，将局

---

① （明）董说：《七国考》卷二，《秦食货志》，引《大事记》，中华书局1956年版，第88页。

② （西汉）司马迁：《史记·秦本纪》。

③ （西汉）司马迁：《史记·商君列传》。"集解"引刘歆《新序》："今卫鞅内刻刀锯之刑，外深铁钺之诛，步过六尺者有罚，弃灰于道者被刑。一日临渭而论囚七百余人，渭水尽赤，号哭之声动于天地，畜怨积仇比于丘山。"

④ （西汉）司马迁：《史记·张耳陈余列传》。

势恶化的主因归结为"戍漕转作事苦，赋税大也"[1]——"戍漕转作"这些劳役正是广义的人头税。在汉代人的历史记忆里，秦代的"赋税大"也包括了狭义的人头税"口赋"[2]。

汉承秦制。为躲避人头税而忍痛杀子，在两汉也仍是常见现象。琅琊人贡禹在八十岁时被汉元帝提拔为御史大夫，位列三公，只做了几个月便去世了。大约是自觉人生快要走到尽头，贡禹在短短几个月的御史大夫任上给汉元帝上书数十次，提了一大堆旨在改善民生的建议。其中一条是建议皇帝提高"口钱"的征收年龄，别从三岁就开始收，最好是等孩子七岁了再征。贡禹说：

> 古民亡赋算口钱，起武帝征伐四夷，重赋于民，民产子三岁则出口钱，故民重困，至于生子辄杀，甚可悲痛。宜令儿七岁去齿乃出口钱，年二十乃算。[3]

"口赋"是西汉的狭义人头税。儿童叫"口赋"，成年人叫"算赋"。算赋在刘邦时代便已存在[4]，口赋出现的时间略晚一些。按贡禹的说法，是汉武帝刘彻为满足其频繁征伐的欲望，才搞出孩子满三岁便须缴纳口赋的苛政，大大加重了百姓负担。西汉初年制定强迫百姓结婚生育的政策，如今却以口赋来剥削生育孩子的百姓。那些活不下去的百姓只好"生子辄杀"。

---

① （西汉）司马迁：《史记·秦始皇本纪》。

② 引董仲舒的话称：秦代"加月为更卒，已复为正，一岁屯戍，一岁力役，三十倍于古；田租口赋，盐铁之利，二十倍于古"。见（东汉）班固：《汉书·食货志上》。可见在西汉人的历史记忆里，秦代的人头税（口赋）是"赋税大"的一个重要组成部分。

③ （东汉）班固：《汉书》卷七十二《贡禹传》。

④ "（高帝四年）八月，初为算赋"。见（东汉）班固：《汉书·高帝纪上》。

贡禹生于公元前124年（汉武帝元朔五年），在刘彻时代生活了三十七个年头，是刘彻穷兵黩武酿成"天下户口减半"[①]惨剧的亲历者。"民产子三岁则出口钱"的暴政将百姓逼全"生子辄杀"的地步，是他在黑暗时代里的见闻。如果贡禹的上书没有被《汉书》扼要简短地保存下来，那么，这些一出生便被父母亲手杀死的无名孩童便会消失在历史深处，半点痕迹也难以留下[②]。后人能够记住的，便只有刘彻的"雄才大略"。而且很显然，该暴政并未随着刘彻的死亡而消失[③]，反而一直延续到了汉元帝时代。所以贡禹才会给汉元帝上书，希望朝廷将征收口钱的年龄标准从三岁提升到七岁。

汉元帝采纳了贡禹的建议。但仅将口钱的征收年龄从三岁提高到七岁，并不足以改变那些无名之子的命运。所以到了东汉时代，底层百姓仍在杀害自己的孩子。宋度大约活跃于汉和帝至汉安帝时代。他到长沙做太守，发现当地百姓"多以乏衣食，产乳不举"，因生活困顿而不愿养育新生儿，宋度遂召集三老痛责，出台政策"禁民杀子"，结果"比年之间，养子者三千余人，男女皆以宋为名也"，短短一年间便有

---

① （东汉）班固：《汉书》卷二十七《五行志》。

② 西汉百姓为了逃避口钱负担而不愿养育孩子的现象是不分男女的。这种不分男女，意味着女童的境况可能更惨——即便家庭有能力负担口钱，也未必愿意养育女童。（东汉）班固：《汉书》卷九十七《外戚传下》记载，汉成帝的皇后赵飞燕"初生时，父母不举，三日不死，乃收养之"，便曾被父母遗弃。东汉的情况也差不多，据《东观汉记》卷六记载，汉章帝的"敬隐宋皇后"生于王莽时期，"其母不举，弃之南山下"，在天寒地冻里硬挨了一个晚上没死，然后被好心人捡到养育成人。

③ 汉宣帝五凤三年（前55）三月曾下诏"减天下口钱"，可知此时仍在按汉武帝时代的政策向百姓的未成年子女征收人头税。见（东汉）班固：《汉书·宣帝纪》。另据（东汉）班固：《汉书》卷七十二《王吉传》，王吉曾在给汉宣帝的上疏中提到"聘妻送女亡节，则贫人不及，故不举子"，因为经济压力，宣帝时代有许多贫民不愿意养育生下来的儿子。

三千余名孩子被救了下来，这些孩子的姓名里皆有一个"宋"字。①类似的情况也见于《后汉书·贾彪传》。内中说，贾彪饱读儒家典籍，以"孝廉"的身份出仕，做了新息长（新息县的县令）。他到任后发现当地"小民困贫，多不养子"，辖区内频繁发生父母杀子的惨剧。贾彪不忍见到"母子相残，违天逆道"，出台政策宣布杀害子女者"与杀人同罪"。在贾彪担任新息长的数年时间里，当地百姓"养子者千数"。这些孩子皆认贾彪为父，男孩被称作"贾子"，女孩被称作"贾女"。②

无论是宋度造就的"比年之间，养子者三千余人"，还是贾彪造就的"数年间，人养子者千数"，都是很可怕的数据，意味着当时底层百姓不分男女杀害新生儿的行为是常见现象。这现象不会仅发生在长沙与新息，只因宋度与贾彪是当时的模范官员，长沙与新息的杀子现象才被史书意外记载了下来。还有更多被父母弃养或杀害的孩子，没能在史书中留下半点痕迹。

史书记录"男女皆以宋为名"和"贾子贾女"这种现象，大约是想用这类细节来褒赞传主。但换个角度思考，与其说这种现象是百姓在感激宋度与贾彪（感激当然是有的，这毋庸置疑），不如说是百姓希望以这种称呼，向宋度与贾彪这些地方官员传递一种信息：你们用强制性政策让这批孩子活了下来，便应担负起（至少部分担负起）养育这些孩子的责任。这种微妙的信息传递，可以在《后汉书·侯霸传》中得到佐证：

（刘玄）更始元年，遣使征霸，百姓老弱相携号哭，遮使者车，或当道而卧。皆曰："愿乞侯君复留期年。"民至乃戒

---

①（唐）虞世南：《北堂书钞》卷七十五，引（三国）谢承《后汉书》卷七《宋度传》。

②（南朝宋）范晔：《后汉书·党锢列传·贾彪传》。

乳妇勿得举子，侯君当去，必不能全。使者虑霸就征，临淮必乱，不敢授玺书，具以状闻。①

西汉末年的临淮郡（王莽时代改名淮平）也存在百姓生子不养的现象，且颇为严重。侯霸来做地方官之后情况有所改善。可是，当侯霸即将离任时，当地百姓立即禁止正在哺乳的母亲继续养育孩子，理由是侯霸在任时地方郡县愿意承担孩子的养育费用（提供物资援助或者减免人头税等），侯霸离去后，新来的郡守却未必愿意承担这项开支。如此，继续选择养育孩子的家庭便会陷入困境。

其实，郡守不愿承担养育孩子的责任还不是最严重的事情。更可怕的是遭遇酷吏，这类人往往不择手段，只求完成打击民间杀子之风的任务②。东汉末年"十常侍"之一王甫的养子王吉便是这样一个酷吏。他二十多岁时做了沛相，在任上专以严刑峻法治理民众，"专选剽悍吏，击断非法。若有生子不养，即斩其父母，合土棘埋之。……视事五年，凡杀万余人"。王吉消灭杀子现象的办法，是直接斩杀那些无奈杀害婴儿的父母。他还会将被杀者"皆磔尸车上，随其罪目，宣示属县。夏月腐烂，则以绳连其骨，周遍一郡乃止，见者骇惧"③。王吉将尸体砍碎，用车拉着在下属各县巡游，遇上夏天尸体容易腐坏，便用绳子将骨头串联起来，在沛国全境搞骷髅游街，令人不寒而栗。

---

① （南朝宋）范晔：《后汉书·侯霸传》。

② 与秦代相似，东汉王朝也很关心百姓的生育情况，如汉章帝曾下诏，"令云'人有产子者复，勿算三岁'。今诸怀妊者，赐胎养谷人三斛，复其夫，勿算一岁，着以为令。"见（南朝宋）范晔：《后汉书·章帝纪》。这种政策取向，会让部分地方官将打击民间的杀子之风当作政绩来做。做法当然也有两种，宋度与贾彪的做法可以让百姓受益，酷吏王吉的做法则只能满足他"喜名声"的欲望（事实上并不能给他带来什么好名声）。

③ （南朝宋）范晔：《后汉书·酷吏列传·王吉传》。

与秦国（代）和西汉的情况相似，东汉民众不愿养育子女的重要原因之一，也是为了躲避人头税。晋代史料《零陵先贤传》中有这样一段记载：

> 郑产字景载，泉陵人也，为白土啬夫。汉末多事，国用不足，产子一岁，辄出口钱。民多不举子，产乃敕民勿得杀子，口钱当自产出。产言其郡县，为表上言，钱得除，更名白土为更生乡也。[①]

郑产生活于东汉末年，是零陵郡泉陵县白土乡的一名"乡啬夫"，主要职责是替朝廷收取赋税、受理词讼[②]。当时的人头税政策已回到汉武帝时代的强度，新生儿满一岁官府便要上门征收"口钱"。为规避这种盘剥，百姓多选择杀死刚生下来的孩子。郑产劝说辖下百姓不要杀孩子，还愿意替那些困顿的父母缴纳孩子的人头税。此事最后以郑产向上级郡县汇报情况、该乡孩子的人头税作为特例被取消而了结。为感激郑产，当地百姓将地名改成了"更生乡"，意思是感谢郑产给了孩子们第二次生命。

史书没有记载"男女皆以宋为名"的那些孩子，被呼作"贾子""贾女"的那些孩子和"更生乡"的那些新生儿的最终命运。但大致情状不难推知：宋度有任期，贾彪有任期，郑产上级郡县的主官也有任期，任期到了便是人去政息；而且即便在任期内，他们也只能管控百姓不要杀死刚出生的孩子，无法管控抚养过程中的"意外"。他们的举措，终究只救得了一时一地。少数有良心之人的修修补补，改变不了底层百姓普遍性的悲惨遭遇。当宋度离开长沙、贾彪离开新息、新上司不再支

---

① （北魏）郦道元著，陈桥驿校释：《水经注校释》，杭州大学出版社1999年版，第661页。

② ［日］池田雄一著，郑威译：《中国古代的聚落与地方行政》，复旦大学出版社2017年版，第510—514页。

持郑产，"小民困贫，多不养子"的状态便会全面复原。长沙郡、新息县与更生乡之外，没有宋度，没有贾彪，也没有郑产，情况只会更糟。

三国百姓生子不举

魏、蜀、吴三国鼎立时期，"不举子"同样是底层百姓两害相权取其轻的无奈之举。

比如，河南开封人郑浑在曹魏时期做过下蔡长与邵陵令。他到任后发现当地百姓不愿从事耕作，生了孩子后"率皆不举"，普遍选择抛弃或杀害，而非将之养育成人。郑浑派人抢夺百姓打鱼捕猎的工具，强迫他们耕种纺织，组织开挖稻田，并制定了严厉的法令来惩罚杀子行为。百姓们畏惧惩罚不再杀子，这些存活下来的男孩女孩"多以郑为字"。[①]下蔡的位置，大致相当于今安徽凤台县一带，属淮北平原，本是传统农耕区。当地百姓放弃收成高且稳定的农耕纺织，转而以收成低且不稳定的渔猎为生，自不会是百姓犯傻，只可能是官府对农耕者的税赋盘剥太重，使得农耕纺织带来的收益，反小于收益稳定性差的打鱼捕猎。

曹操统治时代的税赋政策也确实可以催生这种效果。建安二年（197），曹操"制新科下州郡，又收租税绵绢"[②]；建安九年，曹操下令"收田租亩四升，户出绢二匹，绵二斤"[③]。与汉代旧制相比，新税赋政策的主要变化有两点。田亩税方面，汉代旧制是"十五税一"或"三十税一"，具体税负取决于田亩的实际收成，曹操的新政策则是按

---

① （西晋）陈寿：《三国志·魏书·郑浑传》。其原文是："（郑浑）迁下蔡长、邵陵令。天下未定，民皆剽轻，不念产殖；其生子无以相活，率皆不举。浑所在夺其渔猎之具，课使耕桑，又兼开稻田，重去子之法。民初畏罪，后稍丰给，无不举赡；所育男女，多以郑为字。"

② （西晋）陈寿：《三国志·魏书·何夔传》。

③ （西晋）陈寿：《三国志·魏书·武帝纪》。

亩数固定征税，不管田地收成如何，官府从每亩田地汲取的税额是固定的。人头税方面，汉代旧制是按人头向未成年人征收口钱，向成年人征收算钱，曹操的新政策则是向每户征收实物，不管该户百姓家中有多少人丁，皆须统一向官府缴纳两匹绢与两斤绵。税赋政策如此变动的用意相当明显。一是降低官府征税的行政成本，二是确保官府的财政可以旱涝保收。核查农田收成、核查人丁增减，是常规的行政成本。曹操的税赋改革，将这些成本取消了。乱世中还有很多非常规的行政成本，比如兵祸、盗匪与流民皆可能对耕作收成与人丁多寡造成巨大影响，荀攸、郭嘉等人给曹操献策"决泗、沂水以灌（下邳）城"①，便对该地区的农耕造成了巨大的破坏；频繁征发劳役也会导致百姓无法遵循时令耕作，进而导致减产乃至无收。官府如果体恤百姓，在征税时将这些不确定因素考虑进去，便等于大幅增加了非常规的行政成本，且会减少财政收入。这是曹操所不愿见到的结果，所以才有了固定征田亩税、固定征户税的新政策。这种毫不考虑现实情况的新政策，相当于将乱世里的种种不确定因素造成的损失转嫁给了民众，以确保官府以低行政成本获取高财政收入。人头税不再收钱，改收绢和绵这样的实物，也是同样的逻辑。乱世之中钱不再值钱，实物的价值上升，所以官府只收实物。总而言之，曹操此番税制改革的核心诉求是将影响财政收入的所有负面因素转嫁给民众，以确保可以汲取到足够的物力来支撑其频繁征战。

新税制的用意如此，底层百姓的日子自然也就变得更为艰难。这一点，当时之人便已道出。建安二年（197）曹操出台新征税政策时，时任长广太守的何夔发表过不同意见：

> 自丧乱以来，民人失所，今虽小安，然服教日浅。所下新科，皆以明罚敕法，齐一大化也。所领六县，疆域初定，加以

---

① （西晋）陈寿：《三国志·魏书·武帝纪》。

饥馑，若一切齐以科禁，恐或有不从教者。有不从教者不得不诛，则非观民设教随时之意也。[1]

何夔说，自天下大乱以来，百姓流离失所，如今虽稍稍安定，但时日尚浅。新制定的税赋政策很严厉，百姓完不成要被严惩。长广郡（今山东青岛、莱阳与海阳一带）下属六县，百姓还在饿肚子，若全盘推行新税赋政策，恐怕会有活不下去的百姓要起来反抗。反抗者按律该杀。用政策将百姓们逼到犯法被杀的境地，这是不对的。

因何夔的抗议，长广郡得到了优待，曹操特批给该郡三年缓冲期。可想而知，那些没有缓冲期的州郡须立即执行新税制，百姓的生存境况会立即恶化。下蔡百姓抛弃土地转行从事渔猎，原因或许便在这里[2]。从事渔猎可以勉强养活自己，却不足以支持生儿育女，于是就有了郑浑所见到的"率皆不举"。郑浑其实也明白，百姓选择渔猎而非耕作是一种两害相权取其轻的无奈之举。要扭转这种现象，仅仅以暴力手段毁掉百姓的渔猎工具，以严刑峻法去惩治百姓的杀子行为是不够的，还得"兼开稻田"[3]让百姓能够活下去。之后，便有了百姓给生养下来的孩子取名"以郑为字"的老套戏码——与前文提到过的"男女皆以宋为名""贾子贾女"相似，"以郑为字"里既有对郑浑的感激，也是在用

---

① （西晋）陈寿：《三国志·魏书·何夔传》。

② 东汉末年三国时期从事渔猎也要纳税。以"鱼税"为例：《三国志·魏书·王昶传》记载，裴松之注引《别传》记载，任嘏未进入曹操集团之前，曾"家贫卖鱼，会官税鱼，鱼贵数倍，嘏取直如常"。吴国也设有专门收鱼税的官吏，《三国志·吴书·孙皓传》记载：孟仁"自能结网，手以捕鱼，作鲊寄母，母因以还之，曰：'汝为鱼官，而以鲊寄我，非避嫌也。'"。鱼税的征收方式不详，可能主要针对的是鱼市中的买卖。若对百姓捕鱼自食也要征税，则监控难度太大，征税成本太高，对官府而言未必划算。

③ （西晋）陈寿：《三国志·魏书·郑浑传》。

孩子们姓名里的"郑"字来提醒郑浑须对养育这些孩子负起责任。

郑浑这样的人不多，所以曹魏集团治下的百姓"不举子"现象，终曹操之世始终未能得到改善。曾随曹操北征的陈琳（卒于建安二十二年，公元217年），留下了"生男慎莫举，生女哺用脯"[1]（生了男孩千万别养活，生了女孩就喂她吃肉脯）这般沉痛的诗句。建安二十五年，御史大夫王朗又上疏劝谏刚刚继任魏王的曹丕，希望他对百姓能够好一点。其中有四项主张与生育问题直接相关：

> 嫁娶以时，则男女无怨旷之恨；胎养必全，则孕者无自伤之哀；新生必复，则孩者无不育之累；壮而后役，则幼者无离家之思。[2]

第一项主张是希望百姓在适当的年龄结得起婚。第二项是希望怀孕的女性能够安心养胎——按汉代政策，让女性安心养胎的核心福利，是不征发她们的丈夫去给朝廷服兵役和劳役，自怀孕起一年之内不上门征收人头税[3]。第三项讲的是要让百姓养得起孩子，具体手段是要"复"，即免除百姓的劳役负担。第四项讲的是要耐心等孩子长大成人，然后再征发驱使他们，不要在他们还是个未发育完全的孩子时，就将其抓来当兵服劳役。王朗在奏疏里给曹丕提这些建议，意味着在曹魏集团的统治下，普通百姓很难结得起婚、怀得起孕、生得起孩子、未成年便要被官府奴役这类现象，不但存在且颇为常见，这是一种需要引起重视的社会现象。

曹魏如此，孙吴的情况也好不到哪里去。

---

① 陈琳：《饮马长城窟行》，收入于（北宋）郭茂倩编纂：《乐府诗集》，上海古籍出版社2016年版，第499页。

② （西晋）陈寿：《三国志·魏书·王朗传》。

③ 汉章帝元和二年曾下诏："今诸怀妊者，赐胎养谷人三斛，复其夫，勿算一岁，著以为令。"见（南朝宋）范晔：《后汉书·章帝纪》。

建安二十二年（217）左右，将军骆统上疏孙权，希望孙吴集团能够对下辖人口急骤减少的情况引起重视。骆统说，江东现在的情况是"郡县荒虚，田畴芜旷，听闻属城，民户losing寡，又多old病，少有丁夫"，郡县全空了，田地全荒了，百姓也都没了，能征发到的全是残疾人与老人，很少能征到壮丁。骆统认为出现这种情况的重要原因之一是孙吴的士兵太惨，"前后出为兵者，生则困苦无有温饱，死则委弃骸骨不反"，活着得不到温饱，死了尸骨无法回乡，所以百姓"恋本畏远，同之于死"，将当兵视为死亡的同义词。每次征兵，征到的都是"赢谨居家重累者"。略有积蓄的家庭为逃避征发会选择行贿，不惜将家产全部掏空；性格剽悍之徒则结党遁入险阻之地，干脆不再服从孙吴政权的统治。恶性循环之下，百姓们受不了官府无休止的汲取和征发，"嗷然愁扰，愁扰则不营业，不营业则致穷困"，干脆选择放弃努力耕作，甘愿坠入穷困。[1]更要命的是，百姓不愿再养育孩子了：

> 民间非居处小能自供，生产儿子，多不起养；屯田贫兵，
> 亦多弃子。[2]

孙吴治下的百姓放弃努力自甘贫困，与曹魏治下的百姓放弃农耕退回渔猎，其实是一回事。孙吴治下的百姓资产不到一定程度便不肯养育孩子，贫苦的屯田兵也选择抛弃自己的孩子，与曹魏治下的百姓不愿养育孩子也是一回事。都是避秦无计下的两害相权取其轻。

最后，骆统还对孙权说：上天让孩子被生下来，父母却将其杀死，恐会"干逆和气，感动阴阳"，引起不好的天人感应，殿下你创基建国，追求的是世代传承，如今却"兵民减耗，后生不育"，不但人口存

---

① （西晋）陈寿：《三国志·吴书·骆统传》。

② （西晋）陈寿：《三国志·吴书·骆统传》。

量越来越少，人口增量也在消失，实非持久之道。骆统希望用这些说辞让孙权将眼光放得更长远一点，给百姓一点喘息的机会。①

孙权对骆统的谏言"深加意焉"，但实际情况并无改善。长沙走马楼出土吴简中的户籍资料显示，孙权称帝十余年后的长沙郡百姓仍不愿生育子女——这批吴简保存的户籍资料显示，十五岁是当时长沙郡女子结婚的基本年龄，"只有极少数女子在不满十五岁时结婚，二十岁以上的未婚女子也不多"②，可该郡吏民之妻养育子女的平均年龄却达到了三十岁③，远高于十五岁的基本结婚年龄。养育年龄高出结婚年龄如此之多，唯一的解释只能是孙吴百姓为减轻生存负担，普遍推迟了养育时间。当时避孕技术有限，要想推迟养育时间，必然存在着隐秘的杀子行为。

魏吴两国的情况如此，同时代的蜀汉有无杀子之风？

《三国志·蜀书》中未见直接记载。这可能是蜀国"国不置史，注记无官"④所致。但《晋书·王濬传》中留下了一段资料。内中称，司马昭派军队灭蜀后，王濬被任命为巴郡太守，他到任后发现"郡边吴境，兵士苦役，生男多不养"。这种生子不养的风气，当是蜀汉时代的遗留。王濬在巴郡太守任上采取措施，"严其科条，宽其徭课，其产育者皆与休复，所全活者数千人"⑤，制定严厉的惩罚政策，减轻百姓的劳役，让生育子女的家庭可以喘息。巴郡当时"统县四，户三千三百"⑥。如此稀少的户口数，与王濬"全活者数千人"的记载对比，可知巴郡百

---

① （西晋）陈寿：《三国志·吴书·骆统传》。

② 于振波：《吴简户籍文书所见女子婚龄》，收入于长沙简牍博物馆编：《走马楼吴简研究论文精选（上）》，岳麓书社2016年版，第609页。

③ 黎石生：《孙吴时期长沙郡吏民婚育状况考察》，《吴简研究》第二辑，崇文书局2006年版，第224页。

④ （西晋）陈寿：《三国志·蜀书·后主传》。

⑤ （唐）房玄龄：《晋书·王濬传》。

⑥ （唐）房玄龄：《晋书·地理志上》。

姓在蜀汉时代的生存境况，已恶劣到了何种程度。而这种恶劣的生存境况，正是蜀汉政权的无节制榨取所致。两害相权取其轻，巴郡百姓为了让自己能够活下去，只好选择弃杀自己的孩子。

以上种种自秦汉至三国时代的杀子现象，虽各有不同的具体原因，但究其本质，皆是底层民众为逃避沉重的人头税而不得不两害相权取其轻——贡禹将西汉百姓"生子辄杀"归因为汉武帝开启了"民产子三岁则出口钱"的恶政，《零陵先贤传》将"民多不举子"归因为汉末统治者实施了"产子一岁，辄出口钱"的恶政，皆是将问题指向人头税。且需要注意的是，三岁出口钱也好，一岁出口钱也罢，不过是各类人头税里压垮百姓的最后一根稻草。汉代的人头税包括口钱（针对未成年人）、算赋（针对成年人）、徭役与兵役四大项。贡禹们重点提到口钱，不是因为口钱最沉重（相反，它在四大项里相对最轻），而是因为它是新增的苛政，是直接与养育孩子相关的苛政。换言之，口钱之所以能够让汉代底层百姓感到尖锐的疼痛，之所以会被贡禹们拿到朝堂之上讨论，之所以是压垮百姓的最后一根稻草，是因为由其他税目构成的人头税本就非常沉重。如果考虑到口钱须用货币缴纳，而普通民众获得货币的难度远高于获得粮食与绢布，这最后一根稻草其实也很重。

这种重见于《汉书·食货志》，内中记载："今农夫五口之家，其服役者不下二人。"[①]这是晁错对汉文帝说的话。最普通常见的五口之家，两个成年男性劳动力每年须给官府服劳役，服役期间的成本自理，服役时间加路途来回往往需要数月。这意味着该普通家庭的主要劳动力无法安心从事生产耕作，意味着土地产出的减少，也意味着女性在生产耕作中必须承担更多责任。如果该家庭选择生育子女，抚养孩子的重担与生产耕作的重担，便将同时落在女性身上，顾此失彼是大概率事件。两汉三国时代的帝王将相们也很清楚这一点，他们非常了解百姓不愿养育子女的主要原

① （东汉）班固：《汉书·食货志》。

因何在。西汉初年人丁稀少，为让百姓将新生儿养育下来，刘邦下诏规定："民产子，复勿事二岁"[1]——生了孩子的家庭，两年时间内不征发劳役。东汉初年的政策也是如此："人有产子者复，勿算三岁"[2]——不但不征发劳役（时长不详），还免除了成年人三年的人头税。前文提到王朗向曹丕进谏，也是主张"新生必复，则孩者无不育之累"[3]——百姓生了孩子后应免除其劳役负担，让家庭的主要劳动力可以安心耕种并照顾产妇。唯有如此，百姓才不会觉得养育孩子很困难，才不会选择忍痛杀子。

遗憾的是，这类优待政策的持续性相当有限。汉武帝为了实现自己的雄才大略，想尽办法汲取民力，弄到婴儿生下来便要交口钱的地步，生孩子后免除徭役的优待政策自然早已作废。曹魏集团为了能够在乱世争雄中获胜，以极严酷的手段控制辖下民众，推行农奴制度[4]，只求从百姓身上汲取到更多的人力与物力，因生育而免除徭役的优待政策也早已成为历史遗迹。王朗劝谏曹丕重启优待政策，便足以说明这些政策早已作废。后续也没有史料能显示王朗的劝谏得到落实。

两晋与南朝的情况

笔者在西晋史料中未能见到百姓忍痛杀子已成为社会现象的记载。

---

① （东汉）班固：《汉书·高帝纪》。

② （南朝宋）范晔：《后汉书·章帝纪》。

③ （西晋）陈寿：《三国志·魏书·王朗传》。

④ 曹魏的农奴制度，以屯田制度维系。可分为民屯与军屯两种。成为曹魏的民屯百姓后，将终身被束缚屯中，不能随意迁徙，不能变成郡县的编户齐民，只能世代受军事化管制。做曹魏的民屯农奴，不但没有人身自由可言，还须将50%（不使用官牛）或60%（使用官牛）的产出交给政府，并无条件从事诸如垦荒、修路、造屋、输租等各种徭役，也包括给长官做家奴，非常时期还得参与战事。每个屯田点都是一座劳役集中营。军屯的情况更惨，相当于民屯的升级版。详情可参见笔者所著《秦制两千年：封建帝王的权力规则》一书第八章《如何自群雄中胜出》，浙江人民出版社2021年版。

这或许与西晋仅存在了50余年有直接关系——西汉与东汉的前50年中，百姓忍痛杀子也尚未成为引起朝廷关注的社会现象。毕竟王朝初建之时耕地多而人口少——据《晋书·地理志》记载，西晋太康元年（280）平吴后，晋朝政府掌控下的民户只有245.9840万户，人口只有1616.3863万人，仅相当于西汉元始二年（公元2年）政府掌控人口数量的七分之二——只要政府不像魏、蜀、吴三国那般丧心病狂地汲取人力物力，民众一般还是有生育意愿的。西晋罢州郡之兵，让那些在曹魏时代形同军管奴隶的屯田兵回归农户，又实施占田制，允许贵族与百姓按不同上限占有田地，这些政策与曹魏时代相比也确实可以称作善政。

实际上，占田制本就存有刺激民众生育的用意。西晋初年有大量无人耕种的土地，为鼓励民众积极垦荒，占田制将贵族按官品分为不同等级，最高的第一品至多可占田五十顷，最低的第九品至多可占田十顷——贵族不负担税赋劳役，为他们制定占田上限是为了防止土地被无节制兼并，以保证朝廷的税源。平民也有占田上限：

> 男子一人占田七十亩，女子三十亩。其外丁男课田五十亩，丁女二十亩，次丁男半之，女则不课。[1]

西晋政府按劳动能力将民众分为三类。16—60岁者叫正丁，13—15岁与61—65岁者为次丁；12岁以下与66岁以上者称老小。按占田制的规定，百姓家中凡有一名男子，不论年龄大小，皆可占有田地70亩；凡有一名女子，不论年龄大小，皆可占有田地30亩。到了征收赋税的时候，丁男（16—60岁）只按50亩收，丁女（16—60岁）只按20亩收，次丁男（13—15岁或61—65岁）只按25亩收，次丁女（13—15岁或61—65岁）名下田地一律不收。换言之就是只要开垦的荒地达到占田标准的上限，

---

[1]（唐）房玄龄：《晋书·食货志》。

民众就能有相当可观的一部分耕地不必缴纳赋税。多生孩子后可以多占田，且在孩子成长至13岁以前这部分田地不必缴纳赋税，也有助于改善家庭的经济状况。占田制鼓励民众垦荒并多生育子女的用意，可以说是非常明显。

荒地数量会不断减少，占田制注定无法长期维持，但西晋的存续时间很短，其人口峰值远不能与两汉相比[①]，人均耕地与赋役负担之间的矛盾尚未激化，故而在西晋史料中很难见到百姓忍痛杀子已成为社会现象的记载。直到东晋与南朝，底层百姓以杀子为手段来两害相权，才再次频繁出现在史料当中。

东晋成帝年间，散骑侍郎贺乔之妻于氏给朝廷上表，其中提到"又今世人生子，往往有杀而不举者"[②]。东晋孝武帝时代的殷仲堪做晋陵太守时，曾"居郡禁产子不举"[③]，此事作为政绩写入正史传记，显见在殷仲堪治理的晋陵郡境内，百姓杀子是一种已引起政府关注的社会现象。南朝刘宋时，官员周朗上书说，朝廷虽制定了严厉的"禁杀子之科"，以严酷的法律禁止百姓杀子，现实却是"贫者但供吏，……生子每不敢举"[④]。南朝梁武帝时代，任昉做义兴太守，"时产子者不举，昉严其制，罪同杀人。孕者供其资费，济者千室"[⑤]。当地许多人生了孩子后选择杀掉，任昉以严刑峻法追究杀子者，又为孕妇提供资助，惠及上千户百姓。

---

① 葛剑雄认为，因史料所限"目前对西晋的人口数只能作很粗略的估计"，"八王之乱"演变为大混战的永康元年（300）可能是西晋人口的峰值，"实际人口可能达到3500万"。见《中国人口史（第一卷）导论、先秦至南北朝时期》，复旦大学出版社2002年版，第458页。

② （唐）杜佑：《通典·礼二十九》，"养兄弟子为后后自生子议"条。

③ （唐）房玄龄：《晋书·殷仲堪传》。

④ （南朝梁）沈约：《宋书·周朗传》。

⑤ （唐）李延寿：《南史·任昉传》。

刘宋时代，还发生过一件将"埋儿养母"的惨剧当成"孝义"典范来宣传的荒唐之事。当时的会稽郡有一人名叫郭世道，他14岁时没了父亲，留下一个继母。郭世道成婚后，"妇生一男，夫妻共议曰：'勤身供养，力犹不足，若养此儿，则所费者大。'乃垂泣瘗之"①。郭氏夫妇居然将孩子给埋了！郭世道埋儿在当时被视为孝行，实则是夫妇二人没有办法同时养育老人与孩子。刘宋时代以律法严禁杀子（这类律法的存在本身便说明当时杀子之风兴盛），强调孝行是郭世道免受惩罚的关键。由此反推，汉代的孝行故事"郭巨埋儿"，或许也是基于相似的逻辑。

两晋与南朝时代的郭世道们养不起孩子的原因，与他们秦汉三国时代的前辈完全相同，主要是人头税太沉重，人头税的汲取力度不受约束，常常失控。东晋孝武帝时，官员范宁上疏谈过这个问题。他说：

> 今四境晏如，烽燧不举，而仓庾虚耗，帑藏空匮。古者使人，岁不过三日，今之劳扰，殆无三日休停，至有残形剪发，要求复除，生儿不复举养，鳏寡不敢妻娶。岂不怨结人鬼，感伤和气。臣恐社稷之忧，积薪不足以为喻。②

按范宁的观察，那时节的东晋王朝四海平静没有战乱，却国库空虚没钱没粮，鳏寡之人不敢娶妻，百姓生子不肯养育，已到了干柴成堆只欠火星的危险境地。究其原因仍在于人头税太重，百姓已被种种劳役折腾至"殆无三日休停"的地步。有人主动将自己弄成残疾人来逃避劳役，有人生了孩子故意杀死，鳏寡之人也不敢成家。范宁对东晋百姓杀

---

① （南朝梁）沈约：《宋书·郭世道传》。《南史》中将"郭世道"写作"郭世通"。

② （唐）房玄龄：《晋书·范汪传附范宁传》。

子的观察，与贡禹对西汉百姓杀子的观察、王朗对曹魏百姓杀子的观察，大体是一样的。

南朝刘宋时代，徐豁做始兴太守，当地百姓"断截肢体，产子不养"。徐豁也在给朝廷的表章中说主要原因是人头税太重。"一户内随丁多少，悉皆输米"，按家中人丁数量向百姓征收米粮，16岁以上者收六十斛，13岁至15岁者收三十斛。13岁的小孩子没有能力耕作，却要缴这么重的人头税，所以百姓都不肯养孩子。即便养下来，到了13岁"便自逃逸"，纷纷逃往蛮族的地盘①。另一位同时代的官员王弘也说，孩子13岁就要服"半役"，承担相当于成年男丁半数的劳役，实在是一项苛政。因为有这样的苛政，所以百姓们"一身之切，逃窜求免；家人远计，胎孕不育"②。13岁孩子的耕作所得，不足以负担他名下的劳役（通常会被折算为钱粮）。对本就生计艰难的家庭而言，养孩子就成了一桩再清楚不过的亏本之事。所以有孩子的家庭，到了13岁就让孩子逃走成为化外之民；没孩子的家庭，夫妻从长远考虑会选择生了孩子不养育，或将之抛弃，或将之杀死。

南朝萧齐时代的竟陵王萧子良，也有大体相同的观察：

> 东郡使民，年无常限，在所相承，准令上直。每至州台使命，切求悬急，应充猥役，必由穷困。乃有畏失严期，自残躯命，亦有斩绝手足，以避徭役。生育弗起，殆为恒事。守长不务先富民，而唯言益国，岂有民贫于下，而国富于上邪？③

萧子良说，底层百姓之所以砍手砍脚搞自残，之所以生了孩子不愿

---

① （南朝梁）沈约：《宋书·徐豁传》。

② （南朝梁）沈约：《宋书·王弘传》。

③ （南朝梁）萧子显：《南齐书·竟陵王子良传》。

养活成了常态，是因为官府按人头摊派给他们的劳役太沉重。一年之内该服多少劳役没有标准，朝廷与官府感觉有需要就去抓丁，任务下派到地方就要立即执行，不给百姓半点缓冲时间。有权的人不会被摊派，有钱的人可以行贿，最后承受负担的全是底层民众。底层民众只好自残，只好不养孩子。

两晋与南朝的帝王们，当然也深知百姓杀子的原因何在。所以，齐武帝的人口政策是"申明不举子之科，若有产子者，复其父"[1]。意思是，用严刑峻法惩罚杀子的父母；谁家生了孩子，孩子的父亲当年就可以不用去服劳役，可以在家从事耕作生产、照顾孕妇。齐明帝的人口政策也是"民产子者，蠲其父母调役一年，又赐米十斛。新婚者，蠲夫役一年"，同样将免除劳役当作最重要的催生手段。遗憾的是，这类政策本就无法治本，实施起来又时断时续效果有限，远不足以实质性减轻压在底层民众身上的人头税负担。[2]

略言之，自秦汉至两晋南朝，对普通家庭而言，人头即负担，增加人头即增加负担。民众被人头税压榨苦了，又没有与官府正面博弈的能力，便只能逆向操作，以少生孩子，甚至主动杀子的方式减少人头税，以减轻自己的生存压力。

---

① （唐）李延寿：《南史·齐本纪第四》。

② 本文第二、三、四小节的内容，部分参考了李贞德《汉隋之间的"生子不举"问题》，台北"中研院"历史语言研究所集刊1995年第3期。

第三章

人口史的脉络：从唐到宋

上一章梳理了秦汉、三国、两晋与南朝时期百姓因人头税太重而选择不养育子女的社会现象，以佐证人头税是人口峰值限制因素的论点。本章将继续梳理北朝、隋、唐与北宋时代的人口问题，继续追问引发宋代繁华的人口大爆炸究竟从何而来。

均田制刺激人口恢复

在北朝与隋唐时期的史料里，很难见到底层百姓"生子不举"的材料。秦汉、三国两晋与南朝时期百姓忍痛杀子的材料，或来自官员的奏疏，或是作为地方官员的政绩被史书保存下来。但检索《北史》《隋书》《旧唐书》《新唐书》等典籍，以及该时期的诗作、笔记与传奇小说，却很难找到类似记载。虽然不能说该时期绝无杀子现象存在[①]，但这至少意味着在当时的官员与士大夫的视野里，"生子不举"尚未成为值得关注的社会现象。

何以如此？

---

① 比如，据宋元时期的史料记载，唐代河西"有溺子之风"，刘翱做河西节度推官时严禁当地百姓溺杀孩子，"存活者数千人，民皆曰刘公活尔也"。见（元）叶留：《为政善报事类》卷四，"全城活命"条。据书中交代，这段资料引自胡一桂（活跃于宋元之交）的《人伦事鉴》。

原因当然不可能是民众的生活状况发生了质变。有限的上下浮动会有，比如太平时代多半好于战乱时代。但质变不会出现，毕竟秦制政权素来奉行商鞅的贫民之策，致力于将百姓控制在贫困线上。即便是号称治世的贞观时代，李世民奉行的真实治国理念也是"百姓无事则骄逸，劳役则易使"①，所以百姓仍常年生活在困顿当中。贞观五年（631），戴胄向唐太宗报告说因征兵和修筑九成宫，已将天下的劳动力汲取殆尽，百姓已陷入"户口单弱，一人就役，举家便废"②的境地，只要家中有一名成年男丁被征发，全家便要饿肚子。贞观十六年，李世民又发布诏书威胁天下百姓："自今有自伤残者，据法加罪，仍从赋役。"③惹得大唐皇帝下发这样的诏书，当然是因为底层百姓自残手脚的现象已经很严重。李世民在诏书里拒不承认百姓自残手脚是自己的暴政所致，反将之归咎为隋末"遗风犹存"。但在史学家吕思勉看来，这说法纯属狡辩，"是时役苟不重，民安肯自伤残？"④若不是贞观时代赋役沉重，逼得百姓活不下去，谁会狠得下心来自残手脚？贞观治世尚且如此，北朝与隋代的情况也就可想而知了。

百姓生活水准没有质变，作为社会现象的"生子不举"却消失了。据笔者理解，这背后主要有两点原因。一是人口因战乱大规模减少，政府为增加劳动力总量出台了一些优待政策以鼓励生育。二是推行了新的田制，也就是均田法，这是当时经济领域最大的变化。

均田制的核心内容是以人丁为基础，由朝廷向百姓授田。太和九年（485），北魏孝文帝颁布均田法，其中规定：15岁以上男子可自朝廷手

---

① （唐）吴兢：《贞观政要》卷十，《论慎终》。

② （后晋）刘昫等：《旧唐书·戴胄传》。

③ （北宋）司马光：《资治通鉴》卷一九六《唐纪十二》。

④ 吕思勉：《隋唐五代史》（下），中国友谊出版公司2009年版，第831页。

中获授露田①40亩，女子减半为20亩②。家中若有"丁牛"，可额外获授露田30亩，丁牛以四头为上限，每户最多可额外获授露田120亩。此外，男子还可以得到桑田20亩。桑田相当于家庭的自留地，可以一直传承下去，露田则须在农民年老不再征课田赋或者去世之后归还朝廷。③该制度经北齐、北周与隋朝，一直延续至唐朝前半期。其间虽有许多调整，但由朝廷按人丁向民众授田这个核心始终未变。如唐代均田制规定，丁男（21—59岁）与中男（16—20岁）皆可自朝廷获授一顷耕地，其中20亩为永业田，也就是可世代相传的自留地；另80亩为口分田，获授人死后须归还朝廷。④很容易看到，这种授田方式与北魏的均田法实乃一脉相承。

孝文帝能够推行均田法，是因为当时的中原地区存在大量无主荒地。孝文帝愿意推行均田法，是因为北方经历长期战乱人口锐减，剩余人口为了生存大多投靠有力量的世家大族，成为他们名下的荫庇户，不再向朝廷提供税赋与劳役，史称"民多隐冒，五十、三十家方为一户"⑤。朝廷不缺田地，缺的是可供汲取的编户齐民。均田法便是吸引民众脱离世家大族荫庇、重新回到朝廷怀抱的办法。朝廷一面

---

① 露田，指的是没有种树、没有修建房舍的田地。

② 当时北方很多地区的农耕技术已退化为休耕轮作。所以均田法又规定两年轮种一次，15岁以上的男子可获授露田80亩，女子减半为40亩；若是三年轮种一次的地区，则提升为男子120亩、女子60亩。此外，奴婢也可以与平民一样获授露田，奴40亩、婢20亩。但奴婢没有桑田。

③（北齐）魏收：《魏书》志第十五《食货》。

④ 唐代将男子按年龄分为五个等级：刚出生的男孩叫"黄"，4—15岁叫"小"，16—20岁为"中"，21—59岁为"丁"，60岁以上是"老"。国家授田时以男子的年龄等级为依据。除丁男与中男外，唐代的老男与残疾者也可获授耕地40亩，寡妇30亩，寡妇如果是户主则为50亩。道士、僧人30亩，女冠、尼姑20亩。

⑤（北齐）魏收：《魏书》列传第四十一《李冲传》。

承诺按人头向民众授予土地，一面承诺会减轻对民众的汲取力度，使之小于世家大族对人口的荫庇力度。于是，"荫庇户口自然纷纷向政府请求授予土地，政府在劳动人手争夺战方面，至此可谓获得全胜"①。

从这个角度来看，均田制的实质是朝廷、世家大族与底层民众三方间的一场博弈。博弈的结果是朝廷与民众皆获得了好处——朝廷虽然减轻了汲取力度（需要注意的是，这种减轻是策略性的、暂时性的），但编户齐民的数量大增，垦田亩数也大增，财政"蛋糕"的总体量变大了。

均田制能够刺激民众生育、加速人口恢复，是因为在该制度下，家庭每多养育一个孩子成丁，便可自官府多获授一人份的田地。只要朝廷能够足额授田，生养子女对家庭而言便具有正面收益。可见只要生养子女不会给家庭带来新的沉重负担，即便生活在困顿之中，民众也会有很强的生育意愿，人口就会出现大规模的增长。

但均田制对生育的刺激终究有其上限。授田总量会随着人口增长而耗尽，朝廷掌控的闲置土地会越来越少。当新增人口无法获授足额田地时，均田制必然要走向崩溃。历史也正是按照这样的逻辑在发展——均田制在北朝没有崩溃，是因为北朝战乱频繁，中原地区的人口峰值始终未能恢复到两汉时代的规模——北齐与北周的人口峰值不如北魏，而北魏的人口峰值也只在3150万—3500万人之间。②均田制在唐朝立国半个世纪后出现严重的崩溃迹象，是因为唐帝国的人口在这半个世纪里急速恢复，政府掌握的闲田已经很少，已无法向新增人

---

① 王仲荦：《魏晋南北朝史》，上海人民出版社2020年版，第533页。
② 葛剑雄：《中国人口发展史》，四川人民出版社2020年版，第163—165页。

口足额授予耕地。①

在均田制崩溃的过程中，人头税的人口峰值限制器效用再次显现，民众也再次被逼至两害相权的境地。不过，这场两害相权的主题已非"生子不举"，而是人数达千万级的唐民大逃亡。

千万唐民选择大逃亡

唐代前半期实施均田制，与之配套的赋役制度是租庸调。

租指田租，成年男丁每人每年按标准缴纳。庸是按人丁去给朝廷服劳役。调是按人丁向朝廷缴纳绢绵布帛。②可见生活在均田制与租庸调制度下的唐朝百姓的主要负担仍是人头税（取广义，指所有以人丁为标准征收的赋役）。按学者高树林的计算，唐代前半期民众的人头税负担占到了其总负担的六成至七成。③

唐代人陆贽曾十分赞同租庸调这种赋役制度，说"有田则有租，有家则有调，有身则有庸"④，实在是好极了。名下有田产才要给朝廷交租，户口登记在册才要给朝廷交调，家中有丁才要给朝廷交庸，可见征税依据很明确。不会因丰收增税，也不会因荒年而减租；不会因家财丰

---

① 此节古人早已阐明，如宋人刘恕曾如此解释均田制的存续与崩溃："魏、齐、周、隋，兵革不息，农民少而旷土多，故均田之制存。至唐，承平日久，丁口滋众，官无闲田，不复给授，故田制为空文。"见（元）王应麟：《困学纪闻》卷十六《考史·历代田制考》，"刘氏恕曰"条。

② 按唐朝的规定，租的标准是每名成年男丁每年纳租税两石。庸的标准是每丁每年给朝廷服劳役二十天，如果朝廷没征召劳役，就折算为每天收三尺绢。调的标准是每丁每年向朝廷缴纳绢或绫或绝两丈、绵三两。要是当地不产蚕桑，就改为缴纳布二丈五尺，麻三斤。调还包括一切按人头摊派的其他负担。绝大多数时期，官府并不会严格按照上述标准来向百姓征税，而会远超出上述标准。

③ 高树林：《试论中国封建社会赋税制度的税役变化问题》，《中国史研究》1989年第1期。

④ （唐）陆贽：《翰苑集》卷二十二，"论两税之弊须有厘革"条。

厚就多征，也不会因为生计艰难就免调，可见征税标准也很合理。

　　遗憾的是，陆贽的这些赞赏仅限于理想状态，也就是朝廷能足额给民众授田，民众继而有能力足额向朝廷缴纳租庸调。而现实是理想状态不可能存在。唐初的武德、贞观年间，人口稀少，朝廷掌握着许多荒地，尚可按标准足额授田给新生人口（每名男丁成年时可从政府手中获授田地100亩，其中有80亩口分田、20亩永业田）。但随着人口增长，朝廷手里的闲田越来越少①，到唐高宗与武则天时代就已没办法给新增人丁足额授田了。如敦煌户籍残简显示，当地百姓平均获授田亩仅相当于原定标准的十分之三。而且时间越往后，授田不足的情况越严重。敦煌效谷乡百姓王万寿生活在唐玄宗开元年间，他全家仅获授耕地10亩。以王万寿家中仅一名成年男丁来计算，也仅为应授标准的十分之一。②

　　缺乏动力去履行对民众的责任，却积极强制民众承担赋役，这是秦制政权的一项重要特征。唐朝政府也是如此。反映在均田制上，便是征收租庸调非常卖力，落实足额授田毫无兴趣。不管民众获授田亩是否足额，租庸调的征收往往一分不能少，征收过程中只看人头之有无，不问田亩之多寡。名下有八十亩口分田，每丁每年是两石租、二十天庸和两丈绢三两绵的调；名下只有十亩口分田，每丁每年也是两石租、二十天庸和两丈绢三两绵的调。如此，生养子女对家庭而言不再具备正面效益，均田法刺激人口生育的效用也就消失了。民众承受不住沉重的人头税负担，

---

　　① 朝廷掌握的土地越来越少，除了人口增长这个主因外，还有一个次因是口分田难以回收。唐朝百姓获授的田地包括口分田和永业田。口分田死后要还给国家，永业田可以传给子孙。随着户数增加，永业田的授予总量要增加。口分田能否在田主死后顺利重新回到国家手上，则要看基层的土地管理是否有效。实际是很难做到，许多民众会带着口分田隐蔽到官僚贵族门下后，基层官吏也没有办法将口分田再从官僚贵族手里抠出来。

　　② 杨际平：《均田制新探：敦煌吐鲁番出土文书研究》，厦门大学出版社1991年版，第305页。

又没有能力与官府正面对垒，便只能走两害相权取其轻的消极反抗之路。

这场两害相权的主题不再是"生子不举"，是因为"生子不举"已不能解决问题。试想，若一户百姓只获授十分之一额度的田地，却要按百分之百的额度承担税赋劳役，那么，他们面临的就不是养不养得起孩子的问题，而是作为编户齐民的自己能不能活得下去的问题。这正是唐帝国百姓选择大逃亡的主因。

唐民的大逃亡主要选择三种办法。一是离开原籍前往他乡，成为替人佣耕的"客户"（客居之户的意思）。如此，原籍的官员拿着户籍簿册征发赋役时找不到人，客居地的官员也没有动力将"客户"遣回原籍——当然，前提是"客户"的主家能向他们输送足够的利益①。第二种办法是连人带田地荫庇到王公贵族或官员门下，成为他们的私属人口。代价是必须给荫庇者缴纳更高的田租，好处是可以避开沉重的劳役摊派。第三种办法是逃至官府鞭长莫及的偏远之地。唐玄宗开元二十九年（741）在诏书里提到，江淮间有许多百姓"深居山洞，多不属州县，自谓莫徭"②，百姓们为了逃避沉重的徭役，逃进了官府控制之外的未开发地区。

关于这场大逃亡，唐代史学家杜佑在其《通典》中留下了非常重要的论述。杜佑说，本朝从高祖李渊时代算起，到玄宗天宝末年，太平时光持续了130多年，本该是个人口盛世，结果统计在册的户口只堪与隋朝

---

①《太平广记》卷二四三引《朝野佥载》，记录了这样一件事情："唐深州刺史段崇简性贪暴，到任，追里正，令括客。云'不得称无上户，上户每家取两人，下户取一人'。以刑胁之，人惧，皆妄通。通讫，简云：'不用唤客来，但须见主人。'主人到，处分每客索绢一匹。约一月之内，得绢三十车。"这位段崇简是唐玄宗时代之人，他到地方做刺史，搜挖逃亡藏匿的"客户"时，主要目的是从这些"客户"的主家索要钱财，而非要将这些"客户"遣回原籍变成编户齐民。

②（北宋）宋敏求编：《唐大诏令集》，《遣使黜陟诸道敕》。

相近。究其原因，是因为许多人逃亡藏匿了起来。①那么究竟有多少百姓选择了逃亡藏匿呢？杜佑有一段估计：

> 国家贞观中有户三百万，至天宝末百三十余年，才如隋氏之数。圣唐之盛，迈于西汉，约计天下编户合逾元始之间，名籍所少三百余万。

> 自贞观以后，加五百九十万，其时天下户都有八百九十余万也。汉武黩兵，人户减半，末年追悔，方息征伐。其后至平帝元始二年，经七十余载，有户千二百二十余万。大唐百三十余年中，虽时起兵戎，都不至减耗，而浮浪日众，版图不收。若比量汉时，实合有加数，约计天下人户少犹可有千三四百万矣。②

　　杜佑在户部做过官，掌握很多官方资料。他提供了几个数据：唐太宗贞观中期，统计到的户口数约300万。到唐玄宗天宝年间，130多年过去了，统计到的户口数仅与隋朝的户口数大体相等（隋炀帝大业五年的统计数据是890余万户）。也就是说，在这130年里，唐朝政府的户口统计簿册上只增加了590万户。杜佑继而推论称，唐朝是个比汉朝更丰足的盛世，唐朝百姓的生活水准高于汉朝百姓。汉武帝穷兵黩武曾闹到天下人户减半的境地，但只过了短短70余年，到汉平帝元始年间，汉帝国的在册户口就增长到1200余万。唐朝从贞观时代算起，经历了130余年的太平时光，其间虽然也有战事，但总体来说都算不上大乱，不至于给人口增长造成大的影响。所以，保守估计到玄宗天宝年间，本朝的实际户口应该不少

---

　　①（唐）杜佑：《通典》卷七《食货七》。其原文是："我国家自武德初至天宝末，凡百三十八年，可以比崇汉室，而人户才比于隋氏，盖有司不以经国驭远为意，法令不行，所在隐漏之甚也。"

　　②（唐）杜佑：《通典》卷七《食货七》。

于汉平帝时代，至少应该有1400万户口才算正常。这意味着至少有300余万户百姓没有得到统计。

也就是说，按照杜佑的统计与估算，在唐玄宗天宝时代，有大约四分之一的百姓选择逃亡藏匿，抛弃了编户齐民的身份。这个数据初看起来似乎有些骇人听闻。但杜佑是史学家，详细研究过历代人口数据，其《通典》是一部制度史巨著。杜佑也有丰富的官场经历，在地方做过刺史，在中央做过工部郎中与户部侍郎，对本朝人口数据及统计方式均有很直接的体察。他的这一估算绝非信口开河。

杜佑的估算在唐代也非个案。早在武则天时期（泛指武氏控制朝政的时代，不局限于武周），朝臣韦嗣立便说过"今天下户口亡逃过半"[1]这样的话。韦嗣立的"过半"之说或有夸张，但他如此说，足以证明当时的百姓逃亡情况很严重。同期也有许多史料可以佐证韦嗣立的话。如陈子昂上疏武则天，说河、陇、秦、凉、青、徐、曹、汴、沧、瀛、恒、赵等地的百姓"流离分散，十之四五"[2]，四川百姓的逃亡情况也很严重，蜀中诸州的逃亡者里有三万余户冒险进入未开发的、朝廷管控不到的深山老林之中。陈子昂还说，蜀地百姓之所以逃亡，主因是官吏对百姓的压榨剥夺太狠。[3]狄仁杰也上奏，说据他在河北道的调查所见，因朝廷调发太重，百姓已被逼至家徒四壁、卖房子卖田产去作逃亡者的地步。[4]唐玄宗开元五年（717），又有河南府人孙平子上奏，说唐

---

① （后晋）刘昫等：《旧唐书·韦嗣立传》。

② （唐）陈子昂：《上军国利害事》，《陈子昂集》，上海古籍出版社2013年版，第209页。

③ （唐）陈子昂：《上蜀川安危事》，《陈子昂集》，上海古籍出版社2013年版，第197—198页。原文是："今诸州逃走户，有三万余在蓬、渠、果、合、遂等州山林之中，不属州县。""蜀中诸州百姓所以逃亡者，实缘官人贪暴，不奉国法，典吏游容，因此侵渔。剥夺既深，人不堪命，百姓失业，因即逃亡。"

④ （后晋）刘昫等：《旧唐书·狄仁杰传》。原文是："家道悉破，或至逃亡，剔屋卖田，人不为售，内顾生计，四壁皆空。"

帝国户口控制最严格的长安与洛阳地区也出现了严重的人口逃亡现象，差不多有半数百姓跑掉了。①长安与洛阳尚且如此，其他地区的情况可想而知。开元九年，唐玄宗又在"禁逃亡制"中承认，虽然朝廷控制的户口数还在增长，但百姓逃亡的情况仍很严重。②

皇帝与官僚们能感受到百姓在大量逃亡，民间知识分子当然也会有所体察。活跃于唐朝前期的僧人王梵志，有一首题为《天下浮逃人》的打油诗，讲的便是唐帝国百姓逃亡藏匿的风潮。其诗如下：

> 天下浮逃人，不啻多一半。
> 南北掷踪藏，诳他暂归贯。
> 游游自觅活，不愁雁户役。
> 无心念二亲，有意随恶伴。
> 强处出头来，不须曹主唤。
> 闻苦即深藏，寻常拟相筭。
> 欲似鸟作群，惊即当头散。
> 心毒无忠孝，不过浮游汉。
> 此是五逆贼，打杀何须案。③

王梵志倡导忠孝，所以这首诗的立场是痛骂逃亡百姓，说他们心

---

① （唐）孙平子：《请祔孝和皇帝封事》，收入于周绍良主编：《全唐文新编》第二部第二册，吉林文史出版社2000年版，第3843页。其原文是："臣观两畿户口，逃去者半。常侍解招携不还；李杰奏请访括不得。"

② 《册府元龟》卷六三《帝王都·发号令》。其原文是："四海清宴，百年于兹，虽户口至多，而逃亡未息。"

③ （唐）王梵志著，项楚校注：《王梵志诗校注》，上海古籍出版社1991年版，第686—687页。

思狠毒毫无忠孝之心，是不必经正规审判程序便可打死的"五逆"[1]恶贼。批判之外，这首诗也提供了很多重要的历史信息。比如，王梵志在诗里说"天下浮逃人"超过了半数，虽是夸张之语，却显示当时的逃亡藏匿者极多，是常见的社会现象。也正因是常见的社会现象，才会引得王梵志写诗批判。再比如，诗中提到"应户役"，清楚显示百姓选择逃亡藏匿的主要目的，是要逃避沉重的人头税。再比如，诗中提到逃亡者往南往北到处躲藏，平常时日聚在一起谋生，遇到搜挖便立即四散；被抓住后会欺骗逮捕者先暂回原籍，再找机会逃走。这些信息既显示唐朝政府有许多人口搜挖政策，也显示民众逃亡藏匿的决心很大。

在帝国的"人矿"里挖呀挖

确如王梵志诗中所言，唐帝国出台过许多人口搜挖政策。

比如，武则天于长安三年（703）派出"十道使括天下亡户"[2]，将大批御史自中央下派到地方，以监督地方政府搜挖藏匿逃亡的百姓。此举效果有限，虽搜挖出不少百姓，但还没来得及将之绑入户籍，这些害怕朝廷的控制与汲取之人，便又逃亡流入邻近县州再次藏匿了起来。[3]唐玄宗也曾颁布敕令，号召"天下逃户"自首，回归编户齐民，朝廷提供的优待政策是归还其原籍名下的所有产业；原籍没有产业者，可以将户口数目报上去，朝廷会另有安排。[4]这种所谓的优待显然无法吸引百姓——若非原有产业不足以让百姓生存下去，他们也不会背井离乡去做

---

① "五逆"是佛教用语，指弑母、弑父、弑阿罗汉、出佛身血、破和合僧等五项重罪。

② （北宋）欧阳修、宋祁：《新唐书·苏瓌传》。

③ （北宋）欧阳修、宋祁：《新唐书·苏瓌传》。其原文是："初不立籍，人畏搜括，即流入比县旁州，更相廋蔽。"

④ （北宋）宋敏求编：《唐大诏令集》卷一一一，《听逃户归首敕》。其原文是："天下逃户所在特听归首，容至今年十二月三十日内首尽。其本贯旧有产业者一切令还，若先无者具户数闻奏，当别有处分。"

寄人篱下的浮逃人。

再后来，唐玄宗又效仿武则天，让大臣宇文融牵头发起"括户"运动，派人带队去天下各地，试图将隐藏在山林之中、荫庇在大族与贵族官僚门下的逃户搜出来，使之重新成为朝廷控制和汲取的对象。唐玄宗后来表彰宇文融"巡按所及，归首百万"[①]，在约四年的时间里为国家搜出了近百万藏匿户口，《旧唐书·食货志》提供的具体数据则是"得户八十余万"[②]。由此可见所谓的开元盛世，实不过是个百姓不堪汲取而大量逃逸的时代。杜佑在《通典》里说天宝末年仍有超过300万户口（相当于全国四分之一的百姓）隐匿于江湖之中，并非夸张之辞。

其实，唐帝国的"括户"运动不过是隋朝"大索貌阅"运动的翻版。"大索貌阅"的字面意思是按户籍登记资料（年龄、体貌特征、人丁数量）挨家挨户清查，若发现年龄不符、相貌不对、数量有异，便可查出隐匿人口与"诈老诈小"（指到了纳人头税的年龄却将年龄改小，还没到免除人头税的年龄却将年龄改大）的情况。为了将运动落实到每家每户，隋文帝对基层官员实施了"户口不实者，正长远配"[③]的严厉惩罚措施，不认真搜查隐匿人口的乡官会被流放至偏远地区。隋文帝还"开相纠之科"[④]，发动民众互相举报。隋炀帝后来也继承了这种手段，于大业五年（609）"许民相告，若纠得一丁者，令被纠之家代输赋役"[⑤]，用奖励来诱惑百姓互相举报，举报出一名藏匿之丁，举报者要承担的赋役就可转嫁给被举报者。隋朝赋役极为沉重，是民众逃亡藏匿的主因。隋炀帝以转嫁赋役为饵来诱惑民众互相举报，很有吸引力，很能

---

① （后晋）刘昫等：《旧唐书·宇文融传》。

② （后晋）刘昫等：《旧唐书·食货志上》。

③ （唐）魏征等：《隋书·食货志》。

④ （唐）魏征等：《隋书·食货志》。

⑤ （唐）魏征等：《隋书·裴蕴传》。

够激发人性之恶。正因为使用了如此卑劣的手段，隋文帝开皇初年首次"大索貌阅"便搜出隐匿人口164万余人，其中包括可直接征发劳役的壮丁40万余人。隋炀帝时代能掌控约900万户编户齐民，也是靠了这种卑劣手段。有隋代的先例在前，武则天与唐玄宗发起"括户"运动时，大概率会有样学样①。

然而，只要均田制的先天缺陷仍在，只要租庸调制度下的税赋依旧沉重，唐帝国的浮逃民就永远也搜挖不完。不但永远搜挖不完，还会如同滚雪球般不断壮大。这种滚雪球效应的主要制造者正是地方官府。按常理，百姓逃亡藏匿后，他们名下的口分田和永业田应由官府收回，再转授给当地的其他成年男丁。逃亡者的赋役也应转移给田地的新主人。但在实际操作中，地方官员为了让政绩履历看起来更漂亮，并不会将逃亡者的户籍从簿册中消除。不但不消除，还会将本应由逃亡者承担的税赋劳役转嫁给里正和其他百姓。这种做法在当时有个专门的名词，叫作"摊逃"。摊逃会让留下来的百姓过得更惨，所以越是搞摊逃，百姓跑得越多；百姓跑得越多，摊逃的力度就越大，如此这般就形成恶性循环。唐宪宗时代，京官李渤奉命出使，路经陕西渭南县，便见到当地百姓因为摊逃这一恶政而几乎跑光了：

> 臣出使经行，历求利病。窃知渭南县长源乡本有四百户，今才一百余户；阌乡县本有三千户，今才有一千户；其他州县大约相似。访寻积弊，始自均摊逃户。凡十家之内，大半逃亡，亦须五家摊税。似投石井中，非到底不止。摊逃之弊，苛虐如斯，此皆聚敛之臣剥下媚上，唯思竭泽，不虑无鱼。乞降

---

① 这是笔者的推测。毕竟武则天为打击政敌曾大兴告密之风，史称"罗告天下衣冠"，不少底层百姓也被卷入其中。

诏书，绝摊逃之弊。[①]

渭南县长源乡原本有400户，因地方官搞"摊逃"，如今已只剩下100多户。阌乡县原本有3000户，也因为"摊逃"的缘故，只剩下1000户了。李渤的这些描述，实可谓触目惊心。

这种遍地浮逃民的时代，民众自顾不暇，他们的生育意愿可想而知。他们在逃亡藏匿期间做出"生子不举"之事也不足为奇。只是他们已是逃亡者，在地方官府的视线之外，其"生子不举"很难被官修史料记录下来。唐代耕地多于西汉，农具优于西汉，农作物品种优于西汉，耕作技术优于西汉，开元时期也号称盛世，可是其人口峰值（据杜佑估算总人口约为7000万）却与700多年前的西汉（据元始二年官方数据约为6000万）无本质差别，重要缘故之一便在这里。

两税法意外"解放"子宫

以上，是自秦汉至隋唐这段历史时期——也就是人头税占绝对主导地位的时代里，普通民众在生育问题上做两害相权的惨烈之事。这些惨烈现象并非时刻发生，但它们如此常见并绵延不绝，足见人头税负担对民众生育意愿的压制有多严重。

直到唐德宗建中元年（780），中国人口史上的这条隐性脉络才终于开始发生变化。

这一年，在唐德宗的支持下，宰相杨炎开始推行一种新赋役制度"两税法"，以取代之前的租庸调制。这是中国历史上极重要的大事，就对后世民生的影响程度而言，远比绝大多数改朝换代来得深远。所谓两税，指的是政府田亩数量为征税依据，分夏、秋两季向民众征收地税与户税。两税法与租庸调制的核心区别，是租庸调制在征税时紧盯着百

---

① （后晋）刘昫等：《旧唐书·李渤传》。

姓家里有几口人，而两税法在征税时紧盯着百姓名下有多少田产。两税法是中国赋税史上划时代的转变。两税法之前，税人税丁的赋税体系已维持了近千年，百姓的主要负担是人头税。两税法之后，赋税体系开始转向税地税产，"自此在中国历史上，土地而不是人丁成了农业税收的基本单位"[1]，百姓的主要负担变成了田亩税（资产税）。

变人头税时代为田亩税（资产税）时代，相当于拔掉了长期压制中国人口峰值的限制器。所以两税法的实施也是中国人口史上最重要的分水岭。

这当中的逻辑不难理解。在人头税时代，增加人丁即等于增加人头税。所以人丁既是创造家庭财富的劳动力，也是妨碍家庭存续的巨大成本。至于究竟是创造的财富多，还是产生的成本大，通常取决于耕地数量与税负水平。当大一统朝代（如西汉与东汉）的人口增长至五六千万规模时，人丁平均占有耕地已很有限，增加家庭人口在生产上带来的收益已不能抵消新增的人头税负担，普通百姓就会压制养育后代的意愿。本书第二章提到的两汉百姓"生子不举"现象集中发生在汉代中后期，原因便在这里。这五六千万人口的规模，自然也就成了难以突破的峰值上限。当秦制君王为满足其穷奢极欲或为实现其所谓的雄才大略而大规模增收人头税时，普通百姓也会权衡利弊放弃养育后代。本书第二章提到汉武帝时代因增收口钱而导致百姓"生子辄杀"，以及魏、蜀、吴三国皆有的杀子现象，亦属于此类情况。

田亩税时代则不然。人丁虽仍是创造家庭财富的劳动力，但赋役主体已改为与田亩挂钩，人丁已不再构成家庭存续的沉重成本，生养子女对家庭来说已变得更具正面效应。大一统王朝初期自不必说，地多人少，需要大量劳动力，只要执政者不丧心病狂地汲取，民众的生育积极性通常都会比较高。即便到了大一统王朝的中后期，即便人口已增至五六千万这样

---

① ［美］费正清著，陈仲丹等译：《中国：传统与变革》，江苏人民出版社1996年版，第124页。

的规模，即便每丁占有土地已比较有限，多生养孩子给家庭增加的负担也要远小于人头税时代，不会造成家庭经济状况的急剧恶化——在人头税时代，多一个孩子就多一份人头税；在田亩税时代，多一个孩子不过是多一张嘴吃饭。多负担一人份的人头税，很容易将脆弱的小农家庭逼至弃子乃至杀子的地步，多一张嘴吃饭则不过是让全家人再勒一勒裤腰带。

总之，秦汉百姓的"生子辄杀"，三国百姓的"生子不举"与唐民的大逃亡，皆是在以一种极端的形式提醒我们：朝廷围绕什么来汲取民力，民众便会围绕什么来两害相权。朝廷主要依据人丁数量来征赋役，百姓便会抑制生育减少人丁；朝廷主要依据田亩面积来征赋役，百姓便会尽力隐匿田产，同时放松对生育意愿的压制。

当然，唐德宗与杨炎抛弃租庸调另搞两税法，并不是因为他们觉得两税法对普通民众有好处，也不是因为他们意识到以田亩税取代人头税将有助于提升民众的生育意愿。两税法出台的主因，仅仅是以人丁为汲取依据来维持财政"蛋糕"的路子破产了，已经走不下去了——如本章前文所言，因均田制已崩溃而以人头税为主体的租庸调负担不减反增，唐帝国的百姓一直在不断逃亡。初时，唐帝国还能通过"括户"运动来稍作挽救。待到"安史之乱"爆发，百姓死亡枕藉，幸存者也多流离失所，连原本用来控制人丁的户籍档案也已全然失效。"安史之乱"平息后，又有许多民众为逃避朝廷的沉重汲取而"用脚投票"，或抛弃家乡与田园逃入藩镇，或连人带地遁入豪族成为荫庇人口。唐帝国中央政府既消灭不了藩镇，也镇压不了豪族，更无力重建户籍档案，已注定无法回归人头税时代。因此，便只好实施两税法，改以田亩为征税依据[1]。人丁可以逃亡，田亩无法逃亡，唐帝国希望用这种方式重新维持住财政"蛋糕"的规模。这种无可奈何，正如《文献通考》所言：

---

[1] 黄永年先生认为唐德宗实施两税法同时也是"一项向地方争夺财权的重大措施"。见论文《论建中元年实施两税法的意图》，《陕西师范大学学报（哲学社会科学版）》1988年第3期。

　　（杨）炎当离乱之后，版籍既已隳废，故不容不为权时施宜之举。[1]

　　唐德宗之前的帝王们，并非不懂"人丁可以逃亡，田亩无法逃亡"这个事实。他们之所以长期选择以人头税为主来制造财政"蛋糕"，是因为清查人丁要远比清查田亩容易。清查田亩须丈量面积、确定肥瘠等级、梳理产权流转、补充新垦与流失数据。清查人丁却只须基层官吏与里长们挨家挨户敲门。征人头税是成本更低、效率更高的汲取方式。当朝廷能够有效控制人口流动、能够有效掌握人口数据时，他们普遍更倾向于征收人头税。这是自《商君书》便开始的古老传统，后世帝王搞户籍制度，行什伍连坐之法，以里甲来控制基层，皆是为了尽可能将人丁掌握在官府手里。统治技术的路径依赖无比强大，如果唐帝国有办法控制住人口逃逸现象，唐德宗与杨炎绝不会实施两税法。中国历史也绝不会在唐代中后期从人头税时代转变为田亩税时代。换言之，两税法解放民众的生育意愿，成为中国人口史上最重要的分水岭。然而，这其实是一次意外，而非制度设计者的初衷。

　　遗憾的是，唐朝中后期与五代十国战乱频繁，人口恢复缺乏好的环境，两税法作为中国人口史分水岭的效应也未能立刻显现出来。直到北宋结束割据，并继续实施两税法，中国人口峰值的突破才终于到来。

百万禁军刺激人口繁荣

　　与唐代一样，宋代的两税法也分夏、秋两季征收，夏税六月起催，秋税十月起催。夏税以布帛和货币为主，秋税以粮食为主。民众的纳税额度与人头无关，只与土地亩数和土地肥瘠等级相关。缴纳两税者主要是拥有土地的主户，没有土地的客户无须缴纳。虽然经唐末五代

---

① （元）马端临：《文献通考》卷三《田赋考四》。

的演变，宋代的两税法与唐代相比已有一些区别，但"以田亩税为主体"这一点却未改变。比如役钱是最主要的人头税，而北宋按丁摊派的役钱"基本都在30%左右，比之唐朝已大量减少，说明人头税负担已不再占主要地位。南宋又进一步减少……将总制钱全部算作役钱也只占12%"。[①]宋太祖赵匡胤下令统计人口时说"女口不须通勘"[②]，不再像前朝那般孜孜于统计女性人口，便是因为宋朝以田亩税为主，人头税不再是财政"蛋糕"的主体。

这正是宋代出现人口大爆炸的主因。

最后有必要重点说一下募兵制对宋代人口繁荣的影响。

众所周知，兵役与徭役是人头税时代最沉重的负担。宋代行募兵制，与前代的征兵制度相比，弊端是朝廷要支出极大体量的财政"蛋糕"来养职业兵。好处是免除了农民绝大部分的兵役，厢军和禁军也会承担许多劳役，正如《文献通考》所言：

> 宋朝凡众役多以厢军给之，罕调丁男。[③]

反观两汉至隋唐，男性到了成丁年龄便须自备武器、粮食与衣服，去承担兵役和徭役。宋代实施募兵制后，大多数成年男丁不必再因兵役与劳役离开家庭与土地。这对小农家庭而言，相当于在生育问题上少了一项极大的后顾之忧。正如北宋官员韩琦所言：

> 养兵虽非古，然亦自有利处。……即收拾强悍无赖者，养

---

① 高树林：《试论中国封建社会赋税制度的税役变化问题》，《中国史研究》1989年第1期。

② （南宋）李焘：《续资治通鉴长编》卷四，"乾德元年冬十月庚辰"条。

③ （元）马端临：《文献通考》卷一二《职役考一》。宋代民众最沉重的负担是"差役"，又叫"职役"，这是一种新型负担，详见本书后文第四章。

之以为兵，良民虽税敛良厚，而终身保骨肉相聚之乐，父子、兄弟、夫妇免生离死别之苦。[①]

从这个意义上来讲，宋代的百万禁军虽耗费财政甚巨，也未能在对外战事中有所建树，但是无意间（非禁军制度的设计初衷）刺激了宋代的人口繁荣。

也正因为类似兵役与徭役的各类人头税在宋代大幅减轻，所以北宋建国之初虽只有约3540万人（公元980年的数据），却经短短100余年，至宋徽宗时总人口便已破亿（公元1108年数据）。若再加上辽、西夏与大理等国的数据，则总人口可以达到约1.4亿的规模，相当于人头税时代人口高峰（唐天宝十四年，7000余万人）的两倍。唐、宋人口数量的这种突变，绝非技术进步与耕地面积增加所能达成，唯有将"人头税时代式微，田亩税时代到来"这一税赋史上的划时代变化纳入考量，才能得以真正解释[②]宋代之后，随着人头税比例越来越小，中国人口又在明代突破了2亿，在清代突破了4亿。[③]

---

① （南宋）罗大经：《鹤林玉露》，乙编卷四"养兵"，上海古籍出版社2012年版，第110页。

② 另可参见豆建春：《中国历史上的人口增长——解释因素及其长期效应分析》，西北大学博士论文，2015年。笔者孤陋寡闻，从经济学模型角度对"两税法"与唐宋人口变化之间关系做考察的研究，笔者目前仅见到这一篇论文。

③ 明朝的统计数据长期沦为具文，洪武年间统计天下户籍人口近6000万，到了明末时的统计数据仍是6000多万，实则明朝的人口已约2亿之众，人口统计数据失实至如此地步，自然意味着针对人头税的控制很弱。清代实施"滋生人丁，永不加赋"政策及"摊丁入亩"改革，相当于全面放弃了人头税。此外，"美洲农作物引发清代人口大爆炸"的传统说法，近年已遭到不少学者的挑战。可参见李昕升：《美洲作物与人口增长——兼论"美洲作物决定论"的来龙去脉》，《中国经济史研究》2020年第3期；李昕升、王思明：《清至民国美洲作物生产指标估计》，《清史研究》2017年第3期；侯杨方：《美洲作物造就了康乾盛世？——兼评陈志武〈量化历史研究告诉我们什么？〉》，《南方周末》2013年10月31日。

第四章
两宋人口盛世的真实历史

此前两章解释了宋代人口大爆炸的发生逻辑。扼要言之，唐中后期两税法改革之前，自秦汉至隋唐的千余年是以人头税为主体的时代。人头税是压制民众生育意愿的限制因素，所以这千余年里人口峰值始终无法突破六七千万这个上限，且经常出现"生子辄杀""生子不举"的社会现象。两税法之后，财政"蛋糕"的主体变为田亩税，滋生人丁不再直接等同于滋生税负，人口峰值上限被解除，随之在北宋出现了人口大爆炸。

但是，从人头税时代进入田亩税的时代不是一蹴而就的，中国人口史的那条隐形脉络也不会骤然消失殆尽。尤其是，当偏安一隅的南宋朝廷"取民无艺"，人头税汲取力度再次回升时，很多百姓也只好重新拾起"生子辄杀"这一残酷的生存策略。

北宋百姓不要第四个孩子

两税法改革将所有的田亩税、人头税和各种苛捐杂税，皆合并在两税之中，然后"唯以资产为宗，不以丁身为本。资产少者，则其税少；资产多者，则其税多"[①]。按规定就不应该再向百姓征调劳役，因为两税

---

① （唐）陆贽：《翰苑集》卷二二，"论两税之弊须有厘革"条。

里已经包含了役钱。官府需要劳役时，须拿钱向民间去雇佣。也不应该再向百姓直接征收"口钱""算钱"等人口税。

遗憾的是，百姓没有任何办法去监督官府，也没有任何办法去阻止他们重复征税。所以，在晚唐和五代十国的乱世，各藩镇与暴君们再次重启了部分人头税。百姓"生子辄杀"的记载，也随之再次集中出现，成了一种可怕的社会现象。比如，《湘山野录》记载：

> 吴越旧式，民间尽算丁壮钱以增赋舆。贫匮之家，父母不能保守，或弃于襁褓，或卖为僮妾，至有提携寄于释老者。[①]

据此可知，吴越国的统治者钱氏向百姓按人头收"丁壮钱"，底层百姓生计艰难，只好将刚生下的孩子或忍痛抛弃，或卖给他人做僮仆小妾，还有人选择将孩子送到寺院里做和尚。其实，除吴越国之外，吴国、南汉国、闽国、楚国等，也均向百姓收取沉重的丁身钱[②]。其中，吴越国的丁身钱标准是"每身钱三百六十"[③]；闽国收丁身钱时"诸州各计日算钱"[④]；楚国收钱也收米，"自马氏时税民丁身钱，岁输银二万八千两，民生子，至壮不敢束发"[⑤]，与吴越国一样，楚国百姓也被逼得不敢生孩子，生了孩子也要隐藏年龄，不敢给孩子举行成年礼。

继承了两税法的北宋，虽然终结了五代十国乱世，却无意变更原吴越国、吴国、南汉国、闽国、楚国统治区域内的丁身钱暴政。据《续资治通鉴》记载，在宋真宗大中祥符四年（1011）：

---

① （北宋）僧文莹：《湘山野录》卷一。

② 各政权的征税名号各有差异，为叙述方便，后文统一称丁身钱。

③ （清）吴任臣：《十国春秋》卷八一，《吴越忠懿王世家上》。

④ （清）吴任臣：《十国春秋》卷九一，《闽康宗本纪》。

⑤ （南宋）李焘：《续资治通鉴长编》卷一二〇。

> 两浙、福建、荆湖、广南诸州循伪制输丁身钱，岁凡四十五万四百贯，民有子者或弃不养，或卖为僮仆，或度为释老。秋七月壬申朔，诏悉除之。①

据此可知，在原吴越国、闽国、楚国等政权的统治区域，丁身钱这项暴政直到宋真宗时代才被废除。因为该恶政的存在，这些地方的部分百姓，在北宋初年仍选择弃养子女或将子女卖为奴仆、送给寺院。

宋真宗免除丁身钱虽是善政，落实到地方却不容易。福建的漳州、泉州与兴化军三地官府，便"无人论奏"，继续向本地百姓收取这项税赋。当时，这三处地方的做法是将丁口钱折算成大米缴纳。诏书里只提了"丁口钱"，地方政府遂以"身丁米"不等于"身丁钱"为由不响应诏书，也不向朝廷做任何说明，继续向百姓征人头税。直到宋仁宗庆历八年（1048），才有福建路转运使蔡襄上奏，揭露了这件荒唐事。奏疏里说：

> 臣伏见泉州、漳州、兴化军人户每年输纳身丁米七斗五升，……南方地狭人贫，终年佣作，仅能了得身丁。其间不能输纳者，父子流移，逃避他所。又有甚者，往往生子不举。人情至此，可为嗟痛。……真宗皇帝哀怜百姓穷困之弊，祥符中特降御札，蠲除两浙、福建六路身丁钱四十五万贯。其时漳、泉、兴三州亦是丁钱折变作米，无人论奏，因依科纳。遂至先朝大惠不及三郡，三郡之人引领北望，迄今又四十年矣。臣闻圣人以生为德，以孝为本。今陛下之民至有父母不肯养子，不

---

① （清）毕沅：《续资治通鉴》卷二十九。北宋钱塘僧人文莹也在《湘山野录》中说，吴越之地长期收丁身钱，"真宗一切蠲放，吴俗始苏"，直到宋真宗取消这项重税，吴越之地百姓"生子不举"的风俗才渐渐消失。

亦累于生生之德乎？①

　　蔡襄说，这三州之地的百姓终年劳作，仅能凑足给朝廷的丁身米。有些负担不起丁身米的家庭，只好父子分离逃亡他乡。许多家庭选择了"生子不举"，生了孩子便将之送人或忍痛杀死。

　　因残存的丁身钱而"生子不举"，只是北宋杀子之风的一小部分。在那些没有丁身钱负担的地方，其实也广泛存在杀子的社会现象。

　　宋神宗元丰年间，苏轼谪居湖北黄州担任团练副使，便从一位叫作王天麟的朋友处得知，荆湖北路的岳州、鄂州与淮南西路的黄州等地，存在可怕的杀子之风：

　　　　岳、鄂间田野小人，例只养二男一女，过此辄杀之。尤讳养女，以故民间少女，多鳏夫。初生，辄以冷水浸杀，其父母亦不忍，率常闭目背面，以手按之水盆中，咿嘤良久乃死。有神山乡百姓石揆者，连杀两子，……闻鄂人有秦光亨者，今已及第，为安州司法。方其在母也，其舅陈遵梦一小儿挽其衣，若有所诉。比两夕，辄见之，其状甚急。遵独念其姊有娠将产，而意不乐多子，岂其应是乎？驰往省之，则儿已在水盆中矣，救之得免。②

　　　　近闻黄州小民贫者生子多不举，初生，便于水盆中浸杀之，江南（笔者注：指位于长江以南的鄂州）尤甚，闻之

---

　　①（北宋）蔡襄：《乞减放漳泉州兴化军人户身丁米札子》，《蔡襄全集》，福建人民出版社1999年版，第488页。

　　②（北宋）苏轼：《与朱鄂州书》，《苏轼文集编年笺注（诗词附）》第六册，巴蜀书社2011年版，第330—331页。

不忍。①

上述见闻被苏轼写在书信里，告知了好友朱寿昌。

朱当时在鄂州担任地方官。苏给朱出主意，建议他采取鼓励百姓举报的办法，来消灭这种风气，"立赏召人告官，赏钱以犯人及邻保家财充，若客户则及其地主"，也就是用赏钱来鼓励百姓举报杀子者。赏钱由犯人和邻保地主出，理由是无论谁家有女性怀孕，十个月的时间里，其邻保、地主没理由毫无知晓，知晓了而不报官，罚他们给举报者提供赏钱，一点都不冤。苏轼还支持黄州一位叫作古耕道的士大夫，让他发动黄州当地的富人捐钱，来帮助那些"贫甚不举子者"。苏轼自己带头捐钱"十千"。

需要注意的是：苏轼在岳、鄂、黄三州耳闻目睹的杀子风气，与本书第二章提到的秦汉至隋唐时代的杀子风气，有一个很重要的不同。后者杀子，往往"生子辄杀"，是根本养育不起后代。郭世道"埋儿奉母"，杀害的便是自己的第一个儿子。岳、鄂、黄三州百姓杀子，则是"只养二男一女"，超过此数者不养；是"尤讳养女"，不愿多养女孩。

苏轼所见也不是个案。如宋徽宗政和二年（1112），宣州百姓吕堂上书说，据他所见，苏南、皖南、赣北一带有"薅子"的风气，"男多则杀其男，女多则杀其女，习俗相传，谓之薅子。即其土风，宣、歙为甚，江宁次之，饶、信又次之"②。家中男孩多则杀男孩，女孩多则杀女孩。另一位北宋人王得臣也记载称，福建一带有"洗儿"的风气："闽人生子多者，至第四子则率皆不举，为其赀产不足以赡也。若女则不待

---

① （北宋）苏轼：《黄鄂之风》，《苏轼文集编年笺注（诗词附）》第十册，巴蜀书社2011年版，第223页。

② （清）徐松：《宋会要辑稿·刑法二》。

三。往往临蓐以器贮水，才产即溺之，谓之洗儿，建、剑尤甚"。[①]因为财力不足以养活太多子女，福建人生到第四个孩子就不要了，会将之杀掉；若生的是女儿，不会超过三个。生孩子的时候，旁边放上一盆水，生下来便直接溺死。

薅子也好，洗儿也罢，都是无可奈何的残忍。但从养不起后代，到养不起太多后代；从生子辄弃杀，到生第四个孩子才弃杀，两害相权式的残忍在程度上毕竟有所减弱，多多少少，仍算是一种时代的"进步"。这"进步"的主因，便是以人头税为主的时代，变成了以田亩税为主的时代。家庭人丁的多少，不再与家庭的被汲取总量直接挂钩。宋代人口数量较之前代已发生巨大突破，主因之一也在这里。

南宋百姓宁杀子不输税

在秦制时代，一个个原子化的百姓，没有任何与朝廷讨价还价的能力。所以即便进入田亩税时代，某些人头税也仍会时常被某些孜孜于汲取的政权翻出来，重新施加在百姓身上。当这种事情发生时，杀子之风也会随之复苏。

南宋就曾出现这种情况。

朱熹曾评价两宋的财政汲取力度，称"古者刻剥之法本朝皆备"[②]，两宋政权是历代汲取手段的集大成者。其中，南宋的汲取力度又远大于北宋。漆侠先生依据《宋史》《宋会要辑稿》以及宋人留下的奏章、笔记资料，计算过两宋300余年间的赋税汲取强度。具体见下表（表7）：

---

① （北宋）王得臣：《麈史》，上卷"惠政"条，上海古籍出版社1986年版，第19页。

② （南宋）朱熹：《朱子语类》卷一百一十。

表7　两宋财政汲取强度表

年　代	财政汲取总额（贯）	指　数
宋太宗太平兴国四年（979）	1600余万	100
宋太宗至道三年（997）	2200余万	139
宋真宗天禧末年（1021）	2653万	165.8
宋仁宗皇祐年间（1049—1053）	3900万	243.7
宋仁宗嘉祐年间（1056—1063）	3682万余	230
宋英宗治平年间（1064—1067）	4400万	275
宋英宗治平二年（1065）	6000万	375
宋神宗熙宁年间（1068—1077）	5060万	316.2
宋神宗元丰年间（1078—1085）	6000余万	375
宋哲宗元祐年间（1086—1094）	4848万	303
宋高宗建炎年间（1127—1130）	1000余万	62.5
宋高宗绍兴年间（1131—1162）	3540余万	321.2
宋孝宗淳熙末年（1189）	6530余万	408.1
宋光宗绍熙元年（1190）	6800万	425

资料来源：漆侠：《宋代经济史》上册，南开大学出版社2019年版，第453—454页。原表中的数据来源从略。

　　南宋的统治面积约为北宋的四分之三（可能还不到），宋孝宗时代距离靖康之变也不过短短数十年，经济与人口皆尚未恢复到巨变前的水平。其财政汲取总额却已直追依靠王安石变法高强度敛财的宋神宗时期。南宋百姓所要承担的赋税压力远大于北宋百姓，便可想而知了。这也是为什么清代史学家赵翼在评价南宋时，要说它是一个"取民无艺"[①]的政权，批评它只知道无止境地搜刮民脂民膏。

　　南宋"取民无艺"的典型证据之一，就是被北宋朝野视为暴政、在

---

　　① （清）赵翼：《廿二史札记》卷二十五，中国书店1987年版，第335页。

宋真宗与宋仁宗时期一度被取消了的丁税（丁身钱），在南宋又以各种名目重新冒了出来。百姓的负担大幅提升——方健依据南宋地方志《嘉泰会稽志》卷五《赋税》提供的资料，做过这样一番统计："其（绍兴府）所载南宋新增税赋：①和买10万匹，已是五次蠲减之数，每匹以折钱6.5贯文计，则为65万贯；②役钱167928.95贯文；③水陆茶钱8008.203贯文；④小绫2500匹，折钱15422.5贯；⑤湖田米66003.74石，如以每石3贯折计，为钱198011.22贯文；⑥职田米15999.5石，折价47998.5贯文；⑦折帛钱330432.628贯文。这7项合计为1417802贯文，意味着平均每丁增加4.232贯文的税赋负担，较之北宋初每丁160文的身丁而言，增加了25.45倍。"①

于是，在宋高宗绍兴七年（1137）十二月，礼部尚书刘大中上奏说，浙东百姓苦于人头税，已经开始拒绝养活新生儿了：

> 今浙东之民有不举子者。臣尝承乏外郡，每见百姓诉丁盐绸绢最为疾苦。盖为其子成丁则出绸绢，终其身不可免。愚民宁杀子，不欲输绸绢；又资财嫁遣力所不及，故生女者例不举。诚由赋役繁重，人不聊生所致也。②

大意是：现下，许多浙东百姓生了儿子不肯养育。臣我以前做过地方官，经常听百姓说最痛苦的负担是丁盐绸绢。养了儿子，到了成丁之年，就要给朝廷缴纳绸绢，而且是年年要缴。所以愚民宁愿杀子来逃避。养了女儿又会发愁没嫁妆将她嫁出去，所以他们生了女儿也不养。总之，百姓杀子的原因，是朝廷赋税太重导致的。

---

① 方健：《宋代人口研究新论——兼与吴松弟教授商榷》，收入于张其凡、李裕民主编：《徐规教授九十华诞纪念文集》，浙江大学出版社2009年版，第141—142页。

② （南宋）佚名：《皇宋中兴两朝圣政》卷二十二。

次年五月，宋高宗下发了一道谕旨："禁贫民不举子，其不能育者，给钱养之。"①严禁南宋百姓生了孩子不养活。与该诏书相匹配的新政策，是"州县乡村五等、坊郭七等以下贫乏之家，生男女不能养赡者，每人支免役宽剩钱四千"②——乡村人里的第五等，城里人里的第七等（当时官府按资产多少给百姓家庭划定等级），这些贫困家庭如果生了孩子无力抚养，每个孩子可以找官府领四千文"免役宽剩钱"。绍兴十一年（1141），宋高宗又应地方官员的奏请，准许自妇人怀孕的第五个月起，无论家庭贫富，均免除其丈夫一年的"杂差役"，好让丈夫可以安心照顾产妇和婴儿③。此外，南宋政府还在地方设立了专门的"举子仓"。这些仓库的粮食，专门用来救助那些生了孩子无力抚养的家庭，一般标准是生一个孩子便"给米一石"，约相当于今天的60公斤④。

朝廷频繁出台禁止百姓生子不养的政策，可知这种情况在当时，已成为一种引起社会关注的现象。⑤

这些政策也只是看起来美好，实则并未改变南宋百姓养子成本过高的问题。所以，到了宋孝宗时代，"民不举子"仍是南宋社会一个极为严重的问题。乾道年间，在处州（今浙江境内）做地方官的范成大，便

---

① （元）脱脱等：《宋史》本纪第二十九《高宗六》。

② （元）马端临：《文献通考》卷十一。

③ （南宋）李心传：《建炎以来系年要录》卷一三九，"绍兴十一年三月乙巳"条。

④ "举子仓"的具体情形，可参见杨芳：《宋代仓廪制度研究》，上海古籍出版社2019年版，第316—329页。

⑤ 宋代有比前代更完备的户口统计制度，每三年编制一次户籍，每三年编制一次丁账，王安石变法后又每三年编制一次保甲簿。南宋在做户口调查时，还采取了"上门点对"（基层人员挨家挨户上门查户口）的统计方式。户口的增加、丁口的繁衍，也是宋代官员考核、升职增禄的主要依据。所以两宋时代虽有隐匿人口，却已很难再出现唐代前半期那种大规模的逃亡藏匿现象。

曾上奏朝廷称，"处州丁钱太重，遂有不举子之风"①——人头税收得太狠，所以处州百姓不肯养儿子。

大略同期，在福建做过提刑官的郑兴裔，也有一道给孝宗的奏章，叫作《请禁民不举子状》，主旨是希望朝廷出台政策禁止百姓杀害子女。奏章说："生子恒多不举"这种风俗，相沿至今所在多有，其中又以"建剑汀邵四州"最为严重，原因是"自军兴以来，户口凋残。贪吏奸胥又复肆其凌虐，丁盐绸绢诛求无艺，愚蠢小民，宁杀子而不愿输税。"郑兴裔告诉孝宗，自己"提刑福建路"两年了，这两年里耳闻目睹了太多父母杀害子女的惨剧，"于兹闻见所及，惨状不可名言"。他提供给朝廷的对策是，恢复本朝"杀子孙徒二年"的律例，发动民众举报，"告官审实，以犯人家财给之"，若举报属实，便将"不举子"家庭的财产奖励给举报人。②

郑兴裔的办法可能未被朝廷采纳，也可能是采纳了但没有什么效果，后来被放弃了。稍晚一些时候，孝宗淳熙年间去福建南剑州做地方官的陈安节，发现当地"民俗类不举子"后，采取的挽救办法，已不是发动民众举报，而是"劝其举者，官赋之粟者三年"③，由官府连续三年给生养孩子的家庭提供粮食。据陈安节的墓志铭讲，有了这三年的粮食补助，南剑州百姓不肯生养孩子的风气，被刹住了。三年粮食补助不是小数目，墓志

---

① （南宋）佚名：《皇宋中兴两朝圣政》卷五十。

② （南宋）郑兴裔：《郑忠肃奏议遗集》卷上，《请禁民不举子状》。南宋时期，福建的生子不举情况相当严重，不少资料将之归因为当地有杀子的恶劣风俗。福建在五代十国时期，确实因闽国的人头税沉重而有杀子之风。福建入宋后，闽国的人头税并未取消，所以直到宋真宗时期当地仍因人头税沉重而有严重的生子不举现象。到宋仁宗时，这种现象仍未断绝。故此，与其说福建百姓杀子是陋俗所致，不如说这种陋俗是残暴的统治所为。

③ （南宋）韩元吉：《南涧甲乙稿》卷二十一，《朝散郎直秘阁致仕陈君墓志铭》。同书卷二十一的《方公（滋）墓志铭》也提道："湖州丁绢最重，至生子不敢举。"

铭对陈安节政绩的叙述，也许不算夸张。

还有一个典型案例，是大略同期的严州（在今天的浙江境内）。据南宋人吕祖谦说，严州是一个多盗贼的地方。多盗贼的原因，不是民风彪悍，也不是地处偏僻，而是"丁钱偏重于他邦，原其情状，实可怜悯"，当地百姓被人头税压得喘不过气来，只好上山去做盗匪。据严州地方官府实地探访：

> 深山穷谷至有年三十余，颜状老苍不敢裹头。县吏恐丁数亏折，时复搜括相验，纠令输纳，谓之"貌丁"。民间既无避免之路，生子往往不举，规脱丁口。一岁之间，婴孺夭阏不知其几。小民虽愚，岂无父子之爱？徒以厄于重赋，忍灭天性，亲相贼杀，伤动和气，悖逆人理，莫斯为甚。[1]

严州的偏僻山谷之中，藏着很多年过三十、容貌老成却不裹头、不行成人礼的男丁（行了成人礼就要纳入簿册开始缴人头税）。地方官吏为了将他们抓出来，经常下乡挨家挨户搜查，这种搜查有个专有名词叫作"貌丁"，就是当面检验老百姓的面容相貌来判断其是否已经成年，是否应纳人头税。老百姓被"貌丁"逼得无路可走，只好生了孩子不养活，以求减少家庭的人丁。一年之间不知有多少孩子因此夭折。底层百姓虽然愚昧，也有父子之爱。他们之所以如此泯灭人性，很大程度上是被沉重的税赋所逼。

也许是严州的情况太过惨不忍睹，朝野舆论的批评之声也很大，南宋政府最终实施了减税政策。据做过南宋朝廷谏官的詹元宗讲：严州百姓以耕田、养蚕、种茶、割漆为主业，全家人终年劳作"仅得以无饥"，加上朝廷的种种摊派与苛捐杂税，活得极为艰难。朝廷实施了重

---

[1]（南宋）吕祖谦：《东莱集》卷三，《为张严州作乞免丁钱奏状》。

大减税政策后，具体而言是：该州共计175740人，每年减免14292匹绢，相当于"昔之取者以其十，今之取者以其四"[1]，如果说以前的税负是十成，那现在就只剩四成了——严州百姓终于不再杀子了：

> 严之习俗，苦于丁税之苛，有贫不举子之患。至是不复有闻。[2]

可惜的是，严州的减税政策是个特例，并未普及至南宋的其他地区。其他南宋地方官，仍要继续面临辖下百姓不肯养活新生子女的难题。如在安庆府做过地方官的余嵘，面对"乡俗不举子"，他能做的只是设立三所救助机构，"各给钱米药饵"[3]，往机构里拨一点钱粮和药物，能救助一个是一个。另一位在福建为官的赵善俊，则软硬兼施，一面"痛惩不举子者"，一面"凡产育给金谷"[4]。这些措施效果有限，很容易人走茶凉、人亡政息。所以，终南宋一朝，始终没能彻底解决"民不举子"这个问题。

需要注意的是，南宋群臣这些谈论"民不举子"的奏章，很难找到"例只养二男一女""至第四子则率皆不举"这类字眼。这意味着在人头税的压迫下，南宋百姓的杀子现象要远比北宋严重。

人头税的重压，也必然会在生育率上有所反映。葛剑雄在《中国人口发展史》中提道：

---

① （南宋）董棻辑：《严陵集》卷九，《均减严州丁税记》。

② （南宋）董棻辑：《严陵集》卷九，《均减严州丁税记》。

③ （南宋）刘克庄：《后村集》卷一百四十五，《龙学余尚书》。

④ （南宋）周必大：《文忠集》卷六十三，《中大夫秘阁修撰赐紫金鱼袋赵君善俊神道碑》。

> 从绍兴二十九年到嘉定十六年（1159—1223）这64年间，
> （南宋的）户数只增长了114.23%，年平均增长率只有1.23‰，
> 是相当低的。在此期间，南宋境内大多数情况下是比较稳定
> 的，人口的自然增长似不应如此之低。①

值得注意的是，前文提到的杀子事件里，有多起恰好发生在"绍兴二十九年到嘉定十六年（1159—1223）"前后。换言之，若能将南宋政权治下存在极重的人头税这个事实，与南宋"愚民"宁愿杀子以避人头税这种社会风气考量进去，这60余年间相当低的人口自然增长率就可以得到合理的解释。这种低增长率是南宋政权暴政的应有结果，是秦汉至隋唐那些人头税负担沉重的时代里频繁发生过的事情，不需要对其有任何惊异之感。

与辽、金、元横向比较

这里也横向比较一下与两宋存在时代交叉的辽、金、元的情况②。在辽代、金代与元代史料当中，也能见到一些"民不举子"的记载。如元至元二十七年（1290），福建浦城县发生了一起祖父母溺死刚出生孙子的惨案：

---

① 葛剑雄:《中国人口发展史》，四川人民出版社2020年版，第220页。

② 需要说明的是，这些比较既未必全面，更未必准确，仅是一种浅显的个人观感。我姑妄言之，读者诸君不妨姑妄阅之。辽国（916—1125）大体与北宋（960—1127）同期，金国（1115—1234）大体与南宋（1127—1279）同期。元一般认为始于1271年，忽必烈定国号为"大元"，但一个政权其来有自，不会因为定国号之事而断裂为截然不同的时代。元政权的历史若从铁木真建立大蒙古国（1206）算起，与南宋存在70余年的交叉；若从灭金（1234）后与南宋大范围接壤算起，与南宋也有40余年的交叉。所以这里将元纳入横向比较这一小节当中。

至元二十九年六月，孝悌里张次十状告：至元二十七年十月十三日，族人张烨同妻阿黄，将男张朴妻阿詹产下男子，不容洗养，于桶中溺死。公事议行间，又据前福州路闽清县尉张宁呈：南方之民，有贫而不济，或为男女数多，初生之时遽行溺死。浦城之风，独此为盛。①

此案发生时，元朝政府在福建的统治已持续了十余年，但社会尚未安定。至元二十年（1283），黄华聚众十余万在福建起事，造成很大的震荡，"福建一道，收附之后，户几百万。黄华一变，十去其四"②。至元二十六年，又有钟明亮拥众十万在广东起事，战火烧到了福建境内。相应的，当地百姓的负担也极重。浦城县溺杀婴儿之风盛行，原因便在这里。这桩发生在至元二十七年的祖父母溺杀亲孙案，直到延祐四年（1317）才被建宁路地方政府将卷宗抄录到刑部。刑部随后下达指示："今后若有将所生男女不行举养者，许诸人告发到官，以故杀子孙论罪。邻右社长里正人等失觉察者，亦行治罪。"③也就是鼓励百姓举报，将生子不育等同于故意杀害子孙之罪（杖七十，也可以交钱赎刑），还要株连那些不参与举报的邻居与里正。

但相对而言，在辽、金、元三代，生子不育的现象未曾像宋朝（主要是南宋）那般成为中央与地方官员经常讨论、高度关注的社会问题④。

---

①（元）佚名：《元典章》，刑部卷之四（典章四十一），"杀卑幼"之"溺子依故杀子孙论罪"条。

②（元）王恽：《秋涧集》卷九十二，《论草冠钟明亮事状》。

③（元）佚名：《元典章》，刑部卷之四（典章四十一），"杀卑幼"之"溺子依故杀子孙论罪"条。

④元律中有"诸有司治赋敛急，致贫民鬻男女为输者，追还所鬻男女，而正有司罪，价勿偿"的规定，可见官吏以赋税劳役逼迫百姓，使其卖儿卖女的现象是存在的。见（明）宋濂等：《元史·刑法志二》。

这或许是因为：一，辽、金、元三代在税赋劳役的汲取力度上，与两宋存在差距；二，在家庭形态上，辽、金、元三代与两宋也有很大的不同。

辽代的汲取力度不如北宋，有宋人的直接观感为证。北宋政府为了从百姓身上更便捷、更强力地汲取财富，对包括食盐在内的多种日常生活必需品实施朝廷专卖政策，百姓只能吃政府控制下的高价盐。但河北地区是个例外，还一度存在盐业自由市场，民众可以吃到民间商人贩卖的低价盐。宋仁宗时代，朝廷开支越来越大，终于有人盯上了河北，建议朝廷禁掉当地的盐业自由市场，改由官府专卖经营，以增加财政收入。谏官余靖上奏反对，理由是：

> 臣尝痛燕蓟之地，陷入契丹几百年，而民忘南顾心者，大率契丹之法简易，盐麹俱贱，科役不烦故也。昔太祖推恩河朔，故许通商。今若榷之，价必腾踊，民苟怀怨，悔将何及。河朔土多盐卤，小民税地不生五谷，唯刮卤煎盐以纳二税，禁之必至逃亡。盐价若高，犯法亦众，边民怨望，非国之福，乞且仍旧通商。[①]

北宋的河北地区是与辽国交界的边境地带。余靖说，燕蓟之地被契丹占领了近百年，那里的百姓早已没有回归中原王朝的念头，主因是契丹的律法简易，契丹的盐价低贱，契丹的劳役征发不频繁。本朝太祖皇帝正是因为看到了这一点才特许河朔地区的百姓自由通商，特许他们从民间商人那里购买低价食盐。朝廷现在如果在河北地区搞食盐专卖，盐价必定往上涨，河北地区的百姓一定会对朝廷心生怨恨。加上河北地区土地贫瘠，农耕出产不足，很多百姓要靠着制盐卖盐过日子。如果将中

---

① （元）脱脱等：《宋史》志第一百三十四《食货下三》。

原普遍实施的食盐专卖政策推广到河北地区，百姓必然活不下去，必然缴纳不起给朝廷的二税，必然会有百姓逃亡，必然会有百姓铤而走险去贩卖私盐。让边境地区百姓对朝廷心生怨念，将他们逼至犯法与逃亡的地步，绝非朝廷之福。

余靖的言下之意，是河北乃宋辽边境地带，针对当地的政策必须先算政治账，不能只算经济账。北宋政府在河北边境地区实施与中原全然不同的食盐政策，是为了与辽国比拼体制优越性。内地百姓逃无可逃，自然可以逼着他们去吃朝廷控制下的高价盐，以提升朝廷的财政收入；但河北地区与辽国交界，当地百姓的生活状况会被拿来与对面辽国百姓做直观对比，如果两边的生活水准相差太远，当地百姓是会"用脚投票"逃亡去辽国的。在河北，要让当地百姓感受到朝廷的恩惠，不能让他们心寒。毕竟，如果政治账亏了，经济账再漂亮也没意义。

其实，不独余靖如此觉得。苏辙在宋哲宗元祐四年（1089）做过"北朝皇帝生辰国信使"，以贺寿使者的身份前往辽国。他的所见所闻是：燕地的契丹百姓大多过得还行，除非发生特殊情况有"急速调发之政"[1]；在寻常年份里，辽国的情况是"赋役颇轻，汉人亦易于供应"[2]。出使辽国期间，苏辙还写有诗作《奉使契丹二十八首》。在其中一首题为《惠州》的诗里，苏辙自注道："传闻南朝逃叛者多在其间"[3]，这里的惠州大致位于今天的辽宁省建平县一带，苏辙用 "逃叛

---

[1] 当辽国有"急速调发之政"时，也会发生边境百姓南逃至宋朝境内的事情。如宋神宗元丰二年（1079）三月，河北沿边安抚使报告说："雄州两输户，避北界差夫及科柱木修涿州城，各携家属来，近本州并关城居止。""两输户"指生活在宋辽雄州边境缓冲地带"两属地"的民众，辽国会向这些百姓征收租税和劳役，北宋则会向他们摊派差役。因为要同时向辽、宋两国输纳税赋劳役，所以叫作"两输户"。该报告的意思是：辽国启动了涿州城的修筑，需要征发大量劳役，生活在两属地的百姓就拖家带口往南跑到了北宋境内。见《宋会要辑稿·食货六九》。

[2]（北宋）苏辙：《栾城集》卷四十二，《二论北朝政事大略》。

[3]（北宋）苏辙：《栾城集》卷十六，《惠州》。

者"三字，显示据他的耳闻，该州有不少百姓是从宋朝逃亡过来的。其观感与余靖大体相同。

余靖与苏辙的观感也有实例可证。北宋联金灭辽后，收回了燕云十六州的一部分，随即将北宋境内的盐法一并移植了过来。据《三朝北盟会编》记载，在辽国统治时代，当地"每贯四百文得盐一百二十斤"，也就是11.6文钱可以买到1斤盐；北宋接收该地后，启动食盐专卖政策，"每斤至二百五十文足，或二百八十文足"，将盐价提升到了250—280文钱一斤，足足是之前的20余倍。①

金代的汲取，可能也要比同时期的南宋更轻一些。

两宋征收税粮，须由百姓将之送往指定之地。金代征收两税也是如此。但金代的规定是：百姓输送粟米时可依据路程的远近，来递减其纳税额度。这相当于减轻了百姓长途运输的负担，也遏制了官吏通过恶意指派路程更远的粮仓来向百姓索贿的机会。反观两宋，百姓输送税粮时，官府会以"支移"的名目向百姓征收"脚钱"。所谓"支移"，顾名思义，指的是民众不但须足额缴纳田赋，还须自费将田赋运送到需要粮草的边境州郡。在实际操作中，官府为了创收，将民运改为官运，"支移"的费用就变成了民众须向官府缴纳"地里脚钱"，哪怕粮食无须出境，这笔钱也必须得缴。②一减一增之间，两国民众的负担很容易显出差距。

再如，两宋征税有"折变"。就是原定该交麦子，官府可能会根据需要将之"折变"成交布帛；原定该交丝绸的，官府会根据需要将之"折变"成交大米。金代也有"折变"（折纳）。不同的是，两宋的折变漫无原则，官府往往以最大限度提升汲取额为折变依据。如包拯上奏

① （南宋）徐梦莘编：《三朝北盟会编（上）》，上海古籍出版社2008年，第175—176页。

② "支移"更具体的情况，可参见陈振：《宋史》，上海人民出版社2016年版，第348—352页。

提到，江淮两浙的赋税，本来是该交小麦的，如果家中没有小麦，就每斗小麦折算为34文钱来缴纳。发运司衙门在征税时，却将小麦折变为钱，让所有百姓必须交铜钱来纳税，且制定了小麦兑换为钱的标准，是每斗折算为94文钱。这就意味着：一个原本只需缴纳一斗麦子或34文钱的普通百姓，经过官府的这番"折变"之后，必须将麦子拿到市场上卖掉，然后给官府缴纳94文钱，负担瞬间暴涨为原来的三倍——如果再考虑到征税期会有许多人被迫将麦子拿到市场上出售，麦价会大幅降低，负担的增长额度显然远不止原来的三倍。[①]金代的折变则不同，其基本原则是首先保证"本色"的征收，在此基础上允许百姓以本地所产之物来折算缴纳。即官府在当地征收的如果是粟米，当地同时又产小麦，则须先保证粟米的征收储藏充足，然后允许小麦收成较多者以小麦纳税。

因为税制上有这类区别，所以《中国通史》的看法是"金代赋税负担，一般来说比辽、宋轻"，"辽、宋除正税（田赋）之外，尚有许多附加于田赋的各种杂税，到金时，原辽、宋时繁多的田亩附加税名称，大部分已不见记载。金代两税的征收额与北宋相比，北宋秋税中田八升，下田七升四合，金代夏、秋两税合在一起为五升三合，比北宋秋税下田所输尚少二升一合。金代两税轻于辽、宋，这是北方经济恢复和人口大幅度增长的一个很重要的原因"。[②]刘浦江也认为，"通观金代赋税，其正税（土地税、物力钱、征榷税）是不能算重的。金代两税的税率及官田租率都略低于宋代的水平，……至于牛头税更是一种象征性的税赋。金代物力的范围虽然很广，但物力钱的税率只有0.6%左右。就是作为国家财政收入主要来源的征榷，与宋代相比也并不算高"。[③]

① （北宋）包拯：《包孝肃奏议集》卷七，《请免陈州添折见钱》。

② 白寿彝总主编，陈振主编：《中国通史：第七卷五代辽宋夏金时期（上册）》，上海人民出版社2015年版，第650页。

③ 刘浦江：《金代杂税论略》，《辽金史论》，辽宁大学出版社1999年版，第283页。

家庭形态方面，大概是兴起于游牧民族的缘故，辽、金、元三个政权皆鼓励民众聚族而居形成大家庭——游牧易受自然灾害的侵袭，也易受其他部落的攻击，有血缘者组成大家庭，诸多大家庭再组成大部落，是最合宜的生存策略。

金代政策，民间百姓三代同居，可获评孝义之家，所属地方州县将其事迹申报朝廷后，可免去该户人家三年的劳役征发。《中国人口史》第三卷的统计数据显示，"金代诸年的户均人口在6.36—6.71间"，远大于宋代的户均人口，即便减去金代内迁中原的那些带有一定数量奴仆的东北民族家庭如猛安谋克户等，"户均口数仍达6.2"[1]。该书还认为"辽的每户平均人口应大体同于金代"[2]。

元代的政策也鼓励百姓多代同居。至元三十年（1293）五月，汴梁路政府申报称，其辖下管城县百姓赵毓三代同居，请求表彰。礼部审查复议后给驳回了，理由不是申报不实，而是类似的申报太多：

> 方今自翁及孙三世同居，如赵毓者比比皆是，若与旌褒，纷纷指例，无益劝惩。今后五世同居安和者，旌表其门，以革泛滥。[3]

礼部说"三世同居"的家庭"比比皆是"，实在褒奖不过来，应是实话。元人洪焱祖（1267—1329）自寿春前往宛丘，沿途见到的情形便是"数户赋一兵，优游且殷实。北人尚兼并，差徭合众力。束矢莫能

---

① 葛剑雄主编，吴松弟著：《中国人口史（第三卷）辽宋金元时期》，复旦大学出版社2005年版，第159—160页。

② 葛剑雄主编，吴松弟著：《中国人口史（第三卷）辽宋金元时期》，复旦大学出版社2005年版，第188页。

③ 黄时鉴点校：《通制条格》，卷十七"孝子义夫节妇"条，浙江古籍出版社1986年版，第225页。

折，床肤诟剥及"——百姓多是大家庭，共同承担一份赋税徭役，负担较轻，日子过得殷实，捆成一束的箭很难被折断，聚成大家族的百姓也很少遇到危及生存的灾祸。顺带着，洪还反思了一番江南百姓爱分家单过的民风："南人虽弟昆，小户亦缕析。岁久弱弗支，贪官肆蚕食"——南方百姓即便是亲兄弟，也要分割成小户人家单过。小户人家脆弱无依，只能任凭贪官们肆意剥夺汲取。①

其实，洪焱祖描述的，只是元朝前半期的江南百姓（南宋灭亡时洪12岁）。这些百姓尚有南宋遗风，但后来也慢慢变了。元至大二年（1309），有官员上奏元武宗，建议朝廷增加江南地区的赋税，并让江南富户集体送儿子入军作为人质，理由是江南百姓的日子过得"太舒坦"，财富积累太丰足，民间组织能力太发达：

> 江南平垂四十年，其民止输地税、商税，余皆无与。其富室有蔽占王民奴使之者，动辄百千家，有多至万家者，其力可知。乞自今有岁收粮满五万石以上者，令石输二升于官，仍质一子而军之。②

江南富豪们能够荫庇成百上千户百姓，多者甚至上万，这是两宋时代绝难见到之事。这种现象的出现，既说明元朝政府的财富汲取能力不足（并非不想，而是技术手段不如两宋那般"古者刻剥之法本朝皆备"），也说明元朝政府的人口控制能力有限。汲取能力不足，控制能力有限，对民间而言自然是好事。所以，元朝官员虽愤愤不平，明朝人却常怀念那段时光。于慎行是明朝隆庆二年（1568）的进士，官至礼部

---

① （元）洪焱祖：《杏庭摘稿》，五言古诗《宛丘》，钦定四库全书本。

② （清）毕沅：《续资治通鉴》第三册，"元纪十四"条，岳麓书社1992年版，第741页。

尚书。他说："元平江南，政令疏阔，赋税宽简，他无征发，以故富家大族，役使小民，动至千百，至今佃户苍头有至千百者，其来非一朝一夕也。"①明末清初之人吴履震也说，"胜国（元朝）时，法网疏阔，征税极微。吾松僻处海上，颇称乐土。富民以豪奢相尚，……一家雄踞一乡，小民慑服，称为野皇帝"。②意思都是说元朝统治下的江南，控制比较弱（政令疏阔、法网疏阔），税赋比较轻（赋税宽简、征税极微），民间富豪拥有强大的组织能力（佃户苍头有至千百者，一家雄踞一乡）。

大家族可以很有效地消弭民间的"不举子"之风。

元代隐士冷正叔的故事便是一个典型案例。冷正叔是江西分宁人，南宋末年参加过童子科考试，"以文武艺冠一时"。南宋灭亡后，冷回到家乡过起了隐士生活，专注于打理家族事务，其中最重要的一项成就是创办了家族义田。时人赞誉道：

> 方义田之未成也，族多不举子，有不娶者，有流落无死所者。及义田既成，族无不举子，男女无无室家者矣。有过五十而娶有子者，有六十始育八十而以天年终者，有老且死他邦不远千里而来归者，有濒死而生者，死而得所归者。③

没有义田的时代，冷氏族中常有生了孩子便抛弃或杀死之事，有人无力婚娶，有人流落四方连死都找不到地方。义田创设之后，族中再无杀害新生儿的事情，族中男女也都结婚成家了。冷正叔的这段美谈，

---

① （明）于慎行：《谷山笔麈》卷十二，《赋币》。

② 吴履震：《五茸志逸随笔》卷七，转引自谢国桢选编：《明代社会经济史料选编》下册，福建人民出版社2004年版，第255—256页。

③ （元）刘岳申：《申斋集》卷九，《有元隐君子冷正叔桐乡阡碣》。

说明了一个极为简单的道理：只要减轻对百姓的汲取，放松对百姓的管控，给予他们一定的自由，百姓便会有足够的能力去创造自我救济的社会机制，"生子辄杀"的惨剧也会自然而然减少乃至消失。

两宋时代的百姓不知道这个道理吗？当然也是知道的。只不过，两宋的户等制度与差役制度会逼着百姓去分家，会逼着他们变成抗风险能力很弱的小门小户。这是一个大话题，我们下一章再细说。

与明清两代纵向比较

最后再纵向比较一下两宋和明清的情况。

明清两代的史料里，也能见到忍痛弃子或杀子的记载。如明成祖永乐八年（1410），监国皇太子朱高炽对礼部尚书吕震说："近谓京师愚民有厌子息，多生辄弃之不育者。"[1]朱高炽的解决之道是"再有犯者，两邻加罪"，也就是启动连坐之法，强迫民间邻里互相举报。

清代的北京城也是如此。康熙十二年（1673），清廷出台规定，八旗百姓"有贫穷不能抚养其子者"，允许他们将孩子送往官府设置的育婴堂，"如有轻弃道途，致伤生命，及家主逼勒奴仆抛弃者，令五城司坊官严行禁止"。[2]五城兵马司负责京城治安，让兵马司衙门去整顿百姓抛弃子女的问题，可见城内生子不育的情况不是个案，而是现象。

类似的材料很多，不再一一列举。总结起来，明清两代的生子不育有两个特点：一是被抛弃或被杀害的孩子，大多不是家中独子，而是有了多个孩子之后才杀子或弃子，也就是朱高炽说的"多生辄弃之不育"。二是抛弃或杀害男婴之事有所退潮，抛弃或杀害女婴之事上升为更受关注的社会现象。

---

① （清）嵇璜等：《钦定续文献通考》卷一百三十六，"八年七月申弃子不育禁"条。

②《钦定大清会典则例》卷一四九《都察院五》。

　　需要注意的是，这里并不是说明清两代之前女婴被抛弃或遭杀害的情况不严重。元代针对杀女婴，也有专门的法律规定："诸生女溺死者，没其家财之半以劳军。首者为奴，即以为良。有司失举者，罪之。"[①]前文提到，元延祐四年（1317），针对福建浦城县祖父母杀害刚出生的孙子一案，元朝政府的处罚标准是施以杖刑七十（可纳钱免刑）。在元代统治者看来，溺杀女婴的现象是很严重的社会问题，有必要采取严厉的打击政策。到了明代，打击溺杀女婴现象的手段进一步升级，明宪宗时代制定的政策是"所产女子如仍溺死者，许邻里举首，发戍远方"[②]，不是杖责，不是没收半数家产，而是发配流放至边远地区。这同样说明在明代的"生子不育"现象里，溺杀女婴是更严重的问题。

　　上述两个特点共存，造就的结果便是"富家溺女，贫家溺子"。这是雍正十一年（1733）刻版《黔阳县志》里的原话：

> 　　黔俗，富家溺女，贫家溺子。万历三十七年，县令王公讳体道申详两院，立石县前，酌定聘礼妆□。称家贫富，以为三等，不许索求，违者治罪。富家产女存活至二人者，旌以仁育字匾。贫家存活产子至二人者，赏以银米。□事□聘，上等无过十六两，中等无过十两，下等无过六两。妆奁上等大小衣服俱无过四套，首饰无过六两，中等大小衣服各无过二套，首饰无过四两，下等衣服一套，簪钏二事。极贫者令男家自备，永著为令。行之既久，敝俗复兴，知县张扶翼刊示申明，其□责令坊里户首邻人互相举察，如有实贫不能存活男女者，据实列名报县，给与银米衣布，以资育养，全活多者赏，其户邻违者

---

① （明）宋濂等：《元史·刑法志二》。

② 《明宪宗实录》卷二六四，"成化二十一年四月壬子"条。

一体治罪。^①

　　明清两代黔阳县的治所，大致在今天湖南省的洪江市。这段县志记载了两件事情：一，明朝时，黔阳这个地方存在"富家溺女，贫家溺子"的风气（贫困人家的女婴自然更难存活）。万历三十七年（1609），王体道来到这个地方做县令，为缓解这种现象，特意制定了一套政策。二，到了清朝康熙年间，张扶翼（也是《黔阳县志》的编纂者）来到黔阳做知县，发现这个地方仍然存在"富家溺女，贫家溺子"的风气，于是又将王体道当年的旧政策翻出来，增加了一些新内容，对民风实施整顿。

　　王体道的政策，大体能够说明富家为何要溺女，贫家又为何要溺子。贫家养活两个儿子，可以从官府那里得到银两和米粮；富家养活两个女儿，官府给他们的奖赏只是写有"仁育"字样的匾额。显见贫家溺子是因为养不活孩子；富家溺女则不然——从王体道按家庭贫富状况，对聘礼、妆奁的规模实施了一系列硬性规定来看，富家不愿养活女儿的主因，乃是觉得女儿将来要嫁出去，还得倒贴嫁妆，是一笔亏本买卖。当然，王体道的政策，得让官府出钱出粮出匾额出人力（核查资产来划分每户的财富等级），其不可持续是可想而知的。张扶翼发动民众举报并株连邻居的办法，才是官府既不必付出成本，又能对百姓实施高压的传统技能。

　　明清时代，不独黔阳这样的中部郡县存在"富家溺女，贫家溺子"的现象，东部较为发达的地区也是如此。康熙年间，江苏仪征县开设育婴堂收养民间弃儿，由仪征籍名人陈邦桢撰写《育婴堂记》。其中写道：

---

　　①《黔阳县志》卷一，雍正十一年刻版。"□"系原文辨读不清者。

罪莫大焉、罪莫加焉，则溺子之一事是也。而溺女为尤甚。溺子者，或以贫，或以众，或以变，或以私，或以母之病。而溺女者，不过惧其长而有妨己之贪吝，人道此灭。[1]

陈邦桢说：溺女是比溺子更罪大恶极之事。溺子者往往是因为家境贫穷、孩子太多。溺女者则不同，往往是担忧女孩子长大了会妨害父母的"贪吝"之心（主要是指女子会出嫁到别家且要付出嫁妆）。陈的这段叙述，与《黔阳县志》里的"富家溺女，贫家溺子"大体是一个意思，不过贫家会溺子，当然也会溺女。

总体而言，相比两宋，明清两代的溺子之风已大为减弱，溺女之风成了更受社会关注的问题。反映在史料中，是《明史》与《清史稿》中溺子的资料较少，溺女的资料却很多。比如，《明史·循吏传》里记载，"永（康）人贫，生女多不举"[2]，在永康做知县的张淳，只好拿出自己的俸禄去救助这些可怜的女婴。《明史·列女传》里也记载，江西乐平女子胡贵贞"生时，父母欲不举"[3]，这位胡贵贞的命运很悲惨，先是遭到亲生父母抛弃，被邻家捡回来收为童养媳，后来邻家败落，亲生父母又试图将胡抢回嫁给别人（实际上相当于卖掉），胡被逼无奈选择了自杀。《清史稿》中关于"溺女"的记载也很多，不再一一列举。

---

① （清）陈邦桢：《育婴堂记》，收入于《康熙仪徵县志》卷一一，《艺文下》。

② （清）张廷玉等：《明史·张淳传》。

③ （清）张廷玉等：《明史·胡贵贞传》。

前文将宋代繁华的主因归为人口大爆炸，归为计划外的人口红利——之所以说是"计划外"，是因为这种人口的增长并不是统治者制度设计的初衷。两税法对中国人口史的影响便是如此。唐德宗与杨炎设计两税法是为了增加财政税收，不是为了改善百姓的生育境况。宋人夸耀人口盛世时，也鲜少有人意识到这个人口盛世与两税法有关。

但历史终究是复杂的。没有任何一场繁华仅基于单方面原因。在笔者看来，宋朝的繁华除了与人口红利高度相关外，至少还有一项就是"田制不立"①。在笔者看来，北宋的"田制不立"乃是一种无为红利——对秦制政权而言，不做什么往往远比做了什么更重要，这是被历史证明了无数遍的铁律。

"田制不立"是一场大解放

"田制不立"是北宋土地政策与前代最大的不同。

秦制政权崇奉"普天之下，莫非王土；率土之滨，莫非王臣"。

---

① 指朝廷不再控制土地分配，而是允许土地在市场上"自由买卖"流通。

土地属于朝廷，在土地上求生的人丁也属于朝廷。有人说宋朝的"田制不立"是承认农民拥有名下土地的私有产权，这恐怕是个误解。土地私有产权是中国与近代西方文明接触后才引入的理念，宋朝的皇帝们信奉的政治伦理仍是古老的"打天下坐天下"，他们口头上虽然承认天下乃天下人的天下，实际中却很难认同土地乃天下人的土地，更加不会认为土地私有产权神圣不可侵犯。宋朝的"田制不立"，实际上是指赵宋皇权执政期间没有对土地实施大规模的强制再分配，并允许土地的使用权在市场上自由流通——但这绝不意味着赵宋皇权放弃了对土地实施强制再分配的权力，皇权只是权宜之计，没有去动用这种权力罢了。

说到土地私有产权，便不能不提秦制政权的一项重要统治术，即"消灭产权，扩张特权"。这也是周秦之变的核心内容。在封建时代（指商周时期）或者说贵族时代，封建贵族对名下土地拥有完整的支配权。君王不能随意剥夺贵族的土地，不能将贵族名下土地的所有权与使用权拆分，更不能随意汲取贵族名下土地的产出收益，这种完整支配权即相当于后世的私有产权。周秦之变后，封建贵族被消灭，土地的私有产权也随之消失，君主成为最大的地主，皇权可随时对土地进行重新分配。然而，君主终究不能一人治理天下。在封建时代，君主须依赖贵族，其获取贵族支持的主要手段是分疆裂土，也就是承认其名下土地的私有产权。周秦之变消灭了贵族，也消灭了私有产权，君主转而依赖官僚集团维持统治，其获取官僚集团拥护的主要手段也转而变成赋予官僚集团各种特权，其中最大的一项特权就是免纳赋税与免服劳役。

以产权治国可能催生出规则与契约精神，以特权治国则只能催生腐败。产权必须依赖律法，律法会形成固定文本，会有明确的内涵与外延。但特权不行。特权只能依附于皇权存在，特权是模糊的，没有边界，可以肆意妄为。自两汉以下，中国历史上兼并百姓土地的主要势力始终是那些被皇权赋予了特权的官僚集团，哪怕皇权制定了限制性政策也没用——西晋的占田制便明确规定了不同品级官员的占田上限[①]，结果这些规定皆形同虚设。只要不威胁到皇权，皇权便没有动力因底层民众利益受损而掀翻其统治基础。此外，秦制模式下的官僚特权浮沉不定，其代际传承充满了偶然性。西汉的开国丞相萧何便很恐惧这种浮沉不定，他最后选择在贫瘠之地置办田宅，且"不治垣屋"，理由是"后世贤，师吾俭；不贤，毋为势家所夺"——萧何以官僚集团第一人的身份享受了极大特权，但他也很担忧这特权无法继承，一旦子孙后代的权势变弱，特权等级下降，那些依赖特权而持有的肥田与豪宅便很可能被特权等级更高者夺走。相比承认私有产权并维护其有序流转，秦制皇权更喜欢以特权治国，更喜欢以特权浮沉不定来操控官僚集团。产权会生出诉求，要将皇权纳入法治的轨道；特权却永远只能做皇权的附庸。

从这个意义上来看，"田制不立"实可谓宋代最大的德政之一。宋代也视"普天之下，莫非王土"为理所当然，也是一个"消灭产权，扩张特权"的时代，但"不立田制"多多少少意味着官府在对产权的压迫上有所松动，已不再粗暴干涉土地的自由买卖——严格来说，是不再粗暴干涉土地使用权的流转，不再限制民众拥有田地的亩数。这意味着土地资源可以通过市场获得更合理的配置，意味着生产力获得解放，也意味着同样数量的土地在宋代可以生产出较之前代更多的粮食。

与唐代的均田制做个简单对比，便能很清晰地看到这一点。均田制的前提是土地国有，然后由官府向民众授田，授田依据是人丁多少与年龄大小。其中丁男（21—59岁）、中男（16—20岁）可分得一项田，其中二十亩为永业田，八十亩为口分田。口分田死后要还给国家，永业田

[①] 据《晋书·食货志》记载："其官品第一至第九，各以贵贱占田，品第一者占五十项，第二品占四十五项，第三品四十项，第四品三十五项，第五品三十项，第六品二十五项，第七品二十项，第八品十五项，第九品十项。"

可以传给子孙，皆禁止买卖。老人、残疾者与寡妇等也能分到田地，只是数量要少于丁男和中男。相应的，民户须承担与其获授田亩数量相匹配的税赋与劳役。这套制度看起来似乎很公平也很合理，政府向民众授田，民众向政府纳税服役，授多少田就纳多少税、服多少役。可具体落实下来问题多多，且主要问题皆出在官府——政策禁止百姓卖出田地，却禁止不了有特权的官僚以低价兼并百姓的土地，更无法将被兼并的土地清查出来。政策承诺给百姓授田，但随着人口增长，官府手中掌握的田地越来越少，新增人丁无法获授足额的田地，却需要按足额田地的标准承担赋税与劳役。其结果便是民众纷纷选择逃亡，抛弃父母、土地与房宅，成为朝廷户籍管控不到的流民（更详细的情形，可参见本书第三章第二小节《千万唐民选择大逃亡》）。民众被迫从土地上逃走，意味着土地被浪费，意味着土地没有得到合理配置。均田制实际上成了社会财富总量提升的制度性障碍。

反观宋代不立田制，政府不介入土地分配，也不限制土地的自由买卖，虽导致拥有特权的达官显贵田连阡陌，"势官富姓占田无限，兼并冒伪习以为俗"[1]，但土地的利用率获得了提升。首先，主户（即田地的拥有者）断然不会放任土地荒芜，必然努力招募耕作技术优异的佃户（也称作客户）来耕作。其次，佃户也会选择主户。自两税法后，佃户与主户在法律关系上渐趋平等。到了宋代，佃户已不再是主户的附庸，而是享有相等的人身自由。若主户给出的待遇不好，耕作技术出众的佃户往往会另择出路。据苏轼观察，北宋的主户们置庄田招佃客，动机虽是为了收取租课而非行仁义做好事，但遇到水灾旱灾年份，主户们"必须放免欠负借贷种粮"[2]，否则客户会感到寒心，从而选择离去。客户

---

[1]（元）脱脱等：《宋史》志第一百二十六《食货上一》。

[2]《奏浙西灾伤第一状》，收入于（北宋）苏轼著，邓立勋编校：《苏东坡全集》下册，黄山书社1997年版，第382页。

离去后田地荒芜，造成的损失更大。北宋人王岩叟也曾上奏说："富民召客为佃户，每岁未收获间，借贷周给，无所不至，一失抚存，明年必去而他之。"[1]佃户青黄不接的时候，主户必须殷勤提供帮助，否则佃户们就会在次年选择离开，主户临时招募佃户，多半要有更大的经济损失。南宋人薛季宣出使淮西，途经六安、霍邱等地，当地县官"皆言安丰之境，主户常苦无客，今岁流移至者，争欲得之，借贷种粮与夫室庐牛具之属，其费动百千计，例不取息"。[2]当地的主户为了留住佃户，愿意借钱给佃户买种粮、造房屋，购买耕牛和农具，借出去的这些钱都不要利息。主户挑选佃户，佃户也挑选主户；主户须想方设法提升待遇以吸引优质佃户，佃户也须提升耕作技术以增强自己在劳动力市场上的竞争力。这种市场化的资源配置，会让主户与佃户摆脱传统的控制与被控制、压迫与被压迫关系，形成良性互动。这也是宋朝政府虽常将打击豪强兼并挂在嘴上，但宋朝民变鲜少与豪强兼并直接相关，反而多源于政府巧取豪夺的主要缘故。

宋代没有严重的流民问题，也无大规模抛荒现象，可以说都与"不立田制"有直接关系。可惜的是，有些宋代士大夫意识不到这一点。他们觉得不立田制后大量土地落入不纳税赋、不服劳役的官僚之手[3]，朝廷的两税收入受损，所以必须均田，必须由朝廷重新分配天下的耕地。当然，因官僚集团是"不立田制"的获益者，这类呼吁很难变成政策。实际上，宋朝政府从"不立田制"中获益更多——北宋约有30%—40%的

---

① （南宋）李焘：《续资治通鉴长编》卷三九七，"哲宗元祐二年三月"条。

② 《奉使淮西与虞丞相书》，收入于（南宋）薛季宣撰，张良权点校：《薛季宣集》，上海社会科学院出版社2003年版，第209页。

③ 为避免田地流入官僚集团之手后朝廷的两税锐减，宋朝政府出台过相应的限制性政策。如北宋初年有规定："品官之家，乡村田产得免差科：一品一百顷，二品九十顷，下至八品二十顷，九品十顷。其格外数，悉同编户。"见《宋会要辑稿·食货三》。但官僚们既是特权阶层，自有各种办法规避这类限制。

人口名下没有耕地①，只能迁徙不定四处谋生，这些人没有变成流民，没有引发暴动，是因为各式各样的田庄能够给他们提供足够多的谋生机会，也能够帮助他们摆脱繁重的赋役（北宋赋役负担主要集中在有田产的主户）。以宋徽宗年间人口峰值超过1亿计，占总人口30%—40%的客户，其实就是多达三四千万之众的"打工人"。如果北宋立了田制，官府之手将土地流转管控起来，民间就不会出现大量田庄，就不会有巨大的"自由劳动力"市场，就吸纳不了这些"打工人"，那么他们容易变成社会的不安定因素。对此，南宋人王柏有一段很精彩的总结：

> 嗟夫，田不井授，王政湮芜，官不养民而民养官矣。农夫资巨室之土，巨室资农夫之力，彼此自相资，有无自相恤，而官不与也，故曰官不养民。农夫输于巨室，巨室输于州县，州县输于朝廷，以之禄士，以之饷军，经费万端，其如尽出于农也，故曰民养官矣。②

王柏敏锐地观察到，自北宋不立田制以来，社会就发生了巨大变革。百姓对朝廷的依附大为削弱，农夫出力，田主出地，无须官府掺和进来，他们就可以互相依赖，互相养活彼此。农夫与田主共分土地上的产出，田主向朝廷缴纳各种税赋、承担各种劳役。"官府养民"的旧说辞已不再成立，无法使人信服，如今明明白白已是"民众养官"的时代。

除此之外，还有一点应该看到：朝廷貌似因官僚兼并土地而失去了

---

① 梁方仲：《中国历代户口、田地、田赋统计》，甲表33"北宋主客户口数"，中华书局2008年版，第180—183页。

② （南宋）王柏：《鲁斋集》卷七《赈济利害书》，收入于王云五主编的"丛书集成初编"，商务印书馆1936年版，第129页。

部分两税收入，实际上却是获利的。第一，官僚兼并土地在占田法时代、均田法时代也存在，只要以特权治国，这种事情就不可避免。为了换来官僚集团的效忠，皇权必然要损失掉部分财政收入。第二，不立田制激活了土地的使用效率，增加了社会的财富总量，实际上间接增加了两宋政权的财政收入。第三，因为特权沉浮不定及富人多子析产的缘故，不立田制并没有导致耕地的高度集中。相反，田产的分散化趋势自宋代开始越来越明显，"千年田，八百主"是宋人普遍认同的生活经验。

需要特别指出的是，虽然不立田制是宋代的一项大德政，但这项德政不能归功于宋朝的统治者，更不能因此为赵宋皇权歌功颂德。经济的自然增长不是政府的作用，官权力因自身利益的缘故没有胡乱干预社会，从而使得经济可以更健康地自然增长，也不能算是政府的功劳。不立田制这件事，从来就不是皇权主动推行的制度设计，而是两税法出现后，人头税时代转型为资产税（田亩税）时代的必然产物。在人头税时代，皇权按人头向百姓摊派赋税和劳役，人丁是最重要的资源。皇权要想按人头顺利汲取到这些赋税和劳役，首要之务是保证被汲取百姓名下有足额的生产资料（也就是土地）。如果皇权不能保证这一点，百姓名下没有足额土地，负担不起按人头摊派的赋税与劳役，就会选择藏匿或者逃跑。两税法开启资产税（田亩税）时代后，皇权汲取赋税与劳役的依据从人头变成了资产，田产成了最重要的资源。只要能控制住田产数据、控制住田产的主人，皇权便能汲取到赋税与劳役。至于百姓名下是否拥有足额田产，已不是皇权需要在乎的问题。于是，皇权也就无动机再创立田制，田制的有无不再影响权力的收益，权力自然也就没了创立田制的动力。这是时代被迫进入资产税时代的必然结果，这当中没有值得赞誉的雄才，更没有值得欣赏的远见。①

换言之，不立田制让土地的利用率变得更高，让整个社会变得更有弹性。但这不是皇权制度设计的初衷，只是皇权无心插柳的结果。放眼中国历史，大部分的时代进步皆是如此。我们常有一种思维误区，在解释某个时代的繁荣或进步时会条件反射式地沿着"统治者当时做了什么"去思考，实则若将思维路径替换为"统治者当时没有做什么"，得到的答案有可能更接近事情的真相。一味沿着"统治者当时做了什么"去思考，其实是于无意识中接受了统治者的自我标榜——唐太宗必定会将"贞观之治"宣传为自己的成就，朱元璋也曾公然在《大诰》里说明帝国百姓能过上太平日子全是自己的功劳。而在历史的真实逻辑里，站在民生立场，统治者没有做什么，往往要远比做了什么更加重要。宋代的不立田制，便是一个典型案例。

依赖市场胜过依赖权力

虽有许多宋人反对不立田制，想要让政府将耕地的分配和流转重新管起来，但也有部分宋人懂得市场的好处。南宋人董煟便是其中之一。

对今人而言，董煟大概是个鲜为人知的历史人物。这位南宋绍熙四年（1193）的进士只做过知县之类的小官，没什么传奇故事可供后世流传。其最著名的事迹，是撰写了中国首部处理灾荒的专著《救荒活民书》。书中，董煟将救荒的核心政策总结为五项。前三项相当常规，

---

① 这种变化也可以从垦荒政策的区别中感受到。人头税时代，西晋鼓励垦荒的政策是占田法，北魏、北齐、北周与隋唐两代鼓励垦荒的政策是均田法，二者都明确限制百姓拥有田产的数量。到了田亩税时代，也就是北宋初年，宋太祖为鼓励民间垦荒以增加整个社会的可汲取财富，曾下诏承诺"只纳旧租，永不通检"，宋太宗为鼓励百姓垦荒，又下诏承诺凡是无主的荒地旷土，皆"许他人承佃为永业""许民请佃，便为永业"。这些鼓励垦荒的政策都没有提及拥有田产总量的限制。没有提，是因为统治者认为不需要再提。

分别是国家开常平仓放粮、地方开义仓放粮（义仓之粮本就是民众为应对荒年而储蓄）与劝大户来开仓放粮。后两项却与当时官府的常规做法相反——第四项是"遏籴有禁"。地方州县遇到灾荒便禁止本地粮食出境，董煟认为这种做法只会加重灾情。第五项是"抑价有禁"。地方政府遇到灾荒便出面压制市场上的粮价，甚至直接由官府定出很低的粮价，董煟认为这种做法也会给民众带来更大的灾难。

对于为何不能压制粮价，董煟有一番解释：

> 比年为政者不明立法之意，谓民间无钱，须当籍定其价。不知官抑其价则客米不来。若他处腾涌而此间之价独低，则谁肯兴贩？兴贩不至则境内乏食。上户之民有蓄积者愈不敢出矣。饥民手持其钱，终日皇皇无告籴之所……若客贩不来，上户闭籴，有饥死而已耳，有劫掠而已耳。可不思所以救之哉？惟不抑价非惟舟车辐辏，而上户亦恐后时，争先发廪，而米价亦自低矣。[①]

这段论述可谓洞彻世情。董煟说，灾荒之年，官府常以民众没钱为由出面压制粮价。殊不知粮价遭了官府的压制后，别处粮价高，本地粮价低，商人肯定不愿再将外面的粮食运进来。外粮不来，境内就会缺粮。境内越缺粮，有积蓄的富户为了自保就越不敢把粮食拿出来。结果必然是饥民们手里拿着钱却找不到可以买粮的地方。饥民们要么饿死，要么铤而走险去抢劫。反之，如果不压制粮价，让外面的粮食不断运进来，本地的富户也会把粮食拿到市场上出售，粮价反而会很自然地降下来。

董煟还说，他走访底层时发现了一个奇特现象：在饥荒年份，有余粮的富户普遍不愿将粮食卖给本地民众，反更乐意与"外县牙人"（外

---

①（南宋）董煟：《救荒活民书》卷中，"不抑价"条。

地粮食收购商）做生意。究其原因仍在于官府对粮价的压制。官府压制粮价的本意虽是"存恤细民"，想要帮底层民众一把，但最终导致周边地区的粮价高于本地。富户不愿贱卖粮食，民众想要加价购粮，富户又怕因违反官府政策被人告发。最后，富户宁愿把粮食卖给外地粮商，本地民众反陷入更深的饥荒。董煟认为，只要政府不压制粮价，富户考虑到运费与人情等因素，必会优先选择将粮食卖给本地民众。

为了增强说服力，董煟还举了两个真实的历史案例。一例是范仲淹在杭州做地方官时，当地出现饥荒，市场谷价涨至每斗120文。范仲淹不但不压制粮价，反将粮价提升至每斗180文，"商贾闻之，晨夕争先惟恐后"，粮食源源而来，粮价随之下落。另一例是包拯在庐州做地方官时，当地发生饥荒，包拯"亦不限米价，而商贾载至者遂多，不日米贱"①。

宋代商业发达，粮食总量较前代充裕，商业信息的传播也比较充分，且交通便利，这是董煟提出上述主张的时代背景。其实，在董煟之前，利用市场的资源调节能力来救荒，已有不少案例见于史册。比如除董煟书中提到的范仲淹与包拯外，唐代的卢坦也做过类似的事情。唐宪宗元和初年，卢坦在宣州做地方官，遇上江淮大旱，米价大涨。有人劝卢坦压制米价，卢坦回应说：宣州本地产米不足，须靠外地运米进来，若压制米价则米商不再运米进入宣州，"价虽贱则无谷奈何？"卢坦不压制米价，结果"商人舟米以来者相望"，粮商纷纷涌入。卢坦的政策能够奏效，同样与唐代中后期的宣州商业发达、交通便利有直接关系。②

以现代经济学来审视，董煟其实只是在强调一个基本常识：市场合理配置资源的能力要远强于统治者的政策与指挥，所以应该市场的归市场，道德的归道德，不可混为一谈。救荒是官府的义务，要想履行好这

---

① （南宋）董煟：《救荒活民书》卷中，"不抑价"条。

② （唐）李翱：《李文公集》卷一二，《故东川节度使卢公传》。

一义务，须得先尊重市场，尊重最基本的经济规律。若是以道德为说辞，以政策为准绳，强迫粮商与富户低价卖粮，看似是在做好事，实际效果必定适得其反。

遗憾的是，这个基本常识并没有随着《救荒活民书》的出现（该书曾呈送给南宋朝廷）而得到普及。清乾隆二年（1737），清廷户部出台救荒政策，规定粮商输送至灾区的运米船须由官府指定目的地，不许粮商依据市场行情自由行动。在礼部做官的方苞获知此事后深感不妥，紧急给朝廷上了一道札子，内中说：

> 凡贩米客商逐贵去贱，本不待教而喻。凡米价贵贱，视被灾浅深：灾浅者价贵，灾深者价必尤贵。若必限定到某处粜卖，不可改移，假如沿途米价更贵于所报往卖之处，则此地之饥困必更甚于彼地。客商不敢违法而擅卖，贫民嗷嗷待哺，必欲强买，窃恐争夺抢攘之患，更必丛生矣。大凡米价腾贵之地，一遇客商辏集，价必稍减。此地稍减，又争往他所。听其自便，流通更速。若价昂既不敢卖，价减又不得不卖，商贾用本求利，必视此为畏途而观望不前。[1]

方苞担忧两件事情。首先，粮商运米至指定地点的途中，难免遇到灾情严重之地，百姓想要买粮，粮商碍于官府的规定不敢卖粮。百姓为了求生势必强买，武力冲突将层出不穷。其次，粮商要追求利润，米价的贵贱与灾情的深浅直接相关，如今的政策有可能导致粮商在粮价上涨之地不敢卖粮，在粮价下降之地则不得不卖粮。为了不亏本，粮商必然选择观望不前。没有商人将粮食运进灾区，灾民的境况将会更惨。遗憾

---

① （清）方苞：《方望溪全集》，《请除官给米商印照札子》，中国书店1991年版，第274页。

的是，方苞的意见未被采纳。后续发生之事也恰如方苞所料——乾隆三年（1738）十月，苏州织造海保上奏朝廷，说自从户部的新救荒政策公布后，"已经旬日，而（商贩米船）愿往灾邑者甚少"。[①]

方苞的建议不被采纳，主因并非清廷中枢不懂得让市场调节资源的原理与好处，而是秦制政权素来以"君父话语"为统治术——朱元璋在《大诰》中即以拯救、养育明帝国百姓的君父自居，认为自己是明帝国百姓最大的恩人，没了自己明帝国百姓就过不上太平日子——如果承认没有了帝王及其代理人的"折腾"，市场也可以有效调配资源，甚至会调配得更好，且可以帮助民众走出灾荒，那么致力于让百姓感恩的"君父话语"就会丧失根基。从这个角度而言，秦制政权天然要反对市场，也天然不会喜欢无为的红利。不立田制这场基于无为的大红利，对宋朝政府而言只是个意外，并非皇权主动追求所致。

权力有为的悲剧之青苗法

不立田制是权力无为给社会带来的红利。那么，如果两宋的皇权试图有为，且就初衷而言对普通民众也怀有善意，又会发生什么？

作为宋朝皇权最著名的有为事件，王安石变法毫无疑问是一个极佳的观察对象。有种常见说辞，认为王安石变法本意很好，可惜坏在用了许多小人，是"不肖官吏之为虐"[②]把变法搞坏了。此说看似有理，实则全无逻辑可言。首先，没有哪种措施在公布时会宣称其本意是坏的，是要恶意针对普通民众。即便是要恶意针对，也会用各种美丽辞藻做一番修饰。其次，政策皆需要人去落实，决策者在制定政策时，本就必须将人事的现状考虑进去。不考虑人事现状，默认政策的执行者皆是道德模范，待到政策在执行时偏离本意酿成了恶果，再来抱怨政策的执行者全

---

① （清）董诰等：《清高宗纯皇帝实录》，"乾隆三年十月甲辰"条。

② 柯昌颐：《王安石评传》，华文出版社2018年版，第72页。

是坏人，绝非合格的决策者该做的事情。所以，王安石变法的真问题不是变法被逐利小人扭曲，而是在赵宋王朝的制度架构下，变法只能沦为小人逐利的狂欢。换言之，小人当道不是变法坏掉的原因，而是变法必然造就的结果。

青苗法与市易法，皆有助于我们理解这一点。

先说青苗法。按照熙宁二年（1069）秋颁布的官方文件，王安石设计青苗法的目的，是要解决百姓青黄不接饿肚子的问题。其操作模式是：州县民户可在每年夏秋两收之前，向当地官府借贷现钱或粮食。等青黄不接过去，民户须于春秋征收两税之时，向官府归还本金并缴纳利息。按王安石的说法，青苗法对百姓有极大好处。以往青黄不接时，"兼并之家"会趁机提高借粮贷款的利息。如今官府站了出来，在粮价低的时候以高价买入，在粮价高的时候以平价卖出，并在青黄不接之时为民众提供比民间利息更低的贷款①。如此，这既可以让百姓获利，还可以打击兼并之家。总之，青苗法是官府提供给百姓的一大利民措施。

据此，王安石还向宋神宗承诺青苗法一定会成功："昔之贫者举息之于豪民，今之贫者举息之于官，官薄其息而民救其乏，则青苗之令已行矣。"②王安石认为，官府收的利息比豪民轻，百姓必然支持青苗法，青苗法必然行得通。针对批评之声，王安石还说：百姓对自身利害看得很清楚，他们对青苗法的赞扬必然出自本心；士大夫反对青苗法，是因为官府放贷损害了他们的利益，他们有私心，"其言必不应事实

---

① 据韩琦披露，青苗法的利息是"每借一千，令纳一千三百"。见（清）毕沅：《续资治通鉴》第二册，岳麓书社2008年版，第79页。

② （北宋）王安石：《王文公文集》上卷，《上五事书》，上海人民出版社1974年版，第18页。

也"①，不能将批评者的话当真。

青苗法就是这样一项粗看起来似乎本意很好的变法政策，但实际情况与王安石的描述大相径庭。据在基层做官的毕仲游讲，青苗法落实到地方后非但没有给百姓带来好处，反造成了极坏的后果。那些真正需要借粮贷款的底层人，普遍借不到粮食也贷不到款；那些不需要借粮贷款的富足之家，却不得不向官府借粮贷款：

> 青苗之法，本为民间不足而贷之，则所谓下户者，理合先贷。而下户憔悴苟活，易于结请，难于输纳。州县之吏，厄以诏条与曩日监司之威，既不敢不散，又虑散而难纳，故少俵于户，多与上等，利其易于催取。州县之吏，人人惰于散敛，苟以塞责。盖散钱之理，散而不敛，则不问等第高下；散而敛之，则必别其等差，度其可以还官，然后敢与，乃天下之人情。称贷之不理，不足怪者也。故立法则欲济下户，散钱则多与上等。下户贫穷，义当周恤，而势不敢遍；上户自足，无假官钱，而强与之使出息。若以法禁之，使不与上等而贷下户，则官钱十出，九将不归，又非散敛之理。名欲厚民，事乃剥下。名为惠政，实有利心；此青苗不便之大略也。②

毕仲游这段话，将青苗法被人事制度扭曲、导致政策方向发生逆转的内在逻辑，讲得清清楚楚：一，政策的初衷，是赈济那些容易青黄不接的贫困户。按这一初衷，贷款应该优先贷给他们。二，可是，贫困户挣扎在生存线上，号召他们主动来找官府贷款容易，要他们向官府还款

---

① （南宋）杨仲良：《皇宋通鉴长编纪事本末》第二册，黑龙江人民出版社2006年版，第1200页。

② （北宋）毕仲游：《西台集》卷五，《青苗议》。

并缴纳利息却很难。三，州县的官吏，须完成上级派下来的任务，既要将青苗钱散出去，又要将本金和利息收回来。为完成任务保住职位，便只能将青苗钱多多贷给有钱的上等户，因为他们还得起，还不起时也有资产可以拿来抵押没收。四，于是结果就变成了：最不需要贷款的上等户，被地方官吏以权势逼迫不得不贷款，然后不得不给官府输送利息。最需要贷款的下等户，他们的贷款申请，反而很难得到响应。一项本意在于给百姓提供福利的政策，反变成了压榨百姓的利器。

王安石不懂北宋官僚系统的这套运作逻辑吗？

当然不会。他从县级地方官做起，一路做到宰相，必定懂北宋的官僚系统的运作模式。可他仍制定这样的变法政策，是因为青苗法本就存有转移朝廷义务并增加财政收入的用心。这一点清晰见于他为青苗法所打的"补丁"——该"补丁"将青苗法与保甲制度融合在一起，要求那些"自愿借贷"青苗钱的百姓，须每五户或十户人家组成一甲，且每个甲里必须有"第三等以上有力人户"来充当甲首，才能向官府申请贷款。北宋政府按资产将百姓划分为多个等级，第三等户被认为是富户的起始线。让贷款者组成保甲，让富户充当甲首，是为了确保一旦有人借了朝廷的青苗钱却还不起时，官府可以去找保甲内的其他民户要钱。若所有民户都拿不出钱来，官府也可以去找甲首索要本金和利息。[①]

对官府而言，这项操作除了旱涝保收之外，还有很多好处。比如将赈济青黄不接贫民的成本转嫁给了富户。贫民得到赈济后会感激官府的青苗钱政策，实际出血者（还本金出利息）则是富民。同时，官民矛盾也被转移为贫民与富民的矛盾。富民配合贫民入保变成了一种义务。富民若不愿配合，很容易招来贷不到青苗钱的贫民的怨恨。配合入保后，贫民还不起青苗钱的本息，得由富民代偿，又会招来富民的怨恨。官府则名利兼收，既得了赈济贫民的美名，又通过贷出青苗钱得了收入，是

---

① （清）徐松：《宋会要辑稿·食货四》。

唯一的获利者。

翰林学士范镇上疏宋神宗，痛骂青苗法是残民之术，便是因为他洞悉了青苗法的上述用心。奏疏中说：

> 陛下嫉富人之多取，而少取之，少取与多取，犹五十步之与百步耳，何择焉？……贫富之不均久矣，贫者十盖七八，何也？力役科买之数也，非富民之多取也。富者才二三，既榷其利，又责其保任下户，下户逃则于富者取偿，是促富者使贫也。贫者既已贫矣，又促富者使贫，万一契丹渝盟，……岂不殆哉？且富民有道，在于节费；节费有道，在于减兵；……何用遣使者汲汲于聚敛而取怨于天下之民乎？……而言者乃谓富人动摇，又建议欲设赏以捕系之，是监谤也，监谤而可为于此世乎？亦犹兴利者之为也。[1]

范镇正面批评了宋神宗，说他不该对富人存有偏见，不该将富人贷款给贫民收取利息视为罪恶之事。富人贷款的利率高，官府贷款的利率低，都是在收利息，是五十步笑百步，本质上没什么不同。范镇还说，当今天下穷人占了十之七八，富人只有十之二三。穷人之所以穷，不是因为富人，而是因为官府的"力役科买"将他们压得喘不过气来。富户如此之少，还要用青苗法从他们身上抽血，强迫他们与穷人结保，为穷人贷的青苗钱做担保，穷人逃债便强迫富人赔偿本金和利息，这是要让富人也全变成穷人。穷人本来就已经很穷了，富人再变成穷人，那便是除了朝廷之外举国皆穷。万一契丹毁盟南侵，后果将难以预料。

在范镇看来，治理天下最重要的事情是富民。要想富民，首要之事

---

① （北宋）范镇：《再请罢青苗法疏》。收入于曾枣庄、刘琳主编，四川大学古籍整理研究所编：《全宋文》第二十册，巴蜀书社1991年版，第532页。

是朝廷节省开支，比如裁减规模高达百万的禁军，而不是派出一批又一批官员去掏百姓的钱袋子。范镇还批评王安石不该以身份为原罪给人扣帽子，不该听到批评意见就定性成"富人动摇"，更不该设立赏金来蛊惑民众告发那些对变法有意见的富人，进而将之逮捕起来。范镇说，这种应对批评的手段不是正道，是"兴利者"才会使用的套路。

范镇的奏疏堂堂正正，戳破了青苗法的真相。略有遗憾处是他遗漏了市场的作用。在市场里，放贷者与贷款者自由出入，利息过高的贷款很难获得主顾，在放贷者与贷款者的自由博弈下，利率必定会稳定在一个双方皆可接受的范畴。青苗法强迫百姓贷款则不然，放贷者手握权柄，可随意伤害贷款者；民间借贷被青苗法全面摧毁，贷款者除了踏入官府之门外，再无其他选择。没有选择余地的市场，是最坏的市场。

范镇之外，司马光与苏辙等人也曾严厉批评青苗法。司马光说：百姓贫富常与其"材性愚智"相关，能力强者挣大钱，能力弱者做普通人，不可将富有视为有罪。如今推行青苗钱，州县官员担忧欠款和欠息收不上来，"必令贫富相兼，共强保甲，仍以富者为之魁首"，穷人贷到钱后很快用光，遇到青黄不接，连朝廷正税都缴不上，根本还不起青苗钱的本金与利息。官吏们催得急了，穷人会跑路。没跑路的富人便需要替这些欠钱的穷人还款还利息。这种搞法，"臣恐十年之外，富者无几何矣"。只要搞上十年，天下便会陷入集体贫穷。[①]苏辙的意见与司马光大体相同，皆认为天下有富人有穷人很正常。苏辙说，官府的职责不是消灭富人，而是让富人"安其富而不横"，让穷人"安其贫而不匮"，以公正的法律去约束富人不为非作歹；以适当的政策去帮助穷人让他们没有生存危机。他批评王安石搞青苗法是"志欲破富民以惠贫

---

① （北宋）司马光：《乞罢条例司常平使疏》，收入于曾枣庄、刘琳主编，四川大学古籍整理研究所编：《全宋文》第二十八册，巴蜀书社1992年版，第153—154页。

民"，是见识短浅的"小丈夫"行为，是行不通的。[①]

青苗法是个沉重的历史教训。在北宋这种典型的秦制王朝，也就是官僚系统始终围绕着汲取与控制来构筑的国家，尤为可能带来意想不到的红利，有为却大概率意味着灾难。即便王安石的初衷真的是希望用青苗法来帮助底层贫民，负责实施青苗法的官僚系统也不会让这初衷实现。因为皇权与官僚系统的权力不受有力的监督，而不受监督的权力必然没动力为民众服务，必然以谋利为第一要务，青苗法在他们手中也必然会变成汲取与控制的新工具。何况青苗法的初衷并不纯粹，本就有着提升财政收入与打击富民的用心，其结果只会更糟。

这也正是王安石变法对赵宋王朝有大功、对赵宋百姓却有大害的主因。王安石无法改革人事，无法约束皇权与官权，却出台了一大堆提升衙门权力、扩张衙门业务的新政，相当于扩张了权力汲取的空间与机会，却未能相应增强对权力的约束。其结局当然只会给底层民众带来灾难。变法提升了君权，也提升了官权，还提升了胥吏之权，却让众多富人纷纷破产，让穷人变得更穷，实可谓一场因皇权追求有为而酿成的大悲剧。

权力有为的悲剧之市易法

与青苗法一样，市易法的初衷也很好。

青苗法试图帮助乡村农户，市易法则试图帮助城市居民。宋神宗熙宁初年，有底层草民魏继宗上书指陈时弊，痛斥开封城的商品与物价皆操控在"富人大姓"手中，外地商旅要受他们盘剥，带来的商品卖不出导致常常亏损，很多商人已不愿来京城做买卖；城内百姓也要受他们盘剥，只能以高价购买商品，已是民不聊生。魏继宗建议宋神宗设置"常

---

① （北宋）苏辙：《诗病五事》其五，收入于曾枣庄、刘琳主编，四川大学古籍整理研究所编：《全宋文》第四十七册，巴蜀书社1994年版，第390页。

平市易司"，选择懂经济事务的官员来执掌，专门负责监控、调节市场上的物价，"贱则少增价取之，令不至伤商；贵则少损价出之，令不至害民"——市场上某种货物的价格过低了，市易司就抬高价格去收购，以保护商人的利益；市场上某种货物的价格过高了，市易司就降低价格向外出售，以保护百姓的利益。与此同时，市易司还能"取余息以给公上"，可在调节物价买入卖出的过程中挣到钱，为国库增加收入。如此，朝廷从富人手里夺回了操控市场物价的权力，外地商旅愿意来开封做买卖了，开封百姓可以用合理的价格买到商品，国库也增加了收入，实可谓一举四得。[①]

魏继宗对开封城内商业生态的观察是准确的。在畸形的官办行会制度的控制下，开封的商业主要操控在那些有官权力背景的商人手中，城内商人不加入行会即不被允许做买卖，而没有权力背景者加入行会，又会被官府摊派各种沉重的行役。如郑侠在给宋神宗的奏疏中提到，不加入行会且缴纳会费而在开封城内做买卖是有罪的，会被举报。在开封，提瓶卖水须加入茶行，挑担卖粥须加入粥行，摆摊卖鞋也得加入鞋行。[②]没有权力背景的外地商人带着货物来到开封，也会遭遇城内行会的强势打压。如王安石曾向宋神宗披露，开封城的茶叶生意控制在十余户有官权力背景的大商人手中，这些人掌握着开封的茶行。外地客商运茶叶来开封，须先拜见这十余户大商人，请他们吃饭喝酒，再以亏本的低价卖给他们茶叶。客商把这些人伺候好了，才会被允许将剩余的茶叶以高价卖给茶行里那些没有官权力背景的"下户"。王安石还说，不但茶行这样操作，开封城里的其他行业"盖皆如此"，都是这样操作。[③]至于

①（南宋）李焘：《续资治通鉴长编》卷二三一，"熙宁五年三月丙午"条下"先是"。

②（北宋）郑侠：《西塘集》卷一，《免行钱事》。

③（南宋）李焘：《续资治通鉴长编》卷二三六，"熙宁五年闰七月丙辰"条下之"先是"。

官办行会戕害商人与城市居民的更详细情况，本书后文第七章有专节介绍，这里仅简要提及不做赘述。

魏继宗的初衷是好的，但他开出的药方很快被证明不但不能治病，还是极猛烈的毒药。

北宋熙宁五年（1072），宋神宗与王安石采纳魏继宗的建议，在开封城内设置市易务正式推行市易法。其基本工作流程是：市易务会从开封城各行会中招募一批牙人（经纪人）和行人（加入了同业行会的商人），这些牙人和行人须有财产抵押和人员担保，平日里主要负责以平价为市易务买入货物。当客商带着商品来到开封时，可以选择将货物直接卖给行会商人，如果对行会不信任，也可以选择卖给市易务。市易务将召集牙人、行人与客商共同评估确定商品的价格，然后根据行会内商人的需求数量，从市易务里支取官钱收购。客商如果不想要钱，也可以折算成市易务里的其他商品。市易务把货物买下后，会依据商铺财产抵押的数量，将货物分发给各商铺，让他们按市场价出售，且约定在半年或一年之内将货款与利息还给市易务。半年的利息是10%，一年的利息是20%。如果逾期，每个月增收2%的罚款。

按魏继宗的设想，市易务的主要功能是打击那些搞垄断兼并的大商人，以改善整个开封城的商业环境。王安石也很认同这一点。市易务长官吕嘉问秉承王安石的意志拟定"市易十三条"，其中一条便是："兼并之家，较固取利，有害新法，令市易务觉察，申三司按置以法。"较固即垄断。该条款实际上是想要赋予市易务以"垄断取利"为罪名去打击开封大商人的权力。但该条款被宋神宗以"减去此条，其余皆可施行"的御批给否决了。御史刘孝孙据此赞颂宋神宗"宽仁爱民之至"，王安石却批评刘孝孙胡说八道，且强调皇帝本就负有抑豪强、申贫弱、均贫富的天职，陛下如今删除该条款，等于是让那些兼并之家"有以窥见陛下于权制豪强有所不敢"，搞垄断兼并以谋利的大商人知道陛下不敢动他们，就会"内连近习，外惑言事官，使之腾口也"，就会变本加厉地制造舆论，让陛下身边的人和包括御史在内的言官替他们的利益说话。①

虽然王安石反复抗议，宋神宗最终还是没有赋予市易务以"垄断取利"为罪名去打击开封大商人的权力。这倒并非宋神宗要刻意祖护大商人，只是开封城里的这些大商人几乎都有朝中权贵做靠山，有些是朝中权贵的亲友，有些直接就是朝中权贵在商业领域的"白手套"，真要在市易法的章程里公开写入这么一条，只会给市易务招来阻力。所以，不管王安石如何反复刺激宋神宗，说他"不敢明立法令"，宋神宗的态度始终是"已有律，自可施行，故不须立条"。不难想象，如果在开封城内搞垄断兼并者，是没有权力背景的普通商人，宋神宗的打击政策必定雷厉风行，且无丝毫犹豫。所以，这里的真问题不是"资本太强大让皇帝缩手缩脚"，而是"权力集团太强大让皇帝也得讲策略"。

其实，即便宋神宗同意王安石的要求，赋予市易务以"垄断取利"为罪名去打击开封大商人的权力，对普通民众而言也未必是好事。毕竟，市易务的权力与朝中权贵的权力，皆来源于皇权，皆是皇权的衍生物。市易务固然可以打击权贵，但旧权贵曾操控市场剥削普通人，作为新权贵的市易务，就不会操控市场剥削普通人吗？当然也会。事实也正是如此这般发展的。市易法在开封实施后不久，即推广到了全国。熙宁七年（1074），提议搞市易法的魏继宗，终于忍耐不下去，愤然抨击市易法早已违背了帮助普通商人与普通城市居民的初衷，成了敛财者的乐园：

> 市易主者榷固掊克，皆不如初议，都邑之人不胜其怨。②

----

① （南宋）李焘：《续资治通鉴长编》卷二三二，"熙宁五年四月丙子"条下"先是"。

② （南宋）李焘：《续资治通鉴长编》卷二五一，"熙宁七年三月丁巳"条。

据魏继宗披露，主持市易务的吕嘉问等人"务多收息以干赏，凡商旅所有，必卖于市易，或市肆所无，必买于市易。而本务率皆贱买贵卖，重入轻出，广收赢余"。尽可能多地收取利息以增加财政收入，进而获得皇权的赞赏，成了市易务最重要的工作。商人们带入城市的货物，必须统统强制卖给市易务；百姓要想买东西，也只能去市易务。市易务利用手中的权力大搞贱买贵卖的把戏，赚得盆满钵满。实际上已经完全抛弃了改善营商环境的初衷，变成了"挟官府而为兼并之事"（曾布的总结）的新垄断者。[①]

魏继宗的本意，是希望市易务做一个市场的监督者，做一个物价的调解者。但正如孟德斯鸠在《论法的精神》一书中所言："自古以来的经验表明，但凡是有权力的人都会滥用权力，而且不用到极限决不罢休。"[②]市易法既赋予市易务监督市场并调节物价的权力，又赋予其参与经营获取利润的资格，相当于让市易务既做裁判也做运动员，其彻底堕落成以权谋私部门，可说是一种必然。结果就是市易务堂而皇之地取代了从前那些有权力背景的大商人，成了市场上新的垄断者与兼并者，成了宋代营商环境的最大破坏者——之所以说堂而皇之，是因为市易务乃正规的官办机构，背后有皇权（宋神宗）和相权（王安石）支持；相比之下，从前那些有权力背景的大商人虽然也嚣张跋扈，终究仍是行走在统治秩序的灰色地带。

于是，在京城，"凡牙侩市井之人有敢与市易争买卖者，一切循其（指开封市易务长官吕嘉问）意，小则笞责，大则编管"。[③]在地方，执掌楚州市易务的监官王景彰"榷卖商人物货，及虚作中枀人务，立诡名

[①]（南宋）李焘：《续资治通鉴长编》卷二五一，"熙宁七年三月辛酉"条。

[②]［法］孟德斯鸠著，祝晓辉等译：《论法的精神》，北京理工大学出版社2018年版，第214页。

[③]（南宋）李焘：《续资治通鉴长编》卷二五一，"熙宁七年三月壬戌"条下"初"。

籴之，白纳息钱，谓之干息。又勒商贩不得往他郡，多为留难，以沮抑之"。[1]意即强迫所有商人必须将货物卖给市易务，再由市易务卖出。实际上市易务并不真的去做买入卖出的工作，而只是借此向商人索要息钱。只要商人把息钱给足了，货物不必真送到市易务的仓库。王景彰甚至有手段禁止商人"用脚投票"转赴其他州郡做买卖。市易务变成了一头体量庞大的怪兽，奋力吞噬着整个国家的商业活力。

苏辙注意到了商业活力的急速消失，上奏批评市易法"无物不买，无利不笼"，以致"小民失业，商旅不行，空取专利之名，实失商税之利"[2]。总之，朝廷干着垄断的恶事，收到的商税却越来越少。郑侠也注意到了商业活力的迅速消退，他上奏告诉宋神宗，开封城里连水果、芝麻、木头梳子这类小商品，也都被市易务垄断了，生产者只能低价出售给市易务，消费者只能去市易务高价购买。他还说，自市易法推行之后，"商旅顿不入都，竞由都城外径过河北、陕西，客之过东南者亦然，盖诸门皆准都市易司指挥，如有商货入门，并须尽数押赴市易司官卖，以此商税大亏。然则市易司息钱所获，盖不足以补商税之亏矣"[3]。商人们都不愿再带着货物进入京城，因为京城各门皆布置有市易司的官吏，商品只要进了城门，就会被市易司控制，并强制以低价买走。商人们不来了，开封城陷入凋敝，朝廷的商税收入也因之骤减。市易司的所得，远抵不上商税的亏损。

在市易务的"不懈努力"下，有权力背景的大商人退散了，普通商人也纷纷歇业，百姓拿东西出来卖的价格越来越低，往家里买东西的价格越来越高，朝廷的商税收入也是一年不如一年。唯一还在增长的，只有市易务账簿上百姓欠朝廷的息钱。元丰二年（1079）八月，都提举市

---

① （清）徐松：《宋会要辑稿·食货三七》。

② （北宋）苏辙：《栾城集》卷三十五，《自齐州回论时事书》。

③ （元）马端临：《文献通考》卷二十《市籴考一》。

易司（市易务的升级机构，掌管内外市易务）不得不承认"诸路民以田宅抵市易钱，久不能偿"[1]。到元祐元年（1086），市易法将因宋神宗去世而被废罢前夕，开封城中欠下市易务息钱的商户共计已达27155户，共计欠钱237万余贯。其中大姓35户，酒户27户，共欠钱154万余贯，户均欠钱约2.5万贯；小户27093户，共欠钱83万余贯，户均欠钱约30贯——按日本学者久保和田男的考据，宋神宗元丰年间开封城内人口约为125万，去掉权贵、禁军及其家属后，编户人口约为70万[2]。按每户五口计，相当于城内编户人口的五分之一欠了市易司的钱。市易司为此专门成立了催债机构。其中负责催索钱物的带队者有70人，每人名下所率打手不少于10人；负责掌管债务簿册和文书者有30人，每人名下所率贴写者不少于5人，整个催债团队共计1000余人。这1000多人，专职"日夜骚扰欠户二万七千余家"，其骚扰手段包括白天"差人监逐"，晚上"公行寄禁"，监视追逐抓捕禁锢都可以给安排上，甚至到了"棒笞捽缚，无所不至"的地步。[3]

至此，市易务实际上已堕落成了穷凶极恶的黑帮。在其威势的笼罩下，大姓固然没有好日子过，小户也同样深陷泥潭。事实证明，草民魏继宗幻想着依靠不受制约的权力，来改善北宋的经济环境，实在是太幼稚太天真。宋神宗与王安石君臣二人，只用了十来年的时间，即通过市易法将北宋的经济环境破坏得体无完肤。

权力有为的恶果之义仓

青苗法与市易法之外，义仓也是一桩权力试图有为造就的一大恶果。

---

① （清）徐松：《宋会要辑稿·食货三七》。

② ［日］久保田和男著，郭万平、董科译：《宋代开封研究》，上海古籍出版社2010年版，第97—98页。

③ （北宋）苏辙：《栾城集》卷三十八，《乞放市易欠钱状》。

设立义仓的本意也很好，是为了帮助百姓更有保障地度过灾年。宋代义仓的前身是隋代的社仓。隋文帝开皇五年（585），隋朝度支尚书，也就是负责管控朝廷财政收支的官员长孙平，给隋文帝出了个主意。长孙平说，天下州县常遭受水旱灾害，百姓常陷入饥荒。如果在每年秋收的时候，让每户人家按贫富等级拿出一些粮食来，最高额度为每户一石，然后将这些粮食储存在仓库之中，遇上灾年再拿出来赈济灾民，岂不是很好？设于州郡用来存放税粮的仓库叫作常平仓，这个设于乡村用来储放饥荒保障粮的仓库则可以叫作义仓。①

隋文帝很喜欢这个建议——他实在没理由不喜欢。首先，设置义仓是让民众自己给自己交灾保粮（灾荒年份拿出来做赈济之用，可简称灾保粮），并不需要官府出一粒粮食。其次，民众已给朝廷缴纳了各种税赋，朝廷本就有义务在灾荒年份打开官仓赈济民众，官仓之外再设义仓，实际上相当于将赈灾责任转嫁给了民众。

值得深思的是，隋文帝应允了长孙平的建议，却没有采纳义仓这个名称，而是将之改成了社仓。在新制度中，粮仓建在里社之中，出粮者是里社中的普通民众，管理者是代表里社的社司，改叫社仓似乎也无不妥。但义仓这个名称可以彰显仓库里的粮食本就属于里社民众，社仓这个名称则与常平仓相似，能造成一种仓库中的粮食也是官粮的错觉。如此揣测并非无因。事情的后续也恰是如此发展。开皇十五年（595），也就是长孙平建议设置义仓的第十个年头，隋文帝借着上年的关中大旱下旨，解除了社司管理社仓的权力，将北境所有社仓转交给地方州县掌管，民众向社仓交粮的方式也由自愿性质的"劝募"，变更为按官定标准统一强制缴纳。在诏书中，隋文帝公然将向社仓交粮称作给国家缴税：

① （唐）魏征等：《隋书·长孙平传》。

> 又诏社仓，准上中下三等税，上户不过一石，中户不过七
> 斗，下户不过四斗。[①]

百姓自己给自己交的灾保粮，至此变成了给朝廷缴的税赋。这时候，社仓这个名称与税赋更匹配的"优点"也就显现了出来——给义仓交粮容易让百姓意识到这些粮食本就属于自己，给社仓交粮则不会有这种认识，交久了甚至会让百姓忘记自己才是那些粮食的主人。灾保粮如此轻易就变成了税赋，说明了一个很简单的问题：只要皇帝的权力不受约束，只要官府的权力不受约束，那些原本旨在利民的有为之举，就一定会被扭曲，变成利官府、利皇帝的害民政策。无为之中可能藏着红利，有为之中多半潜伏着灾难，即是指此。先秦的道家希望君王无为，秦汉之后有许多儒者主张君王垂拱，皆是因为他们看透了秦制之下"有为"的可怕。

隋文帝以社仓为税粮之后，又有隋炀帝有样学样，"大业中年国用不足，并贷社仓之物以充官费，故至末途无以支给"[②]，杨广大兴土木，钱不够花，就把手伸到存放救灾粮的社仓里，将所有社仓都折腾空了。隋灭唐兴，政权虽然鼎革，社仓这桩变相之税却保留了下来。仓库改设至州郡，继续由官府掌控，只是名称换回了义仓。

唐太宗时代，义仓税按田亩多少来算，每亩地缴纳两升粮食，地里出产什么就缴纳什么。后来唐高宗觉得这样征收太麻烦，每年秋收都得派人去查验土地亩数，去确认地里种的是什么，于是恢复了隋文帝时代按户纳粮的老办法，上上户纳粮五石，余者依次递减，不管名下有田没田，不管是农民还是商人，都得缴义仓税。武则天时代与唐玄宗时代，

---

① （唐）魏征等：《隋书·食货志》。

② （唐）戴胄：《请建义仓疏》，收入于《全唐文》卷一百五十三，中华书局1983年版，第1570页。

义仓税的缴纳方式还有变化，不再赘述。如此变来变去，核心目的只有一个，就是要以最小的征税成本，去取得最大的征税效果。遗憾的是，唐朝政府在义仓税的征收上绞尽脑汁，在义仓税的使用上却一塌糊涂。武则天时代，酷吏来俊臣收了富商倪氏的贿赂，竟"断出义仓米数千石"[1]给倪氏，随手就能将数千石义仓米拨给私人。因挪用与贪腐盛行，"自中宗神龙之后，天下义仓费用向尽"[2]，到唐中宗神龙年间，义仓里已经没有粮食了。

唐德宗推行两税法改革后，所有正当与不正当的税收种类，只要当时存在，其纳税额度皆被并入两税，即王夫之所总结的"两税之法，乃取暂时法外之法，收入于法之中"[3]。义仓税也不例外，其名目一度消失。但仅仅过了五年，义仓税又重新出现（其他杂税也不例外）。或许是因为朝廷在启动两税法改革时曾郑重承诺不再新增税种，不愿食言失信太过明显，遂又将重新冒出来的义仓税披上一层遮羞布，宣布"官司但为立法劝谕，不得收管"[4]——义仓应由民间管理，官府只起倡导作用。遗憾的是，所谓的民间管理仅持续了短短二十年。唐元和元年（806），唐宪宗颁布诏书，先是将部分田赋纳入义仓，继而以义仓中有朝廷正税为由宣布义仓须由官府控制。随之而来的便是各式各样的挪用。

北宋时期，宋太祖与宋仁宗曾试图重建义仓制度，均因朝臣反对而作罢。朝臣反对的理由是"赋税之外，两重供输"，意即百姓已经缴纳过一次赋税，设置义仓等于强迫百姓再缴纳一次，重复征税是不对的。

----

① （后晋）刘昫等：《旧唐书·薛讷传》。因来俊臣被处死，这数千石粮食没来得及进入倪氏的腰包。

② （后晋）刘昫等：《旧唐书·食货志下》。

③ （明）王夫之：《读通鉴论》卷二四，《德宗》。

④ （唐）陆贽：《冬至大礼大赦制》，收入于《全唐文》卷四百六十一，中华书局1983年版，第2084页。

但到了熙宁十年（1077），宋神宗乾纲独断，终于又将义仓建了起来，并规定只有特别穷、年纳税总额不超过一斗的民户才可以免缴义仓税。义仓全部建在县城之中，往往与县仓合而为一，后来又强制并入郡仓，结果"悉为官吏移用，……转充军食，或资颁费，岂复还民，故遇凶年无以救民之死"①。宣和五年（1123），权臣蔡京甚至下令江南、两浙等路义仓仅留下三成粮食，余者全部运往京师，皇权对灾保粮的挪用已是肆无忌惮。

进入南宋后情况仍无好转，义仓继续控制在官府手中，粮食继续被挪用。宋高宗时，因州县对义仓粮食随意支用，水旱灾害发生时常无粮赈济灾民。宋宁宗时，衙门将义仓粮食拿到市场上倒卖生财，已成为很常见的现象。目睹此类情形的董煟在其《救荒活民书》中批评道："义仓，民间储蓄以备水旱者也。一遇凶歉，直当给以还民，岂可吝而不发，发而遽有德色哉！"②遗憾的是，官府不但做不到及时开仓赈灾，还会"攘民所寄之物而私用泉钱"，将百姓寄存在义仓的粮食挪用以牟取私利。

董煟的批评，其实是在从源流上廓清义仓蒙尘已久的本质：义仓本是民众将自己的粮食寄存起来以备荒年，结果落在官府手中却变成了一种税。朝廷当然也很了解这一点。淳熙八年（1181），南宋台州知州请求发放常平仓与义仓的粮食来救济灾民，朝廷在批示里写得明白：

> 若义仓米，则本是民间寄纳在官，以备水旱。既遇荒岁，自合还以与民。③

---

① （南宋）董煟：《救荒活民书》卷中，"义仓"条。

② （南宋）董煟：《救荒活民书》卷中，"义仓"条。

③ （清）毕沅：《续资治通鉴》第二册，岳麓书社1992年版，第1053页。

"本是民间寄纳在官"一句，显示朝廷非常清楚义仓米的性质。但义仓米的发放由台州知州控制，他在发放之前须向朝廷汇报以获得许可，又相当于说民间并无处置义仓之粮的权力。

也是在这一年，对义仓深感失望的朱熹设计了一套新的社仓制度，并得到朝廷批准，开始向全国推广。朱熹希望新社仓由本乡人士主持，仓库设在本地而非遥远的州郡，社仓的收粮与放粮由地方耆老掌控，不许州县干预。这套制度其实就是回归义仓的本意，只是因义仓这个名称已被污染，许多底层民众早已忘了义仓里的粮食本就属于自己，故而朱熹改用了社仓这个新名称。遗憾的是，朱熹的社仓推行后不久就再度陷入官府控制、仓储挪用、强制催收的困境[1]。从隋开皇五年（585）隋文帝将义仓变成税，宋淳熙八年（1181）朱熹的社仓再度变成税，历史兜兜转转了六百年。只要制度架构始终不变，一切都会回到原点。

权力有为的恶果之居养院等

除了青苗法、市易法与义仓之外，我们还可以再介绍一桩宋代的有为式的恶果，即宋徽宗时代的福利制度。

美国汉学家伊沛霞（Patricia Buckley Ebrey）著有《宋徽宗》一书，给了宋徽宗极高的评价。伊沛霞不否认宋徽宗存在"虚荣""过分自信"之类的缺点，但她认为宋徽宗仍是很伟大的皇帝，理由是："作为皇帝，徽宗应该为他的雄心壮志，以及对许多崇高事业的支持而受到称赞。当时的全国学校教育制度，以及为病人、无家可归的人提供的慈善

---

[1] 南宋人俞文豹在其《吹剑录外集》中如此描述朱熹的社仓制度的最终形态："本息之米官悉移用，荒年未尝给散，而每年照元借名籍拘纳息米如故；年年白纳，永无除放之期。学职并缘苛取，乘势作威，拘催鞭挞无异正赋；若惠出官司，经由更手，则利未及民，先肆其扰。"

救助，这些都是非常了不起的创举。"①

该书的第四章，专门用一个小节来介绍宋徽宗为宋朝民众提供"慈善福利事业"。伊沛霞说，宋徽宗与他的宰相蔡京一起讨论如何"为穷人、残疾人和病人提供慈善福利"，然后创办了居养院、安济坊、漏泽园三大前代未有的福利机构。具体而言：居养院提供的是基本生活保障。该机构的主要职责是"向那些无法维持自身生计的人提供食品、衣服和住处，尤其是没有成年子女的寡妇和鳏夫，以及孤儿和弃儿"。按当时的规定，成人每人每天可以领取0.7升大米，儿童减半，每天还有十钱的小额现金，冬天每天有五钱的取暖费。安济坊提供的是基本医疗保障。该机构相当于一种为穷人设置的医疗机构，安济坊的管理条例"要求医师记录收治病人的数量，以及死亡人数，并基于这些记录信息奖赏和提拔那些最成功的官员，例如，一名每年收留500至1000名病人且病人死亡率不高于20%的官员，每年可以获得50贯的奖励"。同时，该机构收容隔离病人，也有防范瘟疫蔓延的功能。漏泽园则旨在为城市贫民提供安葬之地，也就是公墓。机构的管理条例规定"官员应记录每块穴地埋葬的死者信息，且每个墓穴至少要挖三尺深。和尸体一起下葬的标志上要记录死者的姓名年龄和埋葬日期"。这些福利机构要运转起来，必然需要相当规模的资金支持。伊沛霞说，"政府如何为这么大规模的福利事业提供资金呢？这似乎要归功于蔡京在财政管理上的奇才"。②

这显然与多数中国人对宋徽宗的印象大不相同。

居养院、安济坊与漏泽园这三大福利机构，确是宋徽宗与蔡京所

---

① ［美］伊沛霞著，韩华译：《宋徽宗》，广西师范大学出版社2018年版，第507页。

② ［美］伊沛霞著，韩华译：《宋徽宗》，广西师范大学出版社2018年版，第92—93页。

创。二人围绕着这三大机构，也确实耗费了不少的财力与精力。但遗憾的是，这些机构并未给民众带来多少真正的实惠，反引来民众的批评与嘲讽。如洪迈记录有当时的一出讽刺杂剧。剧中，演员分别扮成儒、道、释的代表，各自赞颂本派学问。儒者说 "仁义礼智信" 为五常，道者说 "金木水火土" 为五行，僧者说 "生老病死苦" 为五化，且认为五化的学问比儒、道两派都要深邃。儒、道不服，逐一质问五化为何物。僧者回应道："生" 是朝廷建了学校让人有地方读书，"老" 是朝廷建了居养院让人有地方养老，"病" 是朝廷建了安济坊让人有地方看病；"死" 是朝廷建了漏泽园让尸体有地方掩埋。最后被问到什么是 "苦"，僧人闭上眼不说话。儒、道催促再三，僧人才皱眉答道：朝廷为百姓的生老病死提供了种种所谓福利，结果 "只是百姓一般受无量苦"①，这些所谓福利的同义词乃是痛苦。据说宋徽宗看过这出戏，"为恻然长思，弗以为罪"，很不开心，但没有责罚杂剧演员。

居养院、安济坊与漏泽园，听起来明明都是很好的政策，何以到了洪迈和民间杂剧演员眼中却成了恶政？与洪迈年龄相仿的陆游对此有一段简略解释：

> 崇宁间……置居养院、安济坊、漏泽园，所费尤大。朝廷课以为殿最，往往竭州郡之力，仅能枝梧。谚曰：不养健儿，却养乞儿；不管活人，只管死尸。盖军粮乏、民力穷，皆不问，若安济等有不及，则被罪也。②

陆游这段话透露了三点信息。第一，宋徽宗崇宁年间在全国范围内设置居养院、安济坊与漏泽园，花了很多钱。第二，朝廷对这件事的

---

① （南宋）洪迈：《夷坚志》，"优伶箴戏" 条。

② （南宋）陆游：《老学庵笔记》卷二，"崇宁间初兴学校" 条。

执行考核非常严格，许多州郡耗尽人力财力才得以勉强过关。如果做得不到位，上面不满意，地方官府就要获罪。第三，因为地方政府将精力都花在居养院、安济坊与漏泽园上，士兵没有军粮吃，百姓没有饭吃，这些事都无人过问。故此民间有俗语讽刺朝廷"不养健儿，却养乞丐；不管活人，只管死尸"。简言之就是宋徽宗追求德比尧舜，很重视这些新机构，耗费了不小的财力与精力在上面。为督促地方落实，宋徽宗与他的亲信权臣蔡京还将新机构办得好不好，当成考核地方官员的核心指标。于是，这些福利事务成了赵宋政府唯一重要的事情，其他常规政务都必须让路。施政的重点是让皇帝满意，百姓开心与否并不重要。

这种只向皇帝负责、不对百姓负责的权力制度造成了极为荒诞的结果。据《宋史》记载，"蔡京当国，置居养院、安济坊，给常平米，……州县奉行过当，或具帷帐，雇乳母、女使，靡费无艺，不免率敛，贫者乐而富者扰矣"[1]——地方官府将福利救济搞得极为豪华，不但给屋子装上了只有富贵家庭才用得起的帷帐，还要给受救济者雇请乳母与女仆。这样做既是为应对上级的考核，也是为了借机敛财苛敛百姓。对有幸能住进福利院的穷人而言是开心事，那些被逼着出钱的富人而言却是无妄之灾。

宋徽宗自己后来也意识到了这一点。北宋大观三年（1109），他在诏书里说："闻诸县奉行太过，甚者至于设供张，备酒馔，不无苛扰，其立法禁止，无令过有姑息。"——我听说地方州县执行得太过火，有些地方救助贫民时甚至搞起了宴会办起了酒席，以后不许再这样干。大观四年，宋徽宗又在诏书里说："比年有司观望，殊失本指，至或置蚊帐，给酒肉，食祭醮，加赠典，日用既广，靡费无艺，少且壮者，游惰无图，廪食自若，官弗之察，弊孰甚焉。"皇帝批评相关衙门竟然给受救助者置办蚊帐、提供酒肉，花钱毫无节制，是在鼓励那些身强力壮

---

[1]（元）脱脱等：《宋史》志第一百三十一《食货上六》。

之人游手好闲，白吃白喝。宣和二年（1120），宋徽宗又下诏："有司……奉行失当，如给衣被器用，专雇乳母及女使之类，皆资给过厚，常平所入殆不能支。"相关衙门给被救助者专门雇用乳母和女佣，做得太过度了，国家财政根本负担不起。[1]

宋徽宗反复批评地方政府做得太过分。地方政府不知道自己做得很过分吗？当然也知道。知道而仍然要这样干，仍然要给受救助者提供华服美屋和乳母女仆，是因为唯有这样干才能显示自己忠于朝廷，才能确保可以通过朝廷的考核，保住自己的乌纱帽。

按当时朝廷的要求，开封城内的福利机构由提点刑狱司负责检查考核，御史台也有弹劾的权力；京城之外的福利机构由提举常平司负责监督，其他部门也可以举报。这些信息网让宋徽宗可以很便利地了解到福利机构的工作执行情况。比如，崇宁五年（1106）他发现有些州县刻意控制安济坊、漏泽园的救助人数，将无病之人和已下葬之人的名字填在表册里充数以应付考核，遂下诏对这些人杖责一百。同期，他还发现有些州郡的漏泽园为节省人力选择浅埋尸体，导致尸体常因雨水冲泡或野狗啃噬等原因裸露在外，遂又下诏要求至少深埋三尺。为刺激地方政府办福利的积极性，宋徽宗还将居养院、安济坊办得好不好作为官员能否升迁的基本要求。如，溧阳知县因主动将居养院按男女分为八室，便得到了"转两官升迁""进官三等"的超额奖励；另一位官员蒋迪则因办理安济坊不力，被下诏降官一级。[2]最高权力如此这般引导，地方政府为了竞争出位自会绞尽脑汁，于是常规救助之中便出现了华服美屋与乳母女仆。

宋徽宗与蔡京还曾试图对居养院、安济坊与漏泽园实施类似数目字考核。如安济坊中的每名郎中都会有一本"手历"，上面记载了该郎中

---

① 梁太济、包伟民：《宋史食货志补正》，杭州大学出版社1994年版，第433页。

② 李华瑞：《宋代救荒史稿》，天津古籍出版社2014年版，第789页。

经手治疗的患者的痊愈数与死亡数。岁末考核时即以手历中的治愈率与死亡率为依据，不合格者要受到惩处。问题是这种考核并不符合医学常识，是外行以想当然来指导内行——有些疾病可以自愈，有些疾病则超出了医生的能力。推行该考核制度的直接后果，是各地州县不约而同弄来一批批无病之人，装模作样让他们进到安济坊中看病，再装模作样痊愈，以完成皇帝要求的治愈比例。闹到最后，社会上普遍将安济坊郎中视为庸医的代名词，只有骗子才会在安济坊里做事。陆游便记录有一位叫作林彪的安济坊庸医：

> 当安济坊法行时，州县医工之良者，惮于入坊。越州有庸医曰林彪，其技不售，乃冒法代他医造安济。今日傅容平当来，则林彪也；明日丁资当来，又林彪也；又明日僧宁当来，亦林彪也。其治疾亦时效，遂以起家，然里巷卒不肯用。比安济法罢，林彪已为温饱家矣。年八十余乃终。[1]

据陆游的这段见闻，在宋徽宗时期，因害怕朝廷荒唐的数目字考核，地方州县的好郎中皆不愿进安济坊工作。只有越州林彪这种庸医之名远播、无人找其诊病者，才会用假名跑去安济坊里混吃混喝。今天该名医傅容平到安济坊给人看病，来的是林彪；明天该名医丁资到安济坊给人看病，来的也是林彪；后天该名医僧宁到安济坊给人看病，来的还是林彪。林彪治病偶尔也见点效果（多半是碰上了可以自愈的疾病），但街坊四邻始终没人敢找他诊病。林彪在安济坊里混了很多年，到安济法废除时已混成温饱之家。

管理安济坊的官员之所以容许林彪长年累月冒充其他医师，是因为

---

① （北宋）陆游：《书安济法后》，《陆游全集校注》第十册，浙江教育出版社2011年版，第114页。

要脸面、有水平的医师都不愿进安济坊，而地方州县又不能向朝廷汇报此点，不能戳破宋徽宗的当代尧舜之梦。林彪这种庸医之所以长年累月在安济坊混吃混喝而不被戳破，大概也是因为地方州县长期以来一直坚持用无病之人冒充患者来完成朝廷的治愈率指标。庙堂里的骗子与江湖中的骗子合作无间，至于真正需要医疗救济的穷人，早已无人在乎。

遗憾的是，上述种种皆未进入伊沛霞的视野。于是，在伊沛霞眼中，宋徽宗是一位志在有为的伟大皇帝，"应该为他的雄心壮志，以及对许多崇高事业的支持而受到称赞"。但在许多北宋人眼中，宋徽宗只是一名因志在有为却给百姓带来了各种灾难的昏君。

其实，倒也不必惊异于伊沛霞对宋徽宗的赞美。动辄希望官府有所作为，希望惠济苍生来解决民生疾苦，毕竟是古今中外许多人常有的迷思。只是很可惜，在中国传统政治框架内，在秦制政权的权力模式下，此类迷思付诸实施的结果从来都是难如人意，只会南辕北辙。青苗法出台的初衷是帮助民众度过青黄不接的艰难期，结果成了官府的敛财工具。义仓的初衷是帮助民众抵御水旱灾害，结果也成了官府的敛财工具。居养院、安济坊与漏泽园的本意是帮助民众老有所养、病有所医、死有所葬，结果反成了官员贪污腐败弄虚作假、大搞浮夸之风的舞台。

类似悲剧，可谓数不胜数。这里再简单举一个蚕盐法的案例。因养蚕需要用到盐，而蚕丝未成之前百姓往往无钱买盐，民意遂寄望于官府，希望能先从官府贷盐，等蚕事完毕再偿还盐钱和利息。这是蚕盐法出台的初衷。此法始于南唐盛于北宋。可是，蚕盐法在北宋没有惠及民众，相反，它逐渐蜕变成了官府定额定期向乡村民户摊派食盐的工具。每年二月育蚕季开始，官府就会派人去强迫民众买盐。每年六月蚕茧收获季到来，官府就会派人去向百姓征收丝绢（盐价折纳成丝绢，可以让政府多赚一笔）。不管养不养蚕，都要在二月贷官府的蚕盐，都要在六月向官府偿还丝绢。

蚕盐法在底层民间引起许多怨言，但朝廷始终不为所动。到了宋徽宗统治中期，政府干脆出台了一项规定："人户合纳蚕盐钱，自祖宗以来，认纳皆有定数。如不愿请盐，即具合纳盐数上纳六分价钱，具存成法。"①至此，蚕盐钱完全抛弃了初衷，成了压在百姓身上的法定义务，严禁农户以不养蚕为由拒缴。即便不养蚕也不想要盐，仍得向官府缴纳相当于摊派额度六成的蚕盐钱。福利竟然变成了税负。

制度不变，司马光困境无解

以上种种发生在秦制时代的有为式悲剧，可以称作"司马光困境"。

什么是"司马光困境"？

我们不妨从宋仁宗嘉祐七年（1062）说起。这年七月，司马光向皇帝呈递了一份长达五千余字的《论财利疏》。内中重点提到农民已被衙前之役压得喘不过气来，亟须出台措施以舒缓民生。司马光说：

> 臣愚以为，凡农民，租税之外宜无有所预，衙前当募人为之，以优重相辅，不足则以坊郭上户为之。彼坊郭之民，部送纲运，典领仓库，不费二三，而农民常费八九，何则？儇利、戆愚之性不同故也。其余轻役则以农民为之。②

衙前之役的内容，《宋史·食货志》总结为"主官物"。简单说来，就是将官府衙门的各种苦活脏活累活，摊派给资产等级靠前的民户。这些民户须出人出力乃至出钱，无偿替官府干好这些苦活脏活累活，如果干砸了，民户须得自己出资赔偿。衙前之役的范围广且繁杂，常见的工作内容有押送漕粮、搬运盐席、送纳钱物、主典库务、采购物

---

① （清）徐松：《宋会要辑稿·食货二六》。

② （北宋）司马光：《论财利疏》，司马光著、王根林点校：《司马光奏议》，山西人民出版社1986年版，第87页。

资、主持驿站馆舍、主持官田官庄等。这些工作不会给服役的民户带来收益，却耗费人力、物力，且存在很大的赔偿风险——押送漕粮、搬运盐席、送纳两税钱物的成本得由民户自己出，有时候甚至会出现运输成本远高于运输之物价值的情况。且运输过程中出现的所有损耗，都得由民户自己拿家产出来赔偿。管理仓库、经营驿站馆舍、主持官田官庄的成本，也是由民户承担，仓库的物资因受潮或雀鼠之灾有了损耗，来往官员在驿站馆舍大吃大喝乃至勒索钱物，官田粮食产量因水旱灾害而未能达标，也皆须由民户以家产赔偿或补足。[①]故此，当"衙前之役"在宋仁宗时代全面铺开后，民户因之破户亡家者比比皆是。这也正是司马光上奏宋仁宗建议改革衙前之役的主因。

按司马光的主张，衙前之役本不该摊派给农村民户，而应自坊郭之民（即城里人）中招募有经验之人来承担。理由是与城里人相比，农村人大多没见过世面，社会经验有限。同样是"部送纲运，典领仓库"这类工作，交由有经验的城里人来做，人力成本与金钱成本要远低于交由没经验的农村人来做。司马光的改革建议当然很有道理，只是朝廷并没有采纳。数年后的治平四年（1067），宋英宗去世，宋神宗即位，司马光又专门就衙前之役上奏要求改革，认为民间已因衙前之役而陷入不敢营生的困境，为逃避会带来破户亡家之灾的衙前之役，民户们已普遍不愿意努力劳作增加家产，宁愿生活在贫困之中。司马光也再次呼吁朝廷改革衙前之役，"务令百姓敢营生计"。[②]

可是，到了宋神宗熙宁三年（1070），当王安石开始推行新的募役法——百姓出免役钱，官府拿着免役钱去雇人当差——来取代衙前之役

① 张熙惟：《宋代的衙前之役及差役的性质》，《山东大学文科论文集刊》1982年第1期。

② （北宋）司马光：《论衙前札子》，司马光著、王根林点校：《司马光奏议》，山西人民出版社1986年版，第251—252页。

等旧制度时，时为永兴军路安抚使的司马光却站出来做了反对者，坚决不同意在永兴路推行募役法。司马光的这种态度转变，让一些宋史研究者非常困惑。如邓广铭先生曾撰文如此质问：司马光在《论财利疏》中主张招募城市居民来承担衙前之役的办法，"与王安石后来所推行的募役法岂不是完全一致的吗？"何以到了王安石推行募役法时，司马光又要跳出来反对呢？"我不知司马光本人对这一矛盾将何以自解。"①显而易见，邓先生对司马光立场的来回横跳极为不满。

这种来回横跳，在邓先生看来是"司马光对于募役法的利害，始终是没有真切的认识"。在我看来，却是所有生活在秦制时代而心系百姓的改革者，必会遭遇的一种困境——他们知道旧制度对百姓极为不利，需要改革；但他们同样也知道，只要改革措施仍然来自不受制约的权力，就很难给百姓带来真正的福利，改革可以利朝廷，可以利官，却很难利民，甚至会将百姓推向更恶劣的境遇。在良知的驱使下，这些人往往表现为既呼吁改革，但又反对具体的改革措施。司马光正是深陷在这种困境里的代表性人物。故此，我们不妨将这种困境称作"司马光困境"。

前文已经介绍过司马光反对衙前之役的缘由。这里再来看司马光反对募役法的三条理由：一，原来只有资产为上等户者（五等户制度中的三等以上民户）会被摊派，要去承担包括衙前在内的各种差役，新的募役法却要求下等户（三等以下民户）、单丁户和女户也要缴纳免役钱，这等于加重了贫苦百姓的负担。二，原来的做法是上等户轮流当差，干一年可以休息几年，新的募役法却要求民户年年缴纳免役钱，这也等于加重了百姓负担。三，差役沉重，而官府给出的雇役价格太低，导致现在除品行不端的"浮浪之人"外无人应募。让这些人管理官产物资必

---

① 邓广铭：《北宋旧党人士的"两截底议论"——兼考司马光首倡募役法》，《邓广铭全集》第七卷，河北教育出版社2005年版，第343—345页。

会监守自盗，让这些人处理公事必会作奸犯科，这些人没有田宅宗族之累，一旦案发必会铤而走险逃亡他乡，难以抓捕。总之，新的募役法虽有免役之名，实际上并没有减轻百姓负担，反而相当于"无故普增数倍之税"，变成朝廷开拓财源的新手段。[1]

司马光反对衙前之役的理由是不是事实？是事实。司马光反对募役法的三条理由是不是事实？也是事实。司马光想过要用募役法来取代衙前之役，可当真正的募役法到来时，他又退缩了，因为这募役法同样害民不浅。在那些统治阶级权力不受制约的地方，"司马光困境"是无解的——毕竟皇权之外无社会，而统治权力自我牟利的冲动又无法遏制。借改革之名成立的服务机构，最后都会蜕变成权力机构。初衷很好的青苗法变成了敛财工具，初衷很好的市易法变成了害民政策，初衷很好的义仓制度变成了法外之税；初衷同样很好的居养院、蚕盐钱与募役法，皆未能例外。可见，期待秦制政权以不受制约的权力来解救民生，实属缘木求鱼，只会引来灾难。且不受制约的权力越有为，灾难就越大。

邓广铭先生曾嘲讽司马光，说他"于哲宗初年执政当权之后，于募役差役二法对不同等级的民户究竟孰利孰害的问题，旬日之间就自异其说，以致被章惇反驳得张口结舌，这当然也得算他咎由自取了"。邓先生这样说，是因为他亟欲肯定王安石，而忽略了"司马光困境"的存在。如果司马光可以放弃良知，做一个言利之臣，坦然将富国置于利民之上，他自然不会陷入进退失据的困境，也不会在募役法与差役法之间左右为难，更不会被人反驳至张口结舌，也就不会引来邓广铭先生的嘲讽。

事实上，当日陷入同样困境之中者甚多，非止司马光一人。正如朱熹所言，"新法之行，诸公实共谋之，虽明道先生（程颢）不以为不

---

① （北宋）司马光：《乞免永兴军路青苗助役钱札子》，司马光著、王根林点校：《司马光奏议》，山西人民出版社1986年版，第300—301页。

是。盖那时也是合变时节"，只是由宋神宗和王安石主持的变法"后来尽背了初意，所以诸贤尽不从"。[1]而变法之所以违背众人的初衷，正是因为主持变法的权力不受制约，可以肆意释放其牟利冲动。中国古代史上的众多改革，自商鞅变法至张居正改革，无论初始宣称得如何天花乱坠，最后都会变成以增加人力与物力汲取为核心内容的财政改革，核心原因便在这里。苏轼对此也深有体会，他于宋仁宗嘉祐六年（1061）上奏建议改革时，写下过这样一段文字：

> 天下皆知其为患（指赋役不均）而不能去。何者？势不可也。今欲按行其地之广狭瘠腴，而更制其赋之多寡，则奸吏因缘为贿赂之门，其广狭瘠腴，亦将一切出于其意之喜怒，则患益深。是故士大夫畏之而不敢议。[2]

天下人都知道现在赋役不均，是一种劫贫济富式的畸形结构。有权力背景者拥有大量田地，却只承担很少的赋役，而无权无势的平民名下田地很少，却被沉重的赋役压榨得喘不过气来。有良知的士大夫却不敢提议改革。因为即便启动田亩数量与田亩肥瘠程度的全面调查，以之为依据来重新分摊赋役，结果仍会变成官吏索贿敲诈的乐园。谁家的田亩多，谁家的田亩少，谁家的田亩算上等，谁家的田亩算下等，全凭官吏们说了算。改革会变成另一场劫贫济富式的狂欢，民生境遇不会好转，甚至会进一步恶化。

也就是说，在制度有病的前提下，具体方式方法的变更无济于事。制度不变，司马光永远也走不出"司马光困境"。

---

① （南宋）黎靖德编：《朱子语类》，崇文书局2018年版，第2352—2353页。

② （北宋）苏轼著，邓立勋编校：《苏东坡全集》下册，黄山书社1997年版，第117页。

第六章
差役与乡下人

前五章讲了两宋的繁华的成因。接下来两章，将聚焦两宋的民生，即两宋的乡下人与城里人过着怎样的生活。

将统治成本转嫁给民户

要想理解两宋的民生状况，必须先了解当时的户等制度。

户等即家庭资产等级，是针对民户中的主户而言的。两宋政权将天下人分为官户^①与民户。官户属于统治集团，享受各种税赋与劳役免征的特权。民户分为乡户与坊郭户，乡户指乡村百姓，坊郭户指城市百姓，都是被统治者。这些被统治者里，又有主户与客户之分，主户指农村土地主与城市经营者，客户指农村的佃户与城里的打工人。所谓户等制度，就是将被统治者中的主户按家庭资产的多少分为不同等级，形成"乡村五等户制度"和"坊郭十等户制度"。

户等划分的依据是家庭资产。乡户主要是田宅，坊郭户主要是房舍、铺店等不动产和商品、工具、存款等动产。不同地区在统计时的标

---

① 北宋中期对"官户"的定义是"诸称品官之家，谓品官父祖子孙及同居者"，但并非做了官就可以成为官户，而是"唯以军功捕盗或选人换授至陞朝官，方许作官户"。见《续资治通鉴长编拾补》卷四十九。

准不一，有些地方比较宽松，只统计主要资产，有些地方则极为苛刻，连簸箕、板凳都要折算成钱计入资产。多少资产算一等户，多少资产算二等户，也没有统一的标准，主要看地方政府"需要"多少一等户，"需要"多少二等户。搞户等制度，主要是为了方便两宋政权找出最富有的那批百姓，让他们来替朝廷做事。其中，乡村富户（上户）的主要负担是替官府承担差役，城市富户（上户）的主要负担是替官府承担行役。本章先谈乡村百姓与差役制度。

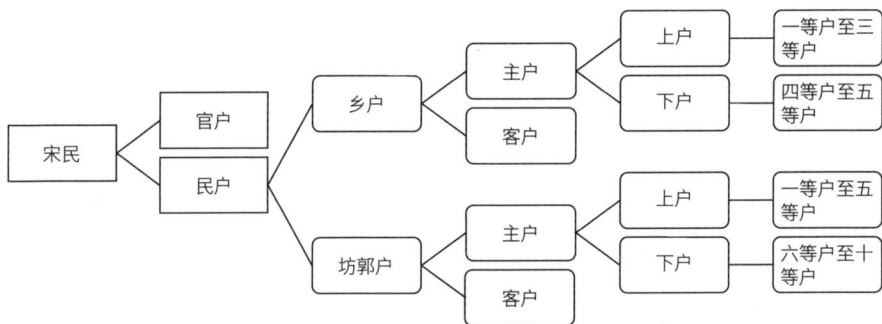

宋代户等制度示意图[①]

资料来源：邢铁：《户等制度史纲》，云南大学出版社2002年版，第56—98页。

宋代乡村的差役制度，与秦汉时代的劳役，是完全不同的两码事。

秦汉时代的劳役，主要指兵役和徭役，即身为被统治者的全体成年男丁，都得去给朝廷当兵打仗，都得去给朝廷干苦力活。如果不去，就要给朝廷交钱。宋代的差役，就工作内容而言，大体相当于秦汉时代地方郡县的那些掾属、胥吏与乡官，需要承担与地方治理直接相关的许

———————

① 需要注意的是，示意图仅展示宋代户等划分的一般情况。在实际操作中，宋代的户等划分有许多不统一的地方。如乡村五等户制度中的上、下户划分，有些地方是以第三等户为分界线，有些地方会将第四等户也纳入上户之中。坊郭十等户制度，多数地方只针对主户，不涉及客户。但据欧阳修所见，在辽州等地，客户也被纳入坊郭十等户制度之中。坊郭户的上、下户划分界线，会因地区不同而存在差别。

多职责，所以又叫作"职役"。但二者的社会地位却天壤之别。秦汉时代的掾属、胥吏与乡官，是高于普通百姓的存在，是一种受人仰视的身份。宋代的差役则不然，他们是纯粹的劳役，只有替官府完成工作的义务，没有权利也没有报酬。在秦汉时代，人们很乐意成为掾属、胥吏与乡官；但在宋代，没有任何人想被官府摊派去服差役。

关于宋代差役大致情形，《文献通考》卷十二有一段总结：

> 国初循旧制，衙前以主官物，里正、户长、乡书手以课督赋税，耆长、弓手、壮丁以逐捕盗贼，承符、人力、手力、散从官以奔走驱使；在县曹司至押、录，在州曹司至孔目官，下至杂职、虞候、拣、掐等人，各以乡户等第差充。

这段文字，主要是介绍宋代常见的差役名目及其职责。其中，衙前主要负责替政府管理、运输物资；里正、户长与乡书手，主要负责为政府征收赋税；耆长、弓手与壮丁，主要负责替政府抓捕盗贼；承符、人力、手力、散从官，主要负责随时听命供官府驱使。此外，县一级的曹司至押、录，州一级的曹司至孔目官，以及杂职、虞候、拣、掐这些人，都属于差役的范畴。当然，《文献通考》列举这些，并不是说这些已是宋代差役名目的全部。

按常识，政府既然已经向民众征了许许多多的税，便应该自行承担统治成本，并向民众提供基本秩序。政府应该用财政收入供养各类政府工作人员，让他们去履行抓捕盗贼之类的天然义务。但两宋政府没有这样做，通过差役制度，它们将大量的统治成本与治理责任转嫁给了民众。

不过，这种转嫁制度倒也并非赵宋政权的原创。《文献通考》里说"国初循旧制"，意思是宋朝的这套差役制度，其实发端于唐末五代乱世。

本来，唐代实施两税法，将租、庸、调和其他一切杂税（不管合法与否）都合并到一起征收之后，政府便不应该再向百姓征发劳役，那样等于重复汲取。政府如果有劳役方面的需要，应从财政里拿钱出来雇人，因为百姓缴的两税里已包含了这笔钱。可是，在秦制时代，民众没有任何力量可以制约朝廷，只能任凭朝廷将一切苛捐杂税都合并到两税之中，然后眼睁睁看着这些苛捐杂税在两税法时代再次冒出来。差役方面的情况自然也是如此。不过，朝廷也很清楚，底层百姓缴完两税之后已无余力，已榨不出多少油水，所以他们将汲取的目标重点放在了民间富人身上。比如，唐宣宗于大中九年（855）下诏，以州县百姓差役不均为由，命令地方各县"据人贫富及役轻重作差科簿，送刺史检署讫，炼于令厅，每有役事，委令据簿轮差"[1]，也就是要各县统计百姓的家庭资产，将贫富程度与差役挂钩，制成摊派差役的簿册，送给上级部门存档，官府有差役要办，就按这个簿册点名，让富人们来承担。于是，运输官府物资这类原本该由州郡官府承担的工作，就被转嫁到了地方富民的头上。

唐末五代是乱世，百姓经常死于兵灾或流亡他乡，官府没有办法掌控并及时更新民间的富户数据。于是，军阀们使用了更加简单粗暴的办法——军队每到一地，便临时强迫地方上的里长之类的领头人物，向他们要房子、饮食、马料乃至壮丁。久而久之，用军人来强迫地方领头人物承担统治成本（征税征丁）和治理责任（维持秩序），就成了一种官府的常规操作模式[2]。当时的差役中，之所以有"衙前"这种军队色彩明显的名目，就是因为唐末五代盛行以军人强迫百姓承担差役[3]。

---

① （元）马端临：《文献通考》卷十二《职役考一》。"炼"，通"链"，意为"锁于令厅之中"。

② 李埏：《李埏文集》第二卷，云南大学出版社2018年版，第195页。

③ 顾士敏：《北宋"衙前"考》，《云南师范大学学报（哲学社会科学版）》1986年第4期。

北宋平定乱世后，觉得这套制度挺好，既能保证汲取，又能转移成本与责任，遂决定将其正规化，在太平时代全面推广。宋太宗太平兴国年间（976—984），时任京西转运使的程能上奏建议：

> 诸州户供官役素无等第，望品定为九等，著于籍，以上四等量轻重给役，余五等免之，后有贫富，随所升降。望令本路施行，俟稍便宜，即颁于天下。①

程能的意思是：现在天下太平了，差役制度却没有与民众的家庭财富挂钩。他希望朝廷能够清查民众的家产，将之定为九个等级，编成簿册，由最富有的前四个等级的民众承担不同程度的差役，后五个等级比较穷，不必负担差役。民众的家庭贫富会有变化，朝廷也会每隔一段时间便重新调查民众的家产，然后更新簿册。

这项建议得到宋太宗的许可，试点工作随后展开。至晚在淳化五年（994），程能的建议已经变成了在全国范围内实施的政策。该年，宋太宗下诏，"令天下诸县以第一等户为里正，第二等户为户长，勿得冒名以给役"②。民众已按家庭财富被划为九等，最富有的第一等户必须承担"里正"的工作，第二等户必须承担"户长"的工作。

此后，富户们须免费乃至贴钱给官府办事，渐渐成了宋代的一项固定制度③。其摊派模式大致是：乡村民户按家庭资产（当时的名词是

---

① （元）马端临：《文献通考》卷十二《职役考一》。

② （元）马端临：《文献通考》卷十二《职役考一》。

③ 需要注意的是，除了摊派给民户直接承担的职役，宋代州县官府之中还有大量编制内的吏役。这类职位大多以招募的方式填充，虽无俸禄却手握权力可以贪污受贿，甚至可以左右地方长官意志，故招募往往流于形式，多被当地旧吏及其子弟垄断。而按户等摊派给民户的各类杂役，则全然无利可图，对民户而言只是纯粹的负担乃至灾难。可参见陈振：《宋史》，上海人民出版社2020年版，第128—131页。

"家业钱"）的多寡划分为九个等级，下五等户免差役，上四等户按户等高低轮流为地方上的路、府（州军监）和县级衙门服务。第一等户轮充里正、衙前等最沉重的差役，第二等户轮充曹长、户长、乡书手等职，第三、第四等户轮充弓手、壮丁等。大概是因为下五等户集体免差役，再细分为五等意义不大，不如合五为一，九等制后来又慢慢演变成五等制①。此外，官户、僧道、女户和单丁户免役。城市居民不摊派差役，而另有行役。

孀母改嫁，老父自杀

可能会有意见认为，按户等高低，让资产最多的富户去承担差役，资产比较少的穷人则不必承担差役，这明明是一种抑制贫富分化的好办法嘛。

确实有些宋人也这样认为。但这只是拍脑袋想当然式的结论。差役制度确实降低了北宋社会的贫富分化（当然，官户是不包括在内的），但这种降低，不是以均富为前提，而是建立在共同贫困的基础之上。这种共同贫困，具体表现为两点：

一、百姓想尽办法分家，宁愿成为抗风险能力很弱的小门小户。

二、百姓不愿努力奋斗，不愿努力求富，宁愿做穷人。

先说第一点。

百姓们想尽办法分家的缘由其实很简单。

朝廷按户等摊派差役，资产到了官府划定的富户线，便要去给衙门当差，去承担税粮运输、盗贼抓捕之类的工作。当这种差役既没有工资，成本还需自理，有了损失须负责赔偿。官户不用承担差役，有背景的豪族也不用，结果就是被选中服役者，往往是民间的普通富户。这些

---

① 梁太济：《两宋的户等划分》，收入于《宋史研究论文集》，浙江人民出版社1987年版。

普通富户无权无势，对上只能承受衙门官吏的各种压榨，对下又未必有能力完成摊派的任务。比如，替官府征税这项任务就很难完成——这些轮流承担差役的富户常年生活在乡村之中，他们没办法像"空降"的酷吏那样对无力缴足税赋的乡民施以严厉的手段，也没有能力从有背景的豪族口中榨出隐匿的税赋。完不成的份额，最终只能由这些普通富户自己承担，拿自己的家产来补足窟窿。所以宋代百姓普遍将差役视为倾家荡产的祸事。司马光在《涑水记闻》中讲了这样一则故事：

> 李南公知长沙县，……有一村多豪户，税不可督，所差户长辄逃去。南公曰："然则此村无用户长，知县自督之。"书其村名，帖之于柱。豪右皆惧，是岁初限未满，此村税最先集。又诸村多诡名，税存户亡，每岁户长代纳，亦不可差。南公悉召其村豪右，谓之曰："此田不过汝曹所典买耳，与汝期一月，为我推究，不则汝曹均输之。"及期，尽得冒佃之人，使各承其税。[1]

户长是常见的差役名目，主要负责替官府督收赋税。长沙县下属村庄里被指派为户长的富户们，之所以动辄弃家逃亡，主要原因是他们没有办法也没有力量从"豪户"们那里将税赋征上来。征不上来，户长就只好拿自己的家产"代纳"。问题是，富户们"代纳"至家破人亡也未必能够补足，所以他们一听到消息说轮到自己做户长，就要逃走。逃走的人太多，长沙知县李南公只好变更办法，自己去这些村子坐镇。不同于无权无势的户长，知县是有权力的官员，对付村级"豪户"绰绰有余，于是很顺利地将税赋收了上来。

既然被摊派差役的后果如此可怕，百姓只好两害相权取其轻。既然

---

[1]（北宋）司马光：《涑水记闻》卷十四。

差役是按家庭财富等级来摊派的，且单丁之家可以免役，分家便是最好的规避之法。毕竟，像长沙县的富户那样拖家带口逃亡，成本实在太高，不到万不得已一般不会选择那样做。分家的代价则要小得多，也容易操作。一个大家庭的资产分给多个小家庭后，各小家庭的资产很容易掉到朝廷划定的富户线之下。小家庭如果只剩下一个成年男丁，也可以安心摆脱差役。在这种生存逻辑的支配下，两宋的"别籍异财"（获得独立户籍分割家产）之风刮得非常猛烈。不管朝廷做出多么鲜亮的诱导措施，或者发出怎样严厉的禁令，都无法阻止百姓分家分资产。

　　按宋太祖时代制定的法律，祖父母、父母健在而子孙分了家产单过者，要被处以三年徒刑。如果是祖父母、父母让子孙分家单过，或者将子孙过继给别人做后代，祖父母和父母要处以两年徒刑，子孙不连坐。子孙要想分家，必须等祖父母和父母都死了，且下葬完毕守丧二十七个月之后。如果在守丧期间迫不及待分家，也要被处以一年的徒刑。[①]朝廷制定这样的法律，自是出于统治的需要，如宋太祖在诏书中所说的那般："犬马尚能有养，而父子岂可异居？"[②]子孙与祖父母、父母分家单过，会对宋帝国的养老问题产生负面影响，会给社会造成不稳定因素。禁令之外，两宋政府也像辽、金、元那般，经常发起针对四世同居、五世同居乃至十五世同居者的表彰活动[③]。

　　但这些大棒与胡萝卜，皆敌不过差役制度对整个社会的异化。下表展示的，是北宋的主户与客户（租种他人土地者）的"家庭平均男性人口"的变化[④]。主户指拥有土地与资产者，这些人按家庭资产被分为九

---

　　① （北宋）窦仪等：《宋刑统》卷十二，"户婚律"。

　　② 《宋大诏令集》卷一九八，《禁西川山南诸道祖父母父母在别籍异财仍不同居诏》。

　　③ （元）脱脱等：《宋史》列传第二百一十五《孝义》。

　　④ 表格数据引自俞宗宪《论王安石免役法》一文的整理，收入于《宋史论集》，中州书画社1983年版，第108—109页。

等，前四等需要承担差役。客户指租种他人田地者，不会被摊派差役。

表8　北宋主户与客户的"家庭平均男性人口"的变化

年　份	主　户	客　户
天圣元年（1023）	3.18	1.58
景祐元年（1034）	3.32	1.44
庆历五年（1045）	2.22	1.67
皇祐五年（1053）	2.25	1.74
嘉祐六年（1061）	2.20	1.75
熙宁五年（1072）	1.50	1.34
元丰六年（1083）	1.49	1.37

资料来源：作者根据《续资治通鉴长编》数据整理所制。

从表中可以看到，在宋仁宗天圣年间，主户家庭的平均男性人口超过了3人，在景祐年间还有一点上升的趋势，但在这之后，自庆历年间开始，主户家庭的平均男性人口便一路下跌，到宋神宗熙宁、元丰年间，已跌至每户男性人口仅1.5人的程度。这是因为，在天圣、景祐年间，"衙前差役"这一后来令宋代百姓闻之色变的摊派还未普及，朝廷还在使用传统的"衙前军将"（以由朝廷供养的军人承担该差事，或者给承担该差事的百姓赏赐官衔）。要到宋仁宗宝元、庆历年间，让民间富户闻风丧胆的"里正衙前"才会普及。要到皇祐、至和年间，"里正衙前"才渐渐被另一种同样让民间富户闻风丧胆的"乡户衙前"取代。所以在庆历、皇祐、嘉祐年间，主户家庭为减轻暴政带来的伤害，普遍开始想方设法"别籍异财"，通过分家从大家庭变为小家庭。而到了熙宁、元丰年间，王安石变法再次加重了主户家庭的负担，为了躲避负担，许多百姓被迫析户分家，变成规模更小的家庭。

反观表中的客户家庭，自天圣至嘉祐年间，其"户均男性人口"基本保持稳定，没有大的变化，甚至还呈现出了些微的上升趋势。这自然是因为客户家庭不会被摊派衙前等会导致破户亡家的差役。熙宁、元丰年间，客户的"户均男性人口"突然下降，则是因为王安石变法大大增加了客户的负担（如保甲法规定，无论主户、客户，只要家中有两丁以上者，便须出一人充当保丁，这些保丁须承担巡夜、抓捕盗贼等工作，还要拿出部分耕作时间接受军事训练），许多客户为规避变法带来的新负担，只能与主户们一样也开始分家，变成更小的家庭。

需要注意的是，统计数据能够清晰展示差役制度对整个社会的异化，却不足以呈现这种异化的残酷性。好在，部分北宋官员通过奏章、书信等保留下了一些这方面的资料。比如，宋仁宗时代，并州知州韩琦向皇帝上奏说：

> 州县生民之苦，无重于里正衙前。有孀母改嫁，亲族分居，或弃田与人，以免上等，或非命求死，以就单丁。规图百端，苟免沟壑之患。[①]

州县生民太苦了，其中最苦的是差役中的"里正衙前"。为了规避这种苦，百姓已被逼到了让寡居的老母亲改嫁，与亲族分居，不惜将田地送人，甚至不惜自杀以求让家庭成为单丁状态的地步。如此种种，都是为了让大家庭变成小家庭，让小家庭的资产变少，以求低于官府划定的富户线。

宋神宗时，又有大臣韩绛上奏：

> 闻京东民有父子二丁，将为衙前役者，其父告其子曰，吾当求死，使汝曹免于冻馁，遂自缢而死。又闻江南有嫁其祖母，及其母析居，以避役者。又有鬻田减其户等者。田归官户

---

① （元）脱脱等：《宋史》志第一百三十《食货上五》。

不役之家，而役并于同等见存之户。[①]

在开封城附近州县，发生了父亲上吊自杀，让儿子成为家中唯一男丁，以求避免衙前差役的事情；在江南地区，也发生了"嫁其祖母及与母析居以避役者"的事情，有人将自己的老祖母改嫁出去了，有人与自己的母亲分家而居。还有人低价将自己名下的田产卖给"官户不役之家"，目的只是为了减少资产降低自己的财富等级，以免被摊派差役。

宋神宗熙宁元年（1068），大臣吴充也上奏批评差役制度。他说：

> 民间规避重役，土地不敢多耕而避户等，骨肉不敢义聚而惮人丁。甚者嫁母离亲，以求兄弟异籍。[②]

百姓们为了规避沉重的差役，不敢多耕种土地，否则户等就要上升，就会成为被摊派的对象。为了减少户下人丁，骨肉亲人们也不敢聚为一家。有些人为了让兄弟分家，不惜将母亲给嫁掉。

百姓之所以纷纷让老祖母与老母亲改嫁，是因为宋代的法律如前文所言，严禁百姓在祖父母和父母健在之时分家。如果家中有守寡的老祖母和老母亲，就只有将她们改嫁出去，让大家庭上无长辈，百姓才可以按律合法分家。吴充说"甚者嫁母离亲，以求兄弟异籍"，就是这个意思。老母亲嫁到别家去了，家中的兄弟们分家单独立户，就不能算是违法。如果大家庭里剩下的长辈，不是老祖母与老母亲，而是老祖父与老父亲，又该怎么办？其实没办法，只能让老祖父或者老父亲自我牺牲"主动"去死。韩琦说百姓"非命求死，以就单丁"；韩绛说京东之民

---

① （元）脱脱等：《宋史》志第一百三十《食货上五》。

② （北宋）吴充：《言乡役事奏》，熙宁元年五月。收入于曾枣庄、刘琳主编，四川大学古籍整理研究所编：《全宋文》第三十九册，巴蜀书社1994年版，第434页。

为逃避衙前差役而由父亲"自缢而死"，都是这类情形。

活跃于宋仁宗时代的官员李觏，根据自己的见闻，写一首题为《哀老妇》的长诗，用文学形式记录下了北宋差役法下百姓被迫让老母亲改嫁的人伦惨剧。摘录部分内容如下：

里中一老妇，行行啼路隅。

自悼未亡人，暮年从二夫。

寡时十八九，嫁时六十余。

昔日遗腹儿，今兹垂白鬓。

子岂不欲养，母岂不怀居。

繇役及下户，财尽无所输。

异籍幸可免，嫁母乃良图。

牵车送出门，急若盗贼驱。

儿孙孙有妇，小大攀且呼。

回头与永诀，欲死无刑诛。[①]

诗里说，老妇人十八九岁死了丈夫，守寡多年，含辛茹苦将遗腹子养大，到了六十多岁的时候却被迫再次改嫁。不是儿子们不愿意赡养她，也不是做母亲的自己不愿与儿子们住在一起。实在是朝廷的"繇役"（也就是差役）降落头顶，家财全部耗光也承担不起，只有分家变成小户才能免遭此难。要想合法分家，只有将守寡多年的老母亲改嫁出去。孙子们拉拉扯扯喊叫不止，都舍不得老祖母，但又有什么办法呢？儿子们只能像被盗贼用刀子逼着那般，赶紧用车子将老母亲送走。

类似由差役制度引发的惨剧，直到南宋仍在发生。且因南宋既向百姓征收免役钱，又恢复了差役法，情况变得更加严重。南宋人林季仲耳

---

① （北宋）李觏：《直讲李先生文集》卷三十五，《哀老妇》。

闻目睹了太多此类悲剧，留有这样一段痛彻心扉的文字：

> 思所以脱此（指差役）而不得时，则有老母在堂抑令出嫁者，兄弟服阕不敢同居者，指己生之子为他人之子者，寄本户之产为他户之产者，或尽室逃移，或全户典卖，或强迫子弟出为僧道，或毁伤肢体规为废疾。习俗至此，何止可为恸哭而已哉！[①]

让老母亲改嫁，不敢与亲兄弟同住，将自己生的孩子说成别人的孩子，将自己的家产寄托到别人名下，乃至于典买产业全家出逃，强迫子弟出家为僧为道，自残身体成为残疾人，如此种种，皆是为了躲避南宋朝廷的差役摊派。

百姓不敢成为富人

差役法引发宋代民间普遍贫困的第二项具体表现，是百姓不愿努力奋斗，不愿成为富人。

司马光在治平四年（1067）九月向宋神宗[②]呈递过一篇《论衙前札子》，集中谈的就是这个问题。在札子的开篇，司马光提到，自己之所以上奏，是响应宋神宗让大家提建议出主意的诏书。而皇帝之所以下诏书让官员和百姓一起给朝廷提建议出主意，是因为差役制度民间经济已经弄出了大问题。这个大问题简言之就是：

---

① （清）陆心源撰，吴伯雄点校：《宋史翼》卷十，《林季仲传》，浙江古籍出版社2016年版，第206页。

② 治平是宋英宗的年号，但英宗其实已在治平四年初去世。司马光在该年九月上奏的对象是新登基的宋神宗，只是年号未改，仍是治平四年。

> 州郡差役之烦，使民无敢力田积谷，求致厚产，至有遗亲
> 背义，自求安全。[1]

地方州郡向百姓摊派的差役太沉重了，以致百姓已经不敢再努力耕种积攒粮食，不敢让家庭资产上升成为富户。这沉重的差役甚至还迫使百姓抛弃亲人背离孝义搞分家，只为降低家庭财富等级来规避差役自我保全。

百姓不肯努力创造财富，朝廷可汲取的财富总量就会变少。这是不利于统治稳定的事情，所以宋神宗下诏让群臣和民间有识之士畅所欲言，想要寻一个解决之道。司马光在札子里说，陛下让众人发表意见，这是"尧舜之用心"，是天下百姓的福气。然后，他描述了差役制度的历史变迁与现实状况：

> 臣窃见顷岁国家以民间苦里正之役，废罢里正，置乡户衙前。又以诸乡贫富不同，东乡上户家业千贯，亦为里正；西乡上户家业百贯，亦为里正。应副重难，劳逸不均，乃令立定衙前人数，每遇有阙，于一县诸乡中，选物力最高者一户补充。行之到今，已逾十年，民间贫困，愈甚于旧。议者以为一州一县，利害各殊，今一概立法，未能尽善。又里正止管催税，人所愿为；衙前主管官物，乃有破坏家产者。然则民之所苦，在于衙前，不在里正。今废里正而存衙前，是废其所乐，而存其所苦也。又向者每乡止有里正一人，借使有上等十户，一户

---

[1] 这段话是司马光的总结。宋神宗诏书中的相应原文是："深惟其故，殆州郡差役之法甚烦，使吾民无敢力田积谷，求致厚产，以避其扰。至有遗亲背义，自谋安全者多矣。不幸逢其异政，骨肉或不相保，愁怨亡聊之声，岂不悖人理、动天道欤！……其令中外臣庶，限诏下一月，并许条陈差役利害，寔封以闻，无有所隐。"见（清）徐松：《宋会要辑稿·食货六六》。

应役，则九户休息，可以晏然无事，专意营生。其所以劳逸不均，盖由衙前一概差遣，不以家业所直为准。若使直千贯者应副十分重难，直百贯者应副一分重难，则自然均平。今乃将一县诸乡，混同为一，选物力最高者差充衙前，如此则有物力人户常充重役，自非家计沦落，则永无休息之期矣。有司但知选差富户，为抑强扶弱，宽假贫民。殊不知富者既尽，赋役不归于贫者，将安适矣。借使今日家产直十万者充衙前，数年之降十万者尽，则九万必当之矣。九万者尽，则八万者必当之矣。自非磨减消耗至于困穷而为盗贼，无所止矣。故置乡户衙前以来，民益困乏，不敢营生，富者返不如贫，贫者不敢求富，日削月腹，有减无增。以此为富民之术，不亦疏乎？[①]

在这段文字里，司马光将问题追溯到了宋仁宗时代那场变"里正衙前"为"乡户衙前"的改革。

"里正衙前"，顾名思义，是让"里正"这个群体来负责衙前这项差役。"乡户衙前"，顾名思义，是让"乡户"这个群体来负责衙前这项差役。从"里正"到"乡户"，最核心的变化是富户的筛选方式不同。

里正衙前时代，由本乡的一等户轮流充当里正，二等户轮流充当户长，让他们免费替官府承担管理仓储、运输物资、征收赋税等职务。仓库的物资有了损毁，运输途中有了消耗，赋税没有能够征足，都得由这些里正和户长拿自己的财产来赔偿。这样做有一个问题：假如某县有甲乙两个乡，甲乡比较富有，符合当地官府制定的一等户资产标准者有15户，他们的总资产是300万钱，平均下来每户资产20万钱；乙乡比较穷，

---

① （北宋）司马光著，王根林点校：《司马光奏议》，山西人民出版社1986年版，第251—252页。

符合一等户资产标准者只有5户，他们的总资产只有50万钱，平均下来每户资产仅10万钱。按里正衙役的摊派模式，甲乡15户人家轮流，每户承担一年，要15年才轮完一次；乙乡5户人家轮流，每户承担一年，5年就要轮完一次。结果就是富裕之乡的一等户负担更轻，倾家荡产的速度更慢；贫穷之乡的一等户负担更重，倾家荡产的速度更快。①可想而知，在这种畸形制度下，乙乡的富户要想好好活下去，要么转移资产拖家带口迁往甲乡，要么自甘贫困想方设法减少自己的资产。

宋仁宗也明白这种制度难以长期维持，所以在至和年间（1054—1055）废除了里正衙前，改行乡户衙前——具体做法是不改变承担衙前差役的总人数，但要打破乡的限制，以县为单位，按资产的多少将资产过线须承担衙前差役的富户分为五则，也就是再细分出五个等级，衙前差役的具体内容也按负担的轻重分为五个等级。如果第一等重的差役有十项，要十户人家承担，那就从富户里按资产多少选出一百个上等户，让他们依次轮流；如果第二等重的差役有五项，要五户人家承担，那就从剩余的富户里选出五十个二等户，让他们依次轮流。②

司马光在札子里对宋神宗说，乡户衙前这种制度听起来不错，实际效果却是十多年搞下来，百姓越来越穷了，比搞里正衙前那时候更糟糕。为什么会这样？因为真正让百姓害怕的不是做"里正"，而是做

---

① 这个例子其实是并州知州韩琦上奏说给宋仁宗听的。韩琦的原话是："假有一县甲乙二乡，甲乡第一等户十五户，计赀为钱三百万，乙乡第一等户五户，计赀为钱五十万；番休递役，即甲乡十五年一周，乙乡五年一周。富者休息有余，贫者败亡相继，岂朝廷为民父母意乎？"见（元）脱脱等：《宋史》志第一百三十《食货上五》。

② 这个制度名为"乡户五则法"，由韩绛、蔡襄等人商议拟定。原文："凡差乡户衙前，视赀产多寡置籍，分为五则，又第其役轻重放此。假有第一等重役十，当役十人，列第一等户百；第二等重役五，当役五人，列第二等户五十，以备十番役使。"（元）脱脱等：《宋史》志第一百三十《食货上五》。

"衙前"。里正的主要职责是协助官府催收赋税，这个工作人们愿意做；但衙前的主要职责是管理官府的各类物资，会让富户们家破人亡，所以大家都害怕。朝廷变里正衙前为乡户衙前，是把里正取消，把衙前留下；是把百姓不害怕的东西取消，把百姓害怕的东西留下，并没有真正解决问题。以前，每个乡只有一名里正，如果这个乡有十户人家属于上等户，每户轮流做一年里正，是做一年休息九年，这九年时间可以缓冲一下承担里正衙前造成的伤害。如今的做法，是把县里各乡所有富户混到一起，专门挑选其中资产最高者来承担衙前差役，谁资产越多，谁就专门负责轮流承担最重的差役。长此以往，资产越多的富户破产得越快。第一等富户没了——包括被动破产、主动减少财富与迁徙他乡[1]，最沉重的差役就会轮到第二等富户；第二等富户没了，就会轮到第三等富户。最终，肯定还是要落到穷人头上。今天官府将家产超过十万钱者弄来承担衙前差役，数年之后这批人的资产锐减，就该轮到家产超过九万钱者了。推行乡户衙前之后，整个社会陷入"民益困乏，不敢营生，富者返不如贫，贫者不敢求富"的困境，其核心原因便在这里。

接下来，司马光向皇帝讲述了自己的一段亲身见闻：

> 臣尝行于村落，见农民生具之微，而问其故，皆言不敢为也。今欲多种一桑，多置一牛，蓄二年之粮，藏十匹之帛，邻里已目为富室，指抶以为衙前矣。况敢益田畴、葺庐舍乎？[2]

---

[1] 北宋景祐四年（1037）十一月，宋仁宗下诏给河北转运司说："如闻城邑上户，近岁多徙居河南或京师，以避徭役，恐边郡寖虚，宜令本路禁止之。"（《续资治通鉴长编》卷一百二十）可见当时有很多地方上的富户为了规避差役，选择从偏僻之地前往富户更多的河南乃至京城。这些富户在地方会被归入第一等户、第二等户，但到了京城很可能连前四等户都进不去。

[2]（北宋）司马光著，王根林点校：《司马光奏议》，山西人民出版社1986年版，第252页。

司马光说，自己曾行走于乡间村落之中，见到百姓赖以经营谋生的东西都很少，就问他们缘故。百姓都说是不敢努力经营。在现在这种制度下，多种一棵桑树，多置办一头耕牛，多储蓄两年的粮食，多收藏十匹布帛，就会被邻里视为富户，从而被选中去承担衙前差役。这些都不敢做，更不要说增加田产、修筑房舍了。这些见闻让司马光非常忧伤，让他对着宋神宗发出了"安有圣帝在上，四方无事，而立法使民不敢为久生之计乎？"的质问。

在司马光的时代，这是没有答案的天问。

其实，司马光的这些观察，在当时的有识之士中乃是常识。比如，宋仁宗景祐初年，吕公绰做郑州知州，当地父老向他诉苦说："官籍民产，第赋役重轻，至不敢多蓄牛，田畴久芜秽。"[①]意思是官府依据百姓的资产等级来摊派赋役，资产越多赋役就越重，于是郑州百姓大多不敢再养牛，耕牛不足又导致了当地的农田荒芜。

再如，宋仁宗去世之年，苏轼写信给韩琦，说自己在陕西凤翔做官，"见民之所最畏者，莫若衙前之役"，百姓最怕被摊派承担衙前差役。而且凤翔官府在核定百姓家产时，是要连锅碗瓢盆都换算成钱计算在内的。差役是从最富有的百姓开始摊派，但最富有的百姓因差役破产后，就只能再摊派给次一等级的富户，"最下至于家赀及二百千者，于法皆可科"——这样一级级往下推，最后闹到家产仅仅二百贯（一千文等于一贯）者，也要去承担差役了。苏轼无奈地对韩琦感慨道：

> 自近岁以来，凡所科者，鲜有能大过二百千者也。夫为王民，自瓮盎釜甑以上计之而不能满二百千，则何以为民？今

---

① （元）脱脱等：《宋史》列传第七十，"吕夷简"条。

也，及二百千则不免焉，民之穷困，亦可知矣。[①]

活在大宋朝，自锅碗瓢盆算起，家产不足两百贯，其实已经很苦了。如今，这些家产不足两百贯的人户，竟然还要承担差役，其境况就更惨了。

家产只有两百贯，在当时确实是很穷的状态。按宋人自己的理解，北宋百姓要想过上中等人户的生活，家产得有约一千贯；南宋百姓要想过上中等人户的生活，家产得有三千到一万贯之间（不是说南宋人更富有，而是南宋物价高昂通胀严重）[②]。差役制度原则上以富户为负担对象，这些富户的家产，原则上应该超过中等人家。可凤翔的现实，却是家产不足两百贯的底层百姓也要被拉出来承担差役。可见当地已经陷入普遍贫困的状态，而差役正是导致普遍贫困的罪魁祸首之一。

略晚于司马光，另一位官员郑獬也上奏宋神宗，讲述了自己的家乡安州如何被衙前之役折腾成了普遍贫穷的状态。

郑獬说，据他所见，安州最大的政治弊病就是衙前差役，凡承担了这类差役的人家都会陷入贫苦。官府每次摊派衙前，州县就会派人去乡间，挨家挨户核定百姓的家产，"应是在家之物，以致鸡犬、箕帚、匕箸已来，一钱之直，苟可以充二百贯，即定差作衙前"——不要说田地和房子，只要是百姓家里有的东西，一只鸡、一条狗、一把扫帚、一根勺子、一双筷子，都要折算成钱。目的是竭尽全力给百姓凑足两百贯家产，然后就可以将衙前差役摊派到他们头上。这些百姓离开乡间到衙门后，会被胥吏们欺压，往往要花费上百贯钱后才能见到地方官。他们领了差事后，比如负责纲运——也就是将物资运送至京城或者其他州，

---

① 《上韩魏公论场务书》，收入于（北宋）苏轼著、邓立勋编校：《苏东坡全集》下册，黄山书社1997年版，第191页。

② 程民生：《宋代物价研究》，人民出版社2008年版，第572—573页。

仅路费加上途中的关津之费，就要花掉三五百贯。最可怕的是被指派去负责酒务的经营管理（宋代实行酒类官营），主管一次就要耗费一千余贯。此外，地方上摊派衙前差役时还经常搞叠加。比如，家中已有一名男丁被摊派去主管场务（经营场所）了，官府往往又会把押送纲运（运输物资）的任务摊派过来。百姓没办法，只好让家人来替自己管理场务，自己去押送纲运。如果所在州府再有临时性的差遣，又得让其他家人来应付。这等于是一个人被摊派做衙前，需要三个人才能满足官府的需要。这样的话，自家农事就完全没人经营了，家庭经济状况会急转直下。更要命的是，担任衙前差役给朝廷做这些事情全无报酬，所有成本都得自己出。出了问题，比如不会经营场务而让官府赔了钱，又得从自己的家产中拿钱来赔偿。最终就会造就这样一种惨况：

> 以至全家破坏，弃卖田业，父子离散，见今有在本处乞丐者不少。纵有能保全得些小家活，役满后不及年岁，或止是一两月，便却差充，不至乞丐则差役不止。盖本州土人贫薄，以条贯满二百贯者差役，则为生计者尽不敢满二百贯，虽岁丰谷多亦不敢收蓄，随而破败，唯恐其生计之充，以避差役。以此民愈贫，差役愈不给，虽不满二百贯亦差做衙前。[1]

这是郑獬耳闻目睹的家乡情境。因为官府一度以家产达到两百贯为摊派衙前差役的标准，安州百姓为了逃避破户亡家的命运，纷纷自觉管控家产，即便年成好丰收了也绝不藏粮，而是随手将之败光，绝不让自己的家产超过两百贯。百姓不敢求富，官府的应对，自然是不断下调摊派衙前差役的标准线。如此这般你来我往，安州百姓也就越来越穷，很多人沦为乞丐。也只有成为毫无家产的乞丐，才能真正彻底摆脱衙前差役。

---

[1] （北宋）郑獬：《郧溪集》卷一二，《论安州差役状》。

苏轼说凤翔官府在统计百姓资产时连"瓮盎釜甑"都要算进去，郑獬说安州官府在统计百姓资产时连"鸡犬、箕帚、匕箸"也要算进去，其实也是当时的一种常态。

也许，北宋政府制定推行差役法的初衷，除了将部分统治成本和治理责任转嫁给民众之外，确实存有"均贫富"的用心——按照某些朴素的观点，想当然地认为，让最富裕的头四等民户承担差役，等于在掐尖；不够富裕的后五等民户不必承担差役，等于在给他们提升家境的机会。长此以往，富人的财富变少，穷人的财富变多，那么大家就都"富裕"了。遗憾的是，社会与经济自有其规律，不会按照这类朴素的观点发展，所以北宋君臣最终收获的只有"共同贫穷"。早在宋仁宗时代，就已是"北俗以桑麻为产籍，民惧赋不敢艺，日益贫"[1]，"河东户役，惟课桑以定物力之差，故农人不敢植桑，而蚕益薄"[2]，北方百姓为了减少家产免遭暴政的戕害，连常规的桑麻都不肯种，普遍宁愿做穷人。到了宋神宗时代，这种状况不但没有改观，反而更加严重。史载，当"中书议劝民栽桑"时，宋神宗一针见血指出了民众普遍不肯种植桑树的根源：

> 农桑，衣食之本。民不敢自力者，正以州县约以为赀，升其户等耳。[3]

种了桑树，州县便会将桑树折成钱，算进百姓的家庭资产当中。家庭资产提升了，百姓便会被摊派各种会导致破户亡家的差役。所以，百姓两害相权取其轻，干脆就不种桑了。朝廷追求"富裕"，百姓却宁愿

---

[1] （元）脱脱等：《宋史》列传第七十九《彭思永》。

[2] （南宋）李焘：《续资治通鉴长编》卷一百八十。

[3] （元）脱脱等：《宋史》志第一百二十六《食货上一》。

"贫穷"，宋神宗很清楚这当中的逻辑。

清楚了这当中的逻辑，宋神宗又不愿看到可供朝廷汲取的"蛋糕"变得越来越小，自然就要改革，于是就有了王安石变法中的"废除差役法，改行免役法"。然而，免役法改革并不成功，增加了朝廷的财富，却并未减轻民众的负担。这也是免役法一度被司马光废除的重要原因。及至南宋，免役法与差役法并行，百姓遭遇双重汲取，情况也就更糟。于是，百姓很自然地又一次陷入"以无产为幸"①"民不肯受役，至破家而不顾"②的困境。相比努力劳作提升家庭资产，然后被朝廷拉去承担差役，落一个破户亡家的结局，那些无计避秦的南宋民众宁愿做穷人，宁愿生活在贫困之中。

去东京，逃离二三线地区

想办法成为小户人家，想办法远离勤劳致富，是两宋百姓应对差役法这一制度性暴政的主要手段。除此之外，还有三种做法：一，自二三线地区移居一线地区；二，抛弃自耕农身份寻找官户庇荫；三，出家为僧。这三种做法不算太主流，是因为并非所有人都有能力实施。拖家带口迁徙需要成本，古人安土重迁，一个重要原因就是多数人支付不起迁徙成本。官户的庇荫不是想得到就能得到。做和尚所需的度牒价格也不便宜。

先说自二三线地区移居一线地区。

景祐二年（1035）正月，宋仁宗下诏给京东、京西、陕西、河北、河东、淮南六路转运使，要他们"检察州县，毋得举户鬻产徙京师以避

①（南宋）刘克庄：《德兴义田序》，收入于曾枣庄、刘琳主编，四川大学古籍整理研究所编：《全宋文》第329册，上海辞书出版社2006年版，第126页。

②（南宋）陈亮：《信州永丰县社坛记》，收入于曾枣庄、刘琳主编，四川大学古籍整理研究所编：《全宋文》第280册，上海辞书出版社2006年版，第60页。

徭役"①，也就是下令全面清查下属州县，全力打击卖掉田地与家产举家迁往京城的现象，不能让这些百姓逃避徭役的图谋得逞。

京城也在赵宋政权的管控之下，并非法外之地，为什么百姓自地方州县迁往京城之后能够逃避徭役？理由其实很简单：差役制度按户等摊派给乡户，确定户等的标准的家庭资产。所以，进开封城做城市居民可以逃避差役；迁居到开封府下属县乡也可以逃避差役——开封府是富户群聚之地，迁徙者在地方州县很可能会被确定为第一等户、第二等户，迁居至开封府后却很可能连前四等户都排不进去。排不进去，自然也就规避了那些可以让人破产亡家的差役。正因为朝廷关心的是户等与徭役，所以宋仁宗的诏书里同时又说："其分遣族人徙他处者，仍留旧籍等第，即贫下户听之"，那些依旧在原籍按原定户等承担差役的家庭，可以允许他们将部分家庭成员迁徙到京城来；那些承担差役很少或根本不必承担差役的"贫下户"，也可以放任他们迁入京城。

地方百姓"举户鬻产徙京师"能够引起宋仁宗的关注，说明这种现象在当时已较普遍。景祐四年（1037）十一月，宋仁宗又下诏给河北转运司说："如闻城邑上户，近岁多徙居河南或京师以避徭役，恐边郡寝虚，宜令本路禁止之。"②可见，此时仍有很多地方上的富户为了规避差役，选择从偏僻的河北二三线地区（城市）迁往富户更多的河南一线地区，甚至直接迁入京城。在制度性暴政的戕害下，富户们普遍"宁为凤尾，不做鸡头"，不愿在二三线地区作一等户、二等户，宁愿去到京城作普通百姓。

同年七月，宋仁宗还下诏给河南府，要他们将配置在皇陵里的"柏子户"（负责守护皇陵，因皇陵普遍种植松柏而得名）做一次集中清理。其中，永安陵（宋太祖赵匡胤父亲赵弘殷之墓）、永昌陵（宋太

① （南宋）李焘：《续资治通鉴长编》卷一百十六。

② （南宋）李焘：《续资治通鉴长编》卷一百二十。

祖之墓）与永熙陵（宋太宗之墓）只许留下四十户，永定陵（宋真宗之墓）只许留下五十户，多余的都要裁减。裁减的办法是谁的资产越多就裁减谁，原因是有人向宋仁宗报告，说"柏子户多富民，窜名籍中，以规避徭役"。为了规避差役，富户宁愿变成守墓的柏子户（有没有真去守墓是另一回事）。[1]

富户们纷纷逃离二三线地区，在景祐年间成为一种被皇帝关注到的社会现象，当然不是偶然的。景祐时代，衙前差役正在推行，虽未全面铺开，但第一批被摊派的富户已尝到了破产亡家的滋味。沉痛的现实教训，让富户们不得不思考应对之策。而北宋政府也很敏锐地捕捉到了富户们的这种做法。宋仁宗的诏书，多少也会起到一些阻遏效果。毕竟，对无远弗届的皇权而言，要认定一个人是在"恶意卖家产迁居京师"，并没有多少难度。

但是，只要差役这种制度性暴政不变，贫困地区的富户就一定会想方设法往富裕的地区迁徙，富裕地区的富户也会想方设法往更富裕的地区迁徙。在经历了宋仁宗的两次打击后，这种迁徙可能不会再呈现为大规模的洪流，但它不会消失，会如同涓涓细流般长期存在。这种迁徙也会自最贫困的地方州县到最富裕的京师，一环紧扣一环。它不只是人口的流动，也是财富的流动、安全感的流动。东京开封的"繁华"，与这种两害相权取其轻的流动，明显是有关系的。

田主不做，要做佃户

再说放弃自耕农身份寻找官户庇荫。这是很传统的自救之道。自秦汉而下，百姓经常选择连人带田产荫庇到官户豪族门下，成为他们的佃户。百姓宁愿忍受更沉重的田租，也要逃离朝廷的苛捐杂税和劳役，逃离编户齐民的身份。

---

[1]（南宋）李焘：《续资治通鉴长编》卷一百二十。

北宋初年税赋沉重，这类现象已很常见。宋太宗端拱年间（988—989），京师周边百姓便常常放弃自耕农的身份去做佃户。史载：

> 畿甸民苦税重，兄弟既壮乃析居，其田亩聚税于一家，即弃去；县岁按所弃地除其租，已而匿他舍，冒名佃作。①

意思是，京师周边百姓苦于朝廷的沉重汲取，兄弟成年之后便会分家，便会有人抛弃田产逃走。县级衙门每年会统计被抛弃的田地，然后减去相应的田租。实际上那些逃走者并不是真的离开了本乡本土，他们会藏匿在别人家里，假冒他人的名字来租佃这些被抛弃的土地。

好好的田主不做，反抛弃田地所有权假逃，再冒名回来做佃户这样奇闻异事的主因，是田主要承担更沉重的税赋，反不如佃户过得轻松。当时的制度规定，官府为逃户保留田地所有权一定时限后，如果逃户仍没有返回家乡，这些田地就将由官府转租给同乡百姓。为吸引人来租种，以避免田地荒芜，朝廷会在税赋方面为租佃者提供优待政策。意即，相比拥有田地所有权做田主，反不如抛弃田地再冒名回来租种田地。所有权能提供安全感，但京师周边的百姓过得太苦，他们不要所有权，不要安全感，只求减轻被汲取的力度。②

北宋朝廷也很清楚百姓这些两害相权取其轻的小手段。

淳化五年（994）正月，郑州知州何昌龄上奏宋太宗，提出了一项打击建议。他说："诸州逃民，非实流亡，皆规免租税，与邻里相囊囊为奸尔，愿一切检责之。"宋太宗让何昌龄负责在郑州、怀州、磁州、相

---

① （元）脱脱等：《宋史》志第一百二十六《食货上一》。

② 关于宋代的"逃户"问题，可参见陈明光《宋朝逃田产权制度的变迁与地方政府管理职能的演变》一文，收入于《寸薪集》，厦门大学出版社2017年版，第422—438页。

州等地部署实施这件事情。何昌龄的办法是"凡民十家为保，一室逃，即均其税于九家；二室、三室逃，亦均其税。乡里不得诉，州县不得蠲其租"。何昌龄的这套办法，实际上是想要通过集体惩罚来离间百姓，让百姓自己将逃户交出来。可他得到的结果却是"民被其害，皆逃去，无敢言者"，同保的百姓干脆集体做了逃户。[1]

何昌龄的办法破产了，他本人也被调离了知州一职。次年，也就是至道元年（995），开封府上奏宋太宗说，京畿之地十四县，到该年二月份之前，"民逃者一万二百八十五户"，实际上许多人是"坐家申逃"，藏在本乡本土却向官府报告说已经逃亡，目的只为冒名租种田地成为负担更轻的佃户。宋太宗命人分赴各县坐镇，限期一个月将这些百姓挖出来。如果是自己主动站出来坦白，那就"不复收所隐之税"，不再追索以前逃避的税赋。反之，若是被官府搜出，就得一笔一笔全补上。百姓害怕，于是"归业者甚众"。[2]

待到差役制度在宋真宗、宋仁宗时代渐渐完善定型，成为宋代百姓最闻风丧胆的负担之后，逃离编户齐民的风气又有了新变化。这个新变化，就是百姓会连人带田投奔官户，成为他们的荫庇人口；或者干脆放弃民户的身份，成为僧道。差役会让富户破产亡家，而官户与僧道，恰好不需要承担差役——宋代的官户，指的是"品官及有荫子孙"，即官员本人所在家庭，及按制度可享受荫庇特权的后代子孙。

百姓"用脚投票"遁入官户之中，在宋真宗时代就已经很严重了。天禧四年（1020）正月，宋真宗下诏说：

> 诸民伪里田产要契，托衣冠形势户庇役者，限百日自首，

---

① （清）徐松：《宋会要辑稿·食货六一》。

② （元）马端临：《文献通考》卷四《田赋考四》。

改户输税。限满不首，许人陈告，命官除名，余人决配。[①]

意思是：有很多百姓伪造田产买卖合同，给官户一定好处后，将自己的田产托庇在"衣冠形势户"[②]名下，然后摇身一变成为租种官户田产的佃户（实际上仍然是在耕种自己的土地），以此来逃避朝廷的差役摊派。宋真宗限令他们在一百天之内自首。超过期限后，朝廷将鼓励举报，举报者有赏。被举报的官户会被除名，再无免除差役的特权；其他人会被决杖配役。

宋真宗的这套办法效果不大。

乾兴元年（1022）十二月，有人上奏宋仁宗[③]说，差役制度已经将百姓逼到了"破尽家业，方得休闲"的地步，百姓的应对之策是："人户惧见稍有田产，典卖与形势之家，以避徭役；因为浮浪，或纵惰游"。宋仁宗让三司官员讨论此事。三司回复说，现下的情况确实如此，乡村中那些有庄田有资产的百姓，为了规避差役，往往将田产隐藏庇护在形势户名下，他们种着自己的田地，却对官府说是佃户。三司还说：之前已有敕令，要这些人在一个月内自首，如果逾期还不自首，政府将鼓励举报，举报者有赏，被举报者严惩。之前还有敕令，要那些用假买卖合同将田产庇护在"形势豪强户"名下、图谋规避差役的百姓，

---

① （南宋）李焘：《续资治通鉴长编》卷九十五。

② 衣冠户与形势户这两个名词皆始于唐与五代。衣冠户比较好理解，即官户。形势户的涵义要模糊一些，按张泽咸先生的考据，形势户指的是在官府做事的"吏人"。他认为，宋代百姓之所以要将田产庇护到形势户名下，是因为这些形势户"在政府当差，一般地主虚报逃移，冒充了形势户的客户（即佃户）或者伪称与形势户同籍异财。于是，他们便可以不去官府另外当差了"。见张泽咸：《唐代的衣冠户和形势户》，《中华文史论丛》1980年第3辑。另可参见廖寅：《何以称"形势"：宋代形势户溯源辨正》，《深圳大学学报（人文社会科学版）》2021年第6期。

③ 乾兴是宋真宗的年号。乾兴元年十二月时，宋真宗已去世，宋仁宗已即位但尚未改元。

在一个月内向官府自首，回归编户齐民，如果逾期不自首被人告发，官户要被除名，相关的公人和百姓要被责打脊杖和发配。这些敕令的效果都不太好。所以现在计划推行新政策，朝廷命官置办的庄田最多只能有三十顷，"衙前将吏"这些可以免除差役者最多只能置办十五顷，且买田不可以跨州。①

宋仁宗批准了新政策。大概是后来的事实证明，新政策确实比其他办法更有效，于是，将官户的免差役资格与田产数量挂钩，就成了一项常规政策。宋仁宗嘉祐六年（1061）规定，做了官之后，购买的田产价值超过五千万以上者，要"复役如初"②，会丧失免差役的资格。宋徽宗时期也规定，官府的乡村田产"免差科"有上限，一品官一百顷，二品官九十顷，依次减少，到第八品只有二十顷，第九品只有十顷；田地超过这个上限的部分，须与普通百姓一样承担差役③。

朝廷的反制政策有效，对普通百姓而言自然不是好事。其实，即便朝廷的反制政策无效，因官户数量相比民户终究有限，还是会有大量普通百姓成为官府差役的摊派对象，要去面对破产亡家的命运。所以，宋代史料中才会留下许多普通百姓想尽办法分家，想尽办法减少资产，想尽办法远离致富，甚至忍痛让老祖母老母亲改嫁、忍痛让老祖父老父亲自杀的记载。毕竟，不是所有的地方都是开封，有着不计其数的官户人家可供百姓藏匿，可供他们两害相权取其轻。宋神宗时，据谏议大夫鲜于侁披露，"开封府多官户，祥符县至阖乡止有一户应差"④，开封府下属祥符县的某乡，因官户资源充足，百姓全"用脚投票"跑掉了，该乡只剩下一户百姓可以摊派差役。

---

① （元）马端临：《文献通考》卷十二《职役考一》。

② （南宋）李焘：《续资治通鉴长编》卷一百九十三。

③ （清）徐松：《宋会要辑稿·食货六》。

④ （元）脱脱等：《宋史》志第一百三十一《食货上六》。

大家一起去做和尚

再说出家做僧人。宋太宗时，浙江、福建等东南地区的百姓为逃避差役和徭役，已出现了"连村跨邑去为僧"的社会现象。在宋太宗时期，泉州地方官府曾上报说，当地"未剃僧尼系籍者四千余人，其已剃者数万人，尤可惊骇"①。宋仁宗统治前期，百姓群体出家的现象也很严重。史载，"民避役者，或窜名浮图籍，号为出家，赵州至千余人，诏出家者须落发为僧，乃听免役"②，仅赵州一地就有上千人为了逃避差役而出家。为了打击这股风气，宋仁宗下诏要求出家者必须真的削发为僧，走完程序获得官府正式颁发的度牒后，才能免掉他们的差役。

以出家为僧来规避差役，其实是一条很窄的路。为控制编户齐民的数量，宋朝政府制定了抑制百姓出家的政策。在至和元年（1054）以前，政策只允许地方各路"三百人度一人"，后来人口有了较大增长，宋仁宗才特许变更为"百人度一人"，一百个男性里头允许一人出家为僧。在这种民僧人数比的控制下，宋仁宗时期登记在册的僧人仍多达三十余万，相当于各地的出家名额都用光了。③

按正常程序，一个人在宋朝要想成为僧人，须经过"试经"，也就是前往所在州府参加诵念佛教经文的考试。可是，到了宋仁宗嘉祐年间，朝廷却开始公开对外卖起了度牒。这大概是因为皇帝也意识到了，既然僧人这个身份上挂靠着免差役免税赋这样的好处，那就不妨将度牒当成一件商品卖给百姓。那些想要获得免差役资格的富户，自会积极购买。如此，通过度牒的数量和价格，朝廷既可以控制天下僧人的数量，也可以额外获得一笔财政收入。

---

① （北宋）江少虞：《宋朝事实类苑》卷二，"祖宗圣训"。转引自［日］牧田谛亮著，索文林译：《中国近世佛教史研究》，中国书店2010年版，第134页。

② （元）脱脱等：《宋史》志第一百三十《食货上五》。

③ （元）脱脱等：《宋史》列传第五十八《张洞》。

到宋神宗时代，出售度牒已成为一项制度化的常规政策。为提高交易价格，这些度牒的姓名栏全部空白。这意味着不管是谁，只要买到了度牒，就可以在上面填上自己的姓名，然后获得免除差役的资格。宋神宗熙宁年间，朝廷每年约出售9000道度牒，每道售价130贯，每年可为政府提供约120万贯收入①。此时的度牒大体上还很受欢迎，即便王安石变法废除差役制度改行免役法，僧人也只是按半数缴纳免役钱，买度牒仍然有收益。正如赵翼所言：

> （百姓）一得度牒即可免丁钱、庇家产，因而影射包揽，可知此民所以趋之若鹜也。②

可是，到了宋徽宗时期，情况就开始不同了。宋徽宗奢侈无度，又好大喜功，在汲取民力一事上穷凶极恶。其中大观三年（1109）出售的度牒数量多达3万道，价格也提升至每道220贯。为了将这么多的度牒卖出去，甚至按行政区划搞起了强行配卖，不管有没有需求，都必须卖掉摊派下来的度牒。到宣和七年（1125），天下僧道总人数已超过百万之众。进入南宋后，情况变得更加糟糕。宋高宗为筹措军费，也搞起了度牒的强行配卖，且出售数量完全没有节制。时人批评说，因强行配卖度牒，整个国家已是"下户贫民，俱已困乏"③，且陷入了一种"无路不逢僧"④的状态。

百姓幻想着遁入空门以减轻苛政的伤害，皇帝们却反将度牒弄成了

---

① 可参见《漆侠全集》第三卷，河北大学出版社2009年版，第272—273页。

② （清）赵翼：《廿二史札记》卷十九，"度牒"条。

③ （南宋）李心传撰，辛更儒点校：《建炎以来系年要录》第三册，上海古籍出版社2018年版，第900页。

④ （南宋）赵彦卫：《云麓漫钞》卷四。

新型敛财工具。百姓辗转腾挪，终是避秦无计。所谓"道高一尺，魔高一丈"，大概便是指此而言。

民间自救举步维艰

差役猛如虎。南宋高宗绍兴十二年（1142），终于有浙东金华县长仙乡的十一户乡民决定联合起来自救，以避免被差役制度逼至破户亡家的地步。其具体办法是：

> 自以甲乙第其产，以次就役。[①]

这十一户百姓按各自家产的多少给自己排序，然后再按家产排序，自行轮流去给官府服差役。这当中的关键，是乡民们切断了官吏索贿敲诈的路径。宋朝的差役摊派以户等为依据，户等按资产等级划分。按旧做法，户等由官府派人来评定。谁是要服差役的上等户，谁是不需要服差役的下等户，谁是将被优先摊派最沉重差役的一等户，谁是只需承担相对较轻差役的二等户、三等户，名义上取决于民户的资产，但实际上却取决于官吏的意志。行贿到位的上等户可以被操作变成下等户，行贿不到位的下等户也有可能变成上等户。行贿到位的一等户可以变成二等户、三等户，行贿不到位的二等户、三等户也可以变成一等户。不难想见，这种竞相行贿必会造成深度内卷，起初是部分人行贿，然后是所有人行贿，再然后是所有人比拼谁行贿更卖力。这场内卷的极致是诉讼。资产少而户等高、须承担沉重差役的民户，会去衙门喊冤，会去举报资产多而户等低的邻居乃至亲友。正如南宋官员陈傅良所言：

---

① （南宋）朱熹：《吴芾神道碑》，《朱子全书》第二十四册，上海古籍出版社2002年版，第4111页。

> 今天下……民不能堪，虽叔伯兄弟，相讼以避役久矣。叔
> 伯兄弟相讼以避役，非其愿相仇也，势使然也。虽势使然，而
> 非其愿相仇之心不泯，于是义役兴焉。[1]

陈傅良这段话点明了一个简单却总被忽略的常识：时代的道德滑坡往往源于政治滑坡。南宋百姓被逼至叔伯兄弟也要互相诉讼对簿公堂的地步，不是这些人的素质不行，而是南宋政府推行的差役制度对民众的汲取实在太狠——南宋向民众收免役钱，却又恢复差役法，民众出了免役钱却不能免役，等于遭遇了双重汲取[2]。民众为了躲避这可怕的差役，只好行贿官吏以降低户等。有人偷偷摸摸降了户等，自然就有人被顶上去成为受害者。受害者要喊冤要举报，于是就有了兄弟互相告发、叔侄互相诉讼，整个社会的人伦被践踏。从行贿到诉讼，苛政将民间变成了互害社会，官吏们的口袋越来越鼓，乡户们的资产越来越少，而该服的差役却丝毫未减。好在，兄弟叔侄相亲、邻居友人互助终究是人类的天性，当乡户们发现继续内斗只会养肥贪官污吏，无助于减轻自身负担时，"义役"这种自救手段也就应运而生了。

"义役"出现后，迅速在江浙地区传播开来，金坛、瑞安、黟县、饶州、婺州、处州等地皆可见到由富民主导的类似自救组织。义役的操作方式也渐趋丰富与合理，其中以绍兴十九年（1149）金华县西山乡的办法最具代表性。该乡有一位叫汪灌的富户，目睹本乡之人非父兄则子弟，本都是亲族，却"顾哄于役，坠恩驰义"，竟因差役问题而行贿、诉讼乃至举报，纷纷变亲为仇。汪灌深感耻辱，遂召集乡中大姓二十一

---

① （南宋）陈傅良：《义役规约序》，收入于（明）王瓒、（明）蔡芳编，胡珠生校注：《弘治温州府志》，上海社会科学院出版社2006年版，第621页。

② 据南宋官员戴埴于《鼠璞》中所言："夫力役之出，庸并于两税，继有徭役之雇钱，以隶经总司，复役率钱为义役，是三出钱而不免役。"免役钱、差役法，再加上之前的庸并入两税，南宋百姓实际上是交了三次役钱而仍不能免役。

户商议推行义役。他给众人算了一笔账，说如今给官府服差役做里正（里正是当时各类差役负担里最重者），一年下来，不但自家的生计顾不上，还大概要耗费三十万钱——绍兴年间江浙地区的米价约为每升三十文至六十文^①，三十万钱相当于五十石至一百石大米。宋代一石约为今天的一百二十市斤。可见确实是一笔相当沉重的负担。汪灉建议与会者自定贫富为三个等级，按等级来安排服差役的先后顺序，众人再分别拿出对应的钱来帮助服差役之人，以避免其陷入破户亡家的困境。日后若有人家境变得更富有或是家产缩水，也可通过公开公正的方式修改贫富等级。后因出钱资助服役者比较繁琐，又改为由与会众人"割田百亩"，用这一百亩田地的收入来给服差役者提供补助，使其可以安心服役，不必担心家破人亡。^②

上述约定被写成文书，送至金华县衙门存档，又制作了许多副本，交由与会者收藏。淳熙元年（1174），吕祖谦为已去世的汪灉撰写墓志铭，赞誉说"自绍兴己巳迄于今，几三十年，西山役讼不至于公门"，自从当地民间社会以义役自救，在近三十年的时间里，西山乡再没有发生因差役问题而上衙门打官司之事。乡户们不再内斗，衙门的官吏自然也就少了敲诈勒索上下其手的机会。

当然，义役不完美，也有很多问题。南宋人针对义役的缺点，留有许多批评意见，如朱熹在考察了处州的义役模式后，认为有四大"未尽善"之处。第一，为了资助服差役者，使其免遭破户亡家之祸，当地让上户、官户、寺庙道观都要出义田，这是好事。可是，当地还让只有一二亩田地的下户也要出义田，这些人因资产少、户等低，本不用服差役，让他们出义田，是加重了他们的负担。第二，当地搞义役制度时，

---

① 梁庚尧：《南宋的农村经济》，新星出版社2006年版，第202—203页。

② （南宋）吕祖谦：《金华汪君将仕墓志铭》，《吕祖谦全集》第一册，浙江古籍出版社2008年版，第176—177页。

设置有"役首"，由此人来管理义田的田租、排定服差役的次序，这些役首有很多并不能做到公正无私，常闹出纠纷。第三，服差役的次序是按资产的多寡来排定的，三五年后，贫者可能变富，富者也可能变穷，现在排出来的次序不再适用，到时候还会闹纠纷。第四，有些役首在排服差役的次序时，会出于私心，让上户承担比较安逸的差役，让中下户去承担更为沉重的差役。①

尽管有这些缺点，义役仍是一场行之有效的民间自救运动。毕竟，这些缺点在旧的差役模式里也有，而且更严重——民间推选出来的役首不公正，自会有乡户们联合起来抵制，役首本就生活在乡间，与其他乡户低头不见抬头见，再如何不公也不至于将事情做绝。役首排定的服差役次序过了几年后不再适用，乡户们也可以要求集体商议重新制定次序，役首是无力阻止的。而在旧的差役模式里，不公来自索贿受贿的衙门官吏，乡户们拿他们毫无办法；衙门官吏态度消极，不想增加自己的工作量，不愿意及时更新乡民们的户等，进而变更服差役的次序，乡民们也拿他们毫无办法。之所以如此，当然是因为役首们的权力是乡户集体赋予，是可以制约的权力；而衙门官吏的权力是皇权的延伸，并不受民意的制约。不受制约的权力作起恶来是无解的，乡户们只能咬牙忍受。这也正是义役虽然缺点很多，但直到南宋末年，文天祥等有良知的知识分子仍在倡导义役的主因。②

遗憾的是，这场民间自救运动虽传播甚广，也得到了不少有良知的地方官员的支持，但并没有能够在南宋境内全面推广开来，其中最大的

---

① （南宋）朱熹：《奏义役利害状》，收入于郭齐、尹波点校：《朱熹集（二）》，四川教育出版社1996年版，第723页。

② 漆侠先生认为"义役比差役还要残酷"（见漆侠：《宋代经济史》上册，南开大学出版社2019年版，第498页），笔者认为不正确。毕竟，民间役首与衙门官吏的权力是两码事，不能等量齐观，更不能认定民间推举的役首实施暴政的危害要大于衙门里的官吏。

阻力便来自地方衙门的官吏。毕竟，推行义役相当于断了地方衙门官吏一条极重要的腐败路径。正如做过衢州知州的南宋官员袁甫所观察到的那样：

> 盖差役之利，在吏而不在民。义役之利，在民而不在吏。差役如旧，则请嘱之门开；义役一成，则渔取之路绝。非得仁守廉令出力以维持之，其不乘间伺隙、沮其谋而败其成者鲜矣。①

在袁甫看来，义役严重损害了地方衙门胥吏的利益。只要乡户们搞义役，这些胥吏就会跳出来搞破坏。如果当地官员没有仁爱廉洁的品德，也与胥吏们沆瀣一气，当地的义役定会失败。而残酷的常识是：在官权力不受民意制约的时代，仁爱廉洁的官员从来都是少数。

类似的观察也见于另一位南宋官员孙应时。孙是浙江余姚人。宋孝宗淳熙年间，余姚百姓痛恨差役已久，在当地有声望的父老的组织下搞起了义役。孙应时当时正在家乡闲住，是余姚义役兴起的见证者。据他讲，义役推行开来之后，"豪宗大姓，无复仇讼，而欢然相亲。……唯是奸胥猾吏，无以弄权取资，嗾群不逞，专欲沮阻"②——百姓不再因差役而互相仇视，原本的互害社会变回了互助社会。只有那些无法再弄权索贿的胥吏对义役恨之入骨，竭力唆使不逞之徒去破坏义役。

宋孝宗淳熙十一年（1184），监察御史谢谔又披露，在江东路、江西路等地，"民间有便于义役之处，官司乘此颇有摇动"，百姓想搞义役，但地方官府并不支持。且有饶州德兴县与吉州吉水县的乡户来

① （南宋）袁甫：《知衢州事奏便民五事状》，收入于曾枣庄、刘琳主编，四川大学古籍整理研究所编：《全宋文》第323册，上海辞书出版社2006年版，第306页。

② （南宋）孙应时：《烛湖集》卷九，《余姚县义役记》。

京控诉，说当地胥吏痛恨义役制度断了他们索贿的财路，"日夕伺隙，思败其谋"，鸡蛋里挑石头专门给义役找茬，要阻止民间百姓以义役自救。其中，从德兴县来京控诉的乡户，还带来了一块"本县旧刊义役石碑"，从石碑上的内容可以看出，当地百姓是真的想要搞义役。①将乡户们逼至千里迢迢带着石碑上京控诉的地步，自不难想见德兴县当地官吏对义役的敌视程度。

以上种种，其实也只不过是在彰显一个基本常识：在官权力不受民意制约的地方，民间社会非但难以指望官府的救助，甚至连自救也会举步维艰。

数据里的"共同贫穷"

本章的最后，我们要介绍一组数据。

北宋乾兴元年（1022）十二月，有官员上奏宋仁宗说，"且以三千户之邑五等分算，中等以上可任差遣者得千户"②。意思是按照乡村五等户制度，一个有三千户人口的县，大概只有三分之一的百姓资产可归入中上等户，可以承担官府摊派的差役。剩下的三分之二都是底层穷人。

庆历元年（1041），张方平上奏说，"逐县五等版籍，中等以上户不及五分之一，第四、第五等户常及十分之九"③。意思是按照乡村五等户制度，大多数县只有不到五分之一的百姓资产可归入中上等户，剩下的五分之四都是底层穷人。其中资产最低的第四等户和第五等户，占到了所有乡户的十分之九。

庆历三年（1043），范仲淹上奏说，"今河南府主客户七万五千九百余户，仍置一十九县（主户五万七百，客户二万五千二百），巩县七百

---

① （清）毕沅：《续资治通鉴》卷第一百四十九，"淳熙十一年春正月丙午"条。

② （元）马端临：《文献通考》卷十二《职役考一》。

③ （北宋）张方平：《乐全集》卷二一，《论天下州县新添置弓手事宜》。

户，偃师一千一百户，逐县三等而堪役者不过百家，而所要役人不下二百数"。①范仲淹说河南府下属各县可供摊派差役的富户（三等及以上）普遍不足100户。这里按100户算，河南府下属19县共有资产三等及以上的百姓1900户，只占到了全部户数的2.5%，或者说只占到全部主户的3.75%。余下的都是非常贫困的底层人。

熙宁三年（1070），郏亶作《吴门水利书》，里面提道，"苏州五县之民，自五等已上至一等不下十五万户。……又自三等已上至一等不下五千户，可量其财而取之。"②

熙宁九年（1076），张方平又上奏宋神宗说："万户之邑，大约三等以上户不满千，……四等以下户不啻九千"③。

元祐年间（1086—1094），刘安世上奏宋哲宗说，"且治平之前，天下户口一千二百七十余万，而旧法役人五十三万六千余人。元丰之后，户口一千八百三十五万九千有奇，较之治平已增五百六十余万，而新定役人，止于四十二万九千余人，比之旧法，却减十万七千之额"。④在宋英宗治平时期（1064—1067）以前，那时候行的是差役法，朝廷控制的户口下，只有4.2%的百姓资产过线可供摊派差役，剩下的都是穷人。宋神宗元丰时期（1078—1085）之后，那时候实行的是募役法，朝廷控制的总户口上升，募来服差役的人数却减少了，二者的比例已跌至2.3%——这种减少，说明朝廷如果使用专业人员来办理公务，本就用不着那么多差役。当然了，募役法的问题后文再说，刘安世此处提供的最有价值的信息，是到宋英宗治平时期，已只有4.2%的百姓可算作中上等户。

---

① （南宋）李焘：《续资治通鉴长编》卷一百四十三，"庆历三年九月丁卯"条。

② （南宋）范成大：《吴郡志》卷一九，《水利》。

③ （北宋）张方平：《乐全集》卷二六，《论率钱募役事》。

④ （北宋）刘安世：《尽言集》卷十一，《论役法之弊》。

南宋乾道五年（1169），吕祖谦替严州知州张栻起草了一份呈给朝廷的《乞免丁钱奏状》，里面提到，严州一共有六个县，其人口具体构成如下：

> 第一等至第四等户止有一万七百一十八丁，其第五等有产税户共管七万一千四百七十九丁；虽名为有户，大率所纳不过尺寸分厘、升合抄勺，虽有若无，不能自给。其无产税户共管四万一百九十丁，并无寸土尺椽，饥寒转徙，朝不谋夕。本州统管一十二万二千三百九十三丁，而第五等有产税户、无产税户共管一十一万一千六百七十五丁；是十分之中，九分以上尫瘵困迫，无所从出。①

因为奏状的主旨是希望南宋朝廷能够免除严州百姓的"丁钱"，所以吕祖谦提供的数据是"丁数"而非"户数"。按吕祖谦的数据，严州中上等户（第一至第四等户）里的丁数，只占到了全部丁数的8.76%，无力承担差役的底层贫民（第五等户和无产税户）占到了91.24%。

以上这些数据的统计口径略有差异。比如，有些将中上等户的范围定为第一至第三等户，有些将第四等户也包括进来；有些只统计了主户，有些同时提供了主户与客户的数据。但总体而言，这些差异不影响我们得出一个结论：两宋政府长期实施户等制度，按家庭资产等级向民众摊派差役，名义上虽然牢牢占据着"抑制兼并之家"的道德高地，实际得到的结果却是共同贫穷。

---

① （南宋）吕祖谦：《东莱集》卷三，《为张严州作乞免丁钱奏状》。

第七章

行役与城里人

　　上一章谈了宋代乡村百姓的辗转腾挪与两害相权。本章再谈谈宋代的城市居民，也就是"坊郭户"的境遇。

城里人的钱算谁的钱？

　　宋代之前，中国城市人口的比例很低，且多数为官僚贵族之家[1]；连"坊郭户"这个专指城市居民的称呼，也要到晚唐五代才慢慢普及开

_____

　　[1] 以长安城为例。据妹尾达彦考证，唐都长安人口最盛的天宝年间，人口约为70万。包括长安城内的县管辖人口30余万，军人10万左右，僧尼、道士及其他宗教人口2万—3万人，宗室、宫人、宦官、科举应试者、外国人等5万余人，脱漏人口10万余人。（见：［日］妹尾达彦，李全福译：《唐都长安城的人口数与城内人口分布》，《中国古都研究（十二）：中国古都学会第十二届年会论文集》，山西人民出版社1998年版，第186—187页）。县管辖人口中有大量属于官僚贵族的家室，此外城内还有耕地的农民——宋敏求《长安志》卷七《唐京城》中写道："自朱雀门南第六横街以南率无居人宅第。自兴善寺以南四坊，东西尽郭，虽时有居者，烟火不接，耕垦种植，阡陌相连。"可知唐长安城的建筑规模虽大，但并未拥有足够的城市人口，以致距离政治中心较远的南城无城市居民定居，变成了农民的耕地。换言之，若将官僚贵族、军人、僧尼道士、宗室宫人及农民等别除后，唐长安城内脱产从事商业经营的纯城市居民只有10万—20万人左右。唐长安城尚且如此，其他城市的情况也就可想而知了。

来。当生活在城墙内的群体主要是统治阶层的人时，自然没必要为城市居民单独制定税赋政策。但到了宋代，情况开始变得不同。大量普通民众涌入城市，或经营商业，或给人打工。城市人口的主体，渐渐从统治者变成了被统治者。

宋代究竟有多少城市人口？

对于这个问题，学者们的研究结论各不相同，差距较大。如赵冈认为北宋城市人口占总人口的20.1%，南宋为22.4%。[1]王隶的意见是"宋代坊郭户很可能占到全国总人口的6%—10%以上"[2]。《中国人口史》第三卷认为"就全南宋地域而言，将城市人口占总人口的比重定在12%，或许更合理一些"[3]。不管具体比例如何，宋代城市居民数量众多，是个不争的事实。

两宋政府自然不会放任这些坊郭户游离在汲取系统之外。

傅尧俞在北宋哲宗年间做过吏部侍郎。他总结说，北宋政府对城乡百姓有一套基本的汲取思路，即"乡村以人丁出力，城郭以等第出财，谓之差科"[4]。差就是差役，指乡村百姓要出人力去承担衙前差役之类的工作。科是科配，指城市居民要出钱替官府去采购商品或销售商品。傅尧俞的官场同僚、在北宋哲宗年间担任过殿中侍御史的孙升也有相似总结："城郭之民，祖宗以来无役而有科率，科率有名而无常数"[5]。按大宋祖制，城市居民不必承担差役（出力替官府办事），而须承担科率

① 赵冈、陈钟毅：《中国历史的城市人口》，《食货月刊》1983年第384期。

② 王隶：《宋代经济史稿》，长春出版社2001年版，第271页。

③ 葛剑雄主编，吴松弟著：《中国人口史（第三卷）辽宋金元时期》，复旦大学出版社2005年版，第619页。

④ （南宋）李焘：《续资治通鉴长编》卷三百八十八，"元祐元年九月丁丑"条。

⑤ （南宋）李焘：《续资治通鉴长编》卷三百九十四，元祐二年正月"殿中侍御史孙升言"条。

（出钱替官府办事）。科率有具体名目无固定数字，要出多少钱才算完成科率任务全由官府说了算。

上一章说过，为了让乡村里的富户出力，也就是强迫他们来承担衙前差役之类的负担，宋朝政府在乡村实施了户等划分，将乡村主户，即名下拥有田产之家（无田产者被称作客户），按资产多寡分为五个等级，然后将各种差役负担摊派给资产等级靠前者。

这套办法也被用在了城市居民身上。城市主户，即名下拥有房产之家（无房产者被称作客户），会被宋朝政府按家庭资产多寡划分为十个等级。其中大体以五等以上为上户，六等以下为下户。上户要承担科配（或者叫科率）工作，以满足官府的各种需要，具体包括供纳物品、配借钱物、提供工役等[①]。因这些负担往往会通过行会来摊派，所以又通称"行役"。

以上，是宋朝政府对城市居民的财政定性。其实，这种定性在宋代还有更直白、更露骨的表达。比如，苏辙在奏章中曾对宋神宗如此说道：

> 城郭人户虽号兼并，然而缓急之际，郡县所赖。饥馑之岁，将劝之分以助民；盗贼之岁，将借其力以捍敌。故财之在城郭者，与在官府无异也。[②]

当时，王安石推行役法改革，想让城市居民如乡村百姓一般承担劳役，向朝廷交一笔役钱。苏辙认为这违背了北宋政府之前对城市居民的财政定性，加重了城市居民的负担，于是上奏反对。苏辙说，城市居民

---

① 宋神宗时，监察御史刘挚总结说："坊郭十等户自来已是承应官中配买之物，及饥馑、盗贼、河防、城垒缓急科率，郡县赖之。"见（南宋）李焘：《续资治通鉴长编》卷二百二十四，"熙宁四年六月庚申"条。

② （北宋）苏辙：《制置三司条例司论事状》，《栾城集》卷三五。

经营商业做买卖，虽然顶着"兼并"的大帽子，但他们的存在对地方郡县而言非常重要。郡县遭了灾荒，得依赖这些城市居民出钱来救济；郡县出了盗贼，也得依赖这些城市居民出力来抵御。总而言之，财富放在城市居民手中，也算是放在朝廷官府的口袋里。

苏辙虽然是在替城市居民讲话，是在反对王安石搞役法改革加重城市居民的负担，但他坦白无碍地说出"财之在城郭者，与在官府无异也"这种话，显见这种认知在当时相当普遍。据说，早在北宋初年时，宋太祖赵匡胤便讲过这样的话："富室连我阡陌，为国守财尔。缓急盗贼窃发，边境扰动，兼并之财乐于输纳，皆我之物。"①在赵匡胤眼中，钱放在富户手中只是暂存，到了需要的时候，富户们的钱都得变成赵宋王朝的钱。

类似的坦白之言，也见于北宋人梁焘的奏章。

时为宋哲宗元祐二年（1087）三月，朝廷下旨要在全开封城搞一次"大拘掠"，也就是财产大清查和收入大管控。清查管控的对象，是那些欠了朝廷"市易均月钱"的人——王安石变法期间成立过一个叫作"市易务"的新机构，专职向缺乏本金的城市商户提供低息贷款。因朝廷以贷出多少款项、收到多少利息来考核市易务的绩效，最终导致这项金融服务变成了强制摊派，商户们有资金需要，得贷；没资金需要，也得贷。搞到最后，经济倒退，市面萧条，很多账就成了收不回来的烂账。"大拘掠"的目的，就是要用没收房屋之类的强制手段去收回这些烂账。

梁焘当时的身份是右谏议大夫。他听闻消息后紧急上奏，劝宋哲宗不要这样搞，要给开封城的城市居民留条活路。奏章里说：

> 祖宗之朝，京师之民被德泽最深，居常无毫发之扰，故大

---

① （南宋）王明清：《挥麈录余话》卷一，"祖宗兵制名《枢廷备检》"条。

姓数百家。庆历中，西鄙用兵，急于财用，三司患不足者数
十万，议者请呼数十大姓计之，一日而足，曾不扰民而国家事
办。祖宗养此京师之民，无所动摇者，正为如此。臣愿陛下以
祖宗之法为法，存全爱养京师已敝之民，一二十年之间，方得
如旧，诚远计也。①

按梁焘的说法，宋朝政府放任开封城内发育出数百家大富户，目的
是在某些特殊时刻将这些富户拉出来替朝廷效力，将他们积攒的钱财
变成朝廷的钱财。他举了个实例：宋仁宗庆历年间与西夏开战，急需
用钱，朝廷将数十家大富户召集过来，强迫他们出钱，一天之内就填
上了军费缺口。梁焘希望宋哲宗不要破坏这种祖宗之法，不要搞"大拘
掠"，要让被王安石变法折腾至元气大伤的开封百姓休养生息，如此再
过个一二十年，就又可以发育出一批大富户，供朝廷在紧急之时取用。

梁焘是在替开封城的百姓说话。可是，他说服皇帝的理由不是抽象
的以民为本，而是具体的利益，即开封百姓的钱便是官府的钱、朝廷
的钱。这逻辑与苏辙的"财之在城郭者，与在官府无异也"可谓如出一
辙。不独梁焘与苏辙如此认为，侍御史王岩叟在上奏宋哲宗时，也曾说
朝廷对城市百姓"居常养之"的目的是"以备缓急耳"，他建议朝廷部
分免除坊郭户（即城市百姓）的助役钱，"使藏于其家，以待朝廷一日
之取，与蓄之于公，亦何异？"②暂将钱存在城市百姓家中，等将来朝廷
有需要了再汲取出来，与将钱直接存在官府并无区别。这些言论虽是站
在城市民众的立场，但也意味着当时的知识分子普遍没有尊重民众私有
财产的意识。在他们看来，城里人的财富就是朝廷的财富，只要朝廷有
需要，城市居民就应该奉上他们的私产。

---

① （南宋）李焘：《续资治通鉴长编》卷三百九十六，"元祐二年三月丙子"条。

② （南宋）李焘：《续资治通鉴长编》卷三百九十八，"元祐二年四月己亥"条。

回到梁焘的奏章。奏章披露了宋仁宗为凑足与西夏作战的军费，曾召集开封城内的富户，向他们要钱。但梁焘没有细说这些钱是怎么要的，又是怎么还的。好在傅尧俞于元祐元年（1086）给宋哲宗的奏章里尚保存有部分信息：

> 庆历中，羌贼叛扰，借大姓李氏钱二十余万贯，后与数人京官名目以偿之。顷岁，河东用兵，上等科配，一户至有万缗之费，力不能堪，艰苦万状。[①]

"羌贼"即指李元昊的西夏政权。傅尧俞说，仁宗时为了凑足对西夏用兵的经费，朝廷向富户们借了很多钱，其中仅李氏一家就借了二十余万贯。这些钱最后没还，只给了富户们几个"京官名目"就算两清。给个"京官名目"对朝廷来说不算成本，几十万贯资财对百姓而言却是实打实的家产，富户们显然亏惨了。傅尧俞还提到，这类情况发生了不止一次。比较近的一次是河东发生战事（可能是指宋神宗时代由河东出兵进攻西夏），朝廷再次向富户们伸手，标准是每户摊派万缗（缗等于贯）。很多人负担不起这笔钱，困苦不堪。

被宋仁宗强行"借"了二十余万贯的大姓李氏，很可能就是梁焘提到的"数十大姓"中的一户。当然，因宋仁宗朝对西夏的战事持续多年，也有可能是两次不同的借款。

值得注意的是，傅尧俞披露这段往事，并不是要否定北宋朝廷向富户伸手这个行为。和梁焘一样，傅尧俞只是想用这些事例来规劝宋哲宗不要竭泽而渔，否则民间经济凋敝，以后就没有这种"取于民以为助"的机会了。

开封城百姓的钱是官府的钱，其他城市百姓的钱当然也是。庆历

---

① （南宋）李焘：《续资治通鉴长编》卷三百八十八，"元祐元年九月丁丑"条。

元年（1041），陕西经略安抚副使韩琦途经邠州、乾州、泾州、渭州等地，即发现当地城郭之民也被朝廷强制借了钱。韩琦后来上奏宋仁宗说：

> 所至人户，经臣有状称为不任科率，乞行减放。内潘原县郭下丝绢行人十余家，每家配借钱七十贯文，哀诉求免。[①]

韩琦说，因北宋与西夏的战事，这些州县的百姓都遭到了临时科配。很多人听说韩琦来了，就给他递状子，说实在承受不住，乞求将负担减轻一点。其中，潘原县城中有十余户丝绢行的百姓，每户被摊派了七十贯的借钱额度，他们拿不出这笔钱借给朝廷，哀求韩琦希望免掉。韩琦对宋仁宗说，他知道朝廷没钱，不想给朝廷添麻烦，所以没答应这些百姓的诉求，只希望朝廷抓住时机讨贼，不要因朝中有不同意见而使战事长期拖下去，那样的话经济状况会更糟糕。

由韩琦的奏折可知，宋仁宗当年不止向开封城内的数十大姓借钱数十万贯，也不止向大姓李氏借钱二十余万贯，还曾向很底层的普通城市住户借钱。潘原县位于今天的甘肃平凉一带，在北宋时代属于贫困地区，该县"每家配借钱七十贯文"（配借的意思就是强制出借）的那些丝绢业人士，大概已是该县比较富有之人。

这七十贯钱宋仁宗有没有还？笔者找不到直接的材料来说明。从大姓李氏的二十余万贯钱最后被赖账来推测，潘原县的小民们大概率拿不到宋仁宗的还款。七十贯钱之于这些小民，就重要性而言，要远大于二十万贯之于大姓李氏。没有了二十万贯，李氏还是大姓，还是富豪；可没有了七十贯，潘原县的小民们就要破产，可能就活不下去。但对皇帝来说，这些钱的性质都一样，都是：

---

① （南宋）李焘：《续资治通鉴长编》卷一百三十一，"庆历元年二月丙戌"条。

> 财之在城郭者，与在官府无异也。

行会是控制的手段

在宋代的城市里生活，有两桩大事难以回避。一桩是如果有所经营，便须加入行会之中。另一桩是要想在城市中长期生活，必须要有房屋以供栖身。这两桩事情皆是宋代城市居民的大痛点。

先说行会。

行会，即有组织的行业共同体。北宋所有大中型城市皆设有行会。一般认为，北宋有商业行会160个左右[1]，多数设在开封。与西欧封建时代的城市行会不同，宋代的这些行会并非自发形成的商人互助组织，而是普遍受到官府的强力控制。其存在的首要目的，不是维护商人利益，而是满足官府需要。正如宋人耐得翁所言：

> 市肆谓之"行"者，因官府科索而得此名。不以其物小大，但合充用者，皆置为行，虽医卜亦有职。[2]

意思是，官府会向城市居民"科索"各种商品与劳役服务。为方便"科索"，官府就强制要求商人成立行会。无论经营的是什么，卖商品也好，提供技术与劳力服务也好（如木匠石匠），只要官府用得上，就得成立行会。有了行会，官府采购商品或者征发劳役，就可以很方便地找到摊派对象。需要大米，可以找米行；需要螃蟹，可以找蟹行；需要

---

① 周宝珠认为不止此数，真实数目应介于唐代长安220行和南宋临安414行之间。见周宝珠：《宋代东京研究》，河南大学出版社1992年版，第285页。

② （南宋）耐得翁：《都城纪胜》"诸行"条。吴自牧《梦粱录》里也有相同的表述："市肆谓之团行者，盖因官府回买而立此名，不以物之大小，皆为团行，虽置医卜工役，亦有差使，则与当行同也。"见该书卷十三"团行"条。

造衙门，可以找木匠行、石匠行。甚至连医生与算命者，也都必须成立行会，以方便官府"科索"。总而言之，官府有什么样的需要，就会成立什么样的行会。

这种通过行会来实施的劳役摊派，就是"行役"。

有时候会出现一种情况，官府需要的商品比较小众，城内并无商户经营。这时候，官府的常规做法是强迫经营其他货物的商人，去成立一个新行会，然后再将该采购任务摊派给这些商户。商户们对这种做法深恶痛绝，又毫无办法。直到熙宁六年（1073），才由宋神宗下旨，明确禁止了这种做法[1]。闹到由皇帝亲自下旨严禁的地步，说明强制商人成立超出其经营范围的行会这种现象，在当时已经泛滥成灾。

官府的物品征购任务，并非平摊给行会内的商户，而是根据商户的户等高低进行分配。谁的家庭资产多，谁的户等就高，就会被摊派更多份额。行会内的商户会分成若干批次，轮流给朝廷服役。一般是每十天一轮，所以有个专门的词汇叫作"当旬"。

北宋都城开封是当时商业最繁荣的城市，也是官府衙门最多的所在，城内行会承受的管控和负担也是最重的。据李焘《续资治通鉴长编》记载：

> 初，京师供百物有行，虽与外州军等，而官司上下须索，无虑十倍以上，凡诸行赔纳猥多，而赍操输送之费复不在是。下逮稗贩、贫民，亦多以故失职。[2]

意思是，开封城与地方州军一样，所有商品皆有行会，官府需要什

---

[1] （南宋）李焘：《续资治通鉴长编》卷二百四十五，"熙宁六年五月戊辰"条。其原文是"官司下行买物，如时估所无，不得创立行户"。

[2] （南宋）李焘：《续资治通鉴长编》卷二百四十四，"熙宁六年四月庚辰"条。

么，就责令相应行会提供。不同的是，开封城内府衙众多，对行会的科敛勒索规模是地方州军的十倍以上，很多人因此赔得很惨。连最底层的小贩和贫民也很难幸免。商户们赔得惨，主要还是他们面对官府的不正当侵害时毫无抵抗能力——官府不但可以强行将货物的采购价定得远低于市场价，还可以肆意打压货物质量品级，强行将上等货物评定为下等货物①，乃至于可以无限期拖欠商户的货款。

对宋代商人而言，商品究竟该按什么价格卖给官府，其实是个心照不宣的问题。赚官府的钱，或者让官府觉得你赚了他的钱（实际上并没有），有可能成为很严重的问题。宋太祖开宝七年（974）便已有过血淋淋的教训。当时，有一名马军都头叫作史圭，专门向朝廷举报开封城内的商户，说他们卖给官府的商品价格不当，让官府吃了亏。结果被举报的商户"往往坐诛"，许多人被朝廷砍了脑袋。城内商人胆战心惊，惶惶不可终日，只得"廛市之间，列肆尽闭"，成片成片的商铺全关了门，形同罢市。都城全面萧条，事情终于闹得宋太祖也知道了。于是宋太祖下诏说，以前用不正当价格骗官府钱财的事情，不许再举报再追究，谁举报就惩罚谁。但是，今后若再有商人"买卖官物依前敢有欺谩"，胆敢再赚官府的钱，就要没收其所有的家财物业，且鼓励举报，举报者可得"赏钱百千"。②宋太祖的这道诏书意味深长。与其说他是在安抚商人，不如说他是在警告商人千万不要动从官府赚钱的念头，千万不要觉得可以按市场价将商品卖给官府——什么样的价格算"欺谩"，是没有客观标准，完全由官府说了算的。宋太祖虽然在诏书里承诺了不再杀人，却留下了没收所有家财物业这一极可怕的惩罚。为了规避惩

---

① （清）徐松：《宋会要辑稿·食货六四》中所总计的"贵价令作贱价，上等令作下等"。

② （清）徐松：《宋会要辑稿·食货三七》。另可见（南宋）李焘：《续资治通鉴长编》卷十五，"开宝七年四月乙丑"条。

罚，商人们通常只能无条件接受官府的采购价。

接受了官府的低采购价后，行会商人们还得做好采购款被长期拖欠的心理准备。北宋仁宗年间，知开封府蔡襄上奏说，官府向"内东门市行"的商人采购，却"累年未偿价钱"[1]，商人们完成了采购任务，却长期拿不到官府的采购款。南宋的情况也差不多，理宗年间，有官员上奏说："官司以官价买物，行铺以时值计，十不得二三"——官府的采买价格不到市场价的十分之二三；且"迁延岁月而不偿"，五年十年拖欠着不结账；行会商人们没办法，只能"迁居以避其扰，改业以逃其害"。奏章里还说，连蔬菜鱼肉与日用品这类东西，各级官府也都"皆以官价强取之"，以致那些做小本生意的商贩起早贪黑终日辛苦，结果却连本钱都亏没了。如此种种暴政，已造成"商旅不行，衣食路绝"的严重后果。奏章希望皇帝下旨给各路、州、县的官府衙门，勒令他们必须按市场价格买东西，不许动不动就使用"官价"[2]。生活在宋理宗时代的真德秀，也在知潭州任上批评当地政府不该拿行户当"提款机"。真德秀说：货物相同则价格理应相同，岂能因为是公家采购就脱离市场价？如今州县普遍设有"市令司"负责采购，每有采购任务就强迫本地行户去办，可采购价相比市场价往往低了十分之二三，还不给现款甚至直接打白条，那些做了行户的百姓哪里承受得住这种暴政？[3]

以低于市场甚多的"官价"采买并拖欠采购款之外，行会商人还得面临官吏的刁难与盘剥。宋神宗熙宁六年（1073），开封城肉行中以徐中正为首的二十六家屠户，曾联名向朝廷请愿，"乞出免行役钱，更不

---

① （宋）蔡襄撰，陈庆元等校注：《蔡襄全集》，福建人民出版社1999年版，第804页。

② （元）脱脱等：《宋史》志第一百三十九《食货下八》。

③ 真德秀的原文是："物同则价同，岂有公私之异。今州县有所谓市令司者，又有所谓行户者，每官司敷买，视市直率减十之二三。或不即还，甚至白著。民户何以堪此？"见（南宋）真德秀：《西山文集》卷四十，《潭州谕同官咨目》。

以肉供诸处"①。宋神宗召集相关衙门讨论此事，承认了行会制度确实扰民，皇帝还举了个例子，说"近三司副使有以买靴皮不良，决行人二十者"。②靴行里有二十名商人被官府严惩，就因为官府认定他们采购的靴皮不好。靴子的质量标准全由官员张嘴说，行会商人没法反驳只能认栽。肉行的商人们大概率也遭遇了相似盘剥。试想，他们给衙门供肉的官价本就已经很低，且要被拖欠货款，如今还要被衙门里的官员、胥吏刁难，或说送来的肉品质不佳，或说送来的肉缺斤短两。这种奔着让肉商们倾家荡产的采买任务谁会愿意接呢？然而皇权无远弗届，不接又不行，所以这些肉行商人宁愿直接给官府交一笔免行役钱。哪怕这笔免行役钱远高于实际肉价，只要能规避种种法外盘剥，也是合算的。

其实不止是肉行。在熙宁年间，开封城内的米行和麦行也曾向朝廷诉苦，说"岁供余禾荞麦等荐新，皆有陪费"③，他们要负责给朝廷的各类祠祭活动提供最新鲜的粮食，每次接这种生意都要亏本。在熙宁七年（1074），还发生了米行商人自杀事件："米行有当旬头曹赞者，以须索糯米五百石不能供，至雉经以死。"④"旬头"是指当时的米行实施了按旬轮流的行头制度，也就是每过十天就轮到下一个人做米行的行头，这期间官府有采买需求，会去找当值的行头，由他来组织行内商人完成采买工作。这位米商曹赞很不幸，在轮值期间接到了官府采购五百石糯米的任务，他搞不定这件事，只好上吊自杀。

其实不止是采购。许多时候行会还得替官府卖东西。官府囤积的东西可能没有多少市场价值，但用什么价格卖得由官府说了算。至于按官定价格卖不卖得掉，那就不是官府要操心的事情了。比如，宋真宗曾命

---

① （南宋）李焘：《续资治通鉴长编》卷二百四十四，"熙宁六年四月庚辰"条。

② （南宋）李焘：《续资治通鉴长编》卷二百四十四，"熙宁六年四月庚辰"条。

③ （南宋）李焘：《续资治通鉴长编》卷二百四十六，"熙宁六年八月己丑"条。

④ （南宋）李焘：《续资治通鉴长编》卷二百五十一，"熙宁七年三月辛酉"条。

人将宫内的一批"无字号不及色额"①（非品牌货、质量不怎么样）的器物首饰交给开封城内的相应行会出售。给皇帝卖东西价格自然是只能高不敢低。宋神宗时，河北路为筹措实施青苗法的本钱，将朝廷调拨给河北的绢摊派给各州军所辖城市的行户，要他们在半年之内卖掉并将钱交上来。然而，官定卖价是每匹绢"一贯五百三十文至一贯六百文"，远高于当时的市场价。于是，整个河北路的行户们集体倒了大霉。高于市场价本就难卖，绢的数量多限时紧，又意味着会有大批绢同时进入市场，绢的市场价会进一步被拉低。少数资产雄厚的大商人可以将绢存放在仓库里，先垫款给官府。资产有限的"近下等第人户"就只能咬紧牙关，以低价将绢卖掉，然后"破卖家财方能贴赔送纳了当"，卖了自己的家产来将缺额补足，只求免遭官府的严惩。②

　　既然行会存在的首要目的是方便官府实施科敛盘剥，那么，站在行会商户的立场，自然是希望行会的成员越多越好。③毕竟，成员越多就意味着分担盘剥的人越多。故此，王安石才会观察到开封城内"每年行人为供官不给，辄走却数家，每纠一人入行，辄诉讼不已"④——年年都有行会内的商户因承担不起官府盘剥而破产关店离开行会；年年也都有行会强迫商户入行，为此经常闹出纠纷。

　　王安石还对宋神宗讲了一则自己的亲身见闻："臣曾雇一洗濯妇

---

① （清）徐松：《宋会要辑稿·食货五五》。

② （北宋）韩琦：《韩魏公集》卷一八，《家传》。

③ 在官府摊派与压榨较轻的某些地域，宋代行会也可以成为互助组织而非互害组织。据南宋人刘漫塘讲，他在金陵城见到的行会，与开封、临安的行会大不相同："向在金陵，亲见小民有行院之说，且如有卖炊饼者，自别处来，未有其地与资，而一城卖饼之家便借市，某从炊具，某贷面料，百需皆裕，谓之护引。行院无一毫忌心，此等风俗可爱。"见（南宋）车若水：《脚气集》。

④ （南宋）李焘：《续资治通鉴长编》卷二百四十，"熙宁五年十一月丁巳"条。

人，自言有儿能作饼，缘行例重，无钱陪费，开张不得。"①这洗衣妇人的儿子只因交不起饼行的"行例钱"，就没法在开封城内做卖饼的小生意。洗衣妇人觉得儿子很可怜，其实饼行也觉得自己收"行例钱"天经地义。官府的科敛盘剥是要直接摊派到饼行的，是要由行里的饼贩集体承担的，一旦开了可以不入饼行而在开封城自由卖饼的先例，那入了饼行的商贩就会感到极大的不公平，就要闹事，饼行就维持不下去。只有将所有卖饼商户都卷入饼行之中，让所有卖饼者都来"公平承担"官府的盘剥，这畸形的行会才能正常运转。

与行会一样，官府也希望将更多的商户卷入行会。行会内的商户越多，行会内商户的规模越大，官府可盘剥的对象就越多，能盘剥到的财富也就越多。王安石变法实施"免行役钱"（行户交钱给政府，政府拿着这笔钱自己去采购物资，不再摊派采购任务给行户）之后，官府盘查商户、强迫商户进入行会的积极性更是暴增。这笔钱是直接上交给官府的，每个在开封城内做生意的行户都得交。交了钱的行户看到没交钱的商人走街串巷卖东西，认为会损害了自己的利益，会积极举报。官府接到举报，会认为商户游离在行会之外，相当于官府少了一笔收入，也会积极出动严厉处理。故此，时人郑侠才会观察到如下这般极端的事情：

> 元不系行之人，不得在街市卖易与纳免行钱人争利。仰各自诣官投充行人，纳免税钱，方得在市卖易。不赴官自投行者有罪，告者有赏。此指挥行凡十余日之间，京师如街市提瓶者，必投充茶行，负水担粥以至麻鞋头发之属，无敢不投行者。②

---

① （南宋）李焘：《续资治通鉴长编》卷二百五十一，"熙宁七年三月己未"条。

② （北宋）郑侠：《西塘集》卷一，《免行钱事》。

郑侠说，"免行役钱"这项改革启动后，那些不在行会里的人全不能上街做生意了，法律不允许他们与缴纳了"免行役钱"的商户争利。除非他们前往官府登记加入行会，把这笔钱给交了，才可以在街市上做生意。不去官府登记加入行会而擅自做生意者有罪，举报者有赏。所以现在的开封城，连提个瓶子走街串巷卖茶水，都必须加入行会；挑个担子走街串巷卖粥，都必须加入行会；卖双麻鞋、替人梳洗头发，都得加入行会。否则就不能营业，就是犯罪。

郑侠将这些情况汇报给宋神宗，但最后的处理办法仅止于"些少擎负贩卖者免投行"，只豁免了那些靠肩挑手提卖东西的小商贩，特许他们可以不进入行会，可以不缴纳"免行役钱"。

房子是汲取的工具

介绍完行会，再说房子。

宋哲宗元祐元年（1086），四川人吕陶向皇帝呈递了一道奏章。内中说，四川嘉州一带的"坊郭人户"，也就是城市居民，正纷纷离开城市回到乡村居住。他们还在急切售卖城里的房屋与产业。可是卖不掉，这些"前城市居民"非常焦虑。

为什么会这样？

吕陶解释说，成都府与梓州路原本以户为单位、按田产税钱的多少来摊派差役，主要承担者是乡村富户。后来朝廷出台新政策免役法，"坊郭十等人户"——也就是按家庭资产被分为十个等级的城市居民，如果有经营行为而非纯粹给别人打工，也都要出一笔"营运钱"。政策推行下去之后，地方政府非常开心，全力督促下级州县务必将尽可能多的城市居民纳入需缴营运钱的范畴。州县官员领会上级指示，既不查百姓家产的虚实，也不管百姓是否真有经营活动，只要在城市与乡镇拥有房屋，就认定为营运钱纳税户，且将房子的市值与纳税多寡直接挂钩。这种简单粗暴的做法，让许多城里人骤然感觉房子是个祸患，于是就发生了

"嘉州坊郭人户以至闭户移避于乡村居住"这种反常之事。人回到乡村，城市房产还在名下，官府仍以之为据催逼营运钱，于是这些人又开始低价售卖房屋。但人人皆知拥有城市房产很麻烦，所以很难卖掉。[①]

人可以迁居，也可以寻找荫庇，而房产无法隐遁。正所谓"跑得了和尚跑不了庙"，政府掌控了城市居民名下的房产数据，就可以很顺畅地向城市居民征收屋税并摊派劳役。换言之，房子成了政府对城市居民实施汲取的有效抓手。

追溯起来，宋代的屋税其实源自唐代的间架税。间指四根柱子之间形成的空间，架指房屋顶部的架构。一般来说，房子上有几根横檩就是几架。唐建中四年（783），唐德宗采纳户部侍郎赵赞的建议，以军费不足为由在长安城开征间架税，具体操作办法是以两架为一间，然后依据房屋间数和房屋质量来收取，上等房屋每间纳税两千文，中等房屋每间纳税一千文，下等房屋每间纳税五百文，间数越多、质量越好者纳税越重。该税种出台后，官吏们"秉算执筹"闯入民宅，挨家挨户统计房屋间数，核定房屋质量，且鼓励民众互相告发，凡隐藏房产一间者杖责六十，举报者可得赏钱五十贯，赏钱从被告发者的家产中扣除。长安百姓怨声载道，无论贫富皆不胜其苦。因间架税引发的民愤极大，同年爆发的泾原兵变甚至打出了"不税汝间架"的口号，以争取长安百姓的支持。唐德宗无力抵御兵变，自长安出逃，间架税也随之流产。[②]但秦制模式下，民众没有与官府讨价还价的能力，税种一旦被创造出来，除非在技术上无法有效实施，要消失很难。间架税也是如此。后晋与后周都曾开征此税，只不过因间架税已被历史定性为暴政，它们给该税种换了个名称，叫作"屋税"。两宋的屋税便是由此而来，其征收范围是

---

① （北宋）吕陶：《乞别定坊郭之法以宽民力奏》，收入于曾枣庄、刘琳主编，四川大学古籍整理研究所编：《全宋文》第三十七册，巴蜀书社1994年版，第192页。

② （后晋）刘昫等：《旧唐书·卢杞传》。

"州县寨镇"①之内的房屋，也就是针对所有拥有房产的城市居民征收房产税。

以屋税为依据来摊派各种负担，也有个漏洞。就是只能针对"坊郭主户"，也就是城市中有房产的富民。对那些在城市做佣工、靠租房度日的"坊郭客户"没有多少控制力。宋仁宗庆历年间，朝廷在河北诸州实施盐法，将官营食盐强制摊派给"坊郭主客户"，韩琦便上奏说效果不佳："主户则尚能随屋税纳官，客户则逃移莫知其处，但名挂簿书而已"②——在城镇中有房产的主户无处可藏，会在缴纳房屋税的时候一并把盐钱也交了；可那些在城镇中没房产的客户，会逃得无影无踪。

朝廷当然也知道这一点。所以在城市划分户等的时候，既会将不动产（房屋、作坊与店铺）算进来，也会将动产算进来（商品与财物）。为尽可能多地将城市居民划为上等户，好让他们来替官府免费做事，负责清查资产的官吏常闯入百姓家中，搜索至鸡飞狗跳的程度。但查不动产的行政成本终究太高，官府多数时候更愿意以名下有无房产为依据，来向城市居民摊派负担。于是，屋税"常被官府视为城郭其他税役起征的基础赋税"③，当官府想要向城市居民摊派某种新的负担时，房屋税的额度就成了计算新摊派额度的基础。房屋税少，新摊派就少；房屋税多，新摊派也多。四川嘉州官府征收营运钱，不管百姓"有无营运"，只看百姓是否有"屋宅在城市"，其实是很常规的做法。

当房子失去安居的本义，成了一种财政汲取工具，城市的房宅市场会很自然地走向畸形。北宋都城开封的房价和房租价格便是如此。

先说房价。众所周知，开封是当时世界上人口最多的城市，早在宋

---

①（清）徐松：《宋会要辑稿·食货四》。

②（北宋）韩琦：《安阳集》卷二十，《韩琦家传》。

③包伟民：《宋代城市税制再议》，《文史哲》2011年第3期。

太宗时代就已是"养甲兵数十万，居人百万"①。此后直至北宋灭亡，这座城市的人口规模始终维持在百万级别。城内土地有限，又聚集着北宋王朝最有钱、最有地位的人群，地价自然很高。王禹偁在宋太宗端拱、淳化年间做过京官，他对开封地价的感受是"重城之中，双阙之下，尺地寸土，与金同价"②。地价是房价的基础，地价高房价自然也高。到了宋真宗时期，开封城已是房屋密集，"坊无广巷，市不通骑"③。工部侍郎、枢密副使杨砺长期租房居住，他去世后，宋真宗前往祭拜，皇帝的车驾进不去巷子，只好下车步行。④连枢密副使也要租房子住，可见除原住民外，只有非富即贵者才能在开封城内置办房产。宋太宗赐钱给枢密使楚昭辅，让他在京城购买房产时，赏赐金额是"白金万两"⑤，约相当于1万贯铜钱。宋真宗咸平年间，宰相向敏中以5000贯钱买入前宰相薛居正的房子，被人控告倚仗权势"贱贸"⑥，可知5000贯这个价格大体可以视为高官显贵豪宅的起步价。

权贵住宅的价格很高，普通民居的价格同样不低。宋神宗元丰年间有过一次拆迁，对象是开封城内距离城墙30步以内的民居。共计拆迁130户，官府发放22600贯铜钱作为拆迁补偿，平均每户民居的房价是174贯铜钱。考虑到城墙周边属"恶劣地段"，官府制定的赔偿标准大概率也不会高于市场价，开封城内普通民居的平均实际价格应高于

① （南宋）李焘：《续资治通鉴长编》卷三十二，"淳化二年六月乙酉"条。

② （北宋）王禹偁：《小畜集》卷十六，《李氏园亭记》。

③ （北宋）杨侃：《皇畿赋》，收入于吕祖谦编：《宋文鉴》卷二，中华书局1992年版，第20页。

④ （南宋）王称：《东都事略》卷第三十七，"杨砺传"条。

⑤ （元）脱脱等：《宋史》列传第十六《楚昭辅传》。

⑥ （南宋）李焘：《续资治通鉴长编》卷五十三，"咸平五年十月"条。

174贯。^①

豪宅起步价5000贯与普通民居174贯，是个什么概念？可以参考程民生《宋代物价研究》一书对北宋民众收入与支出的梳理。该书考据认为，北宋普通民众每天的收入约为100文^②，也就是月收入3贯。宋朝百姓维持五口之家的生存，每天的花费也恰在100文左右^③，若是家中只有一个成年男丁出去挣钱，那就根本攒不下钱来。当然，在开封城内做摊贩与佣工，收入水平应该高于100文这个平均值，但也高不出太多。有两个数据可供参考。第一个数据是宋仁宗时，主管财政的三司使张方平上奏说，朝廷养活一名禁军及其家庭，每年得支出50贯^④。禁军要在京城驻防，年收入50贯相当于每天收入137文，只比平均收入水平略高。第二个数据是宋仁宗庆历年间，有名为马吉者在开封城内以替人杀鸡为业，杀一只鸡收费10文^⑤。如果马吉每天杀20只鸡，税后收入也只有100多文钱。

北宋王朝立国越久，开封城内的权贵就越多，可利用的土地就越少，房价自然也就越高。到了宋徽宗时代，"人臣赐第，一第无虑数十万缗，稍增雄丽，非百万不可"^⑥。那时候的开封城早已无闲地可用，新晋权贵为修建豪宅，常大规模强拆民房，许多普通百姓因此家破

---

① （南宋）李焘：《续资治通鉴长编》卷三百三十六，"元丰六年闰六月己卯"条。

② 程民生：《宋代物价研究》，人民出版社2008年版，第558—560页。

③ 程民生：《宋代物价研究》，人民出版社2008年版，第570页。

④ （北宋）张方平：《乐全集》卷二十三，《论国计出纳事》。原文是"略计中等禁军一卒，岁给约五十千"。

⑤ （北宋）刘斧：《青琐高议》之"杀鸡报"，古典文学出版社1958年版，第122页。原文是"每杀一鸡，得佣钱十文，日有数百钱"。马吉杀鸡这个故事的主题是报应，讲述者刻意渲染马吉杀鸡太多，然后说他最后如被杀之鸡一般痛苦死去。故事里说十文钱杀一只鸡大概可信，说马吉每天靠杀鸡可得数百文钱，可能须打个折扣才妥当。

⑥ （元）脱脱等：《宋史》志第一百三十二《食货下一》。

人亡。如蔡京为了造一座西园，毁掉民房数百间之多，这些百姓无处申诉，"惟与妻子日夜号哭告天而已"①。宣和二年（1120），御史中丞翁彦国曾上奏尖锐批评宋徽宗赏赐宅第太多，批评京城官员常借着皇帝赏赐宅第的机会，动用官府力量强拆民房甚至霸占整条街坊，让百姓流离失所，全然不是太平盛世应有的景象。翁还说，强制拆迁时，官府虽然会给百姓一笔所谓的补偿金，但京城人口众多房屋密集，拿着钱也无处买地再建房宅，所谓补偿金不过是强拆的遮羞布②。由此可见，到了宋徽宗时代，开封城已成为权贵的乐园，普通百姓要想在城里买房定居乃是妄想。

买不起房，便只好租房。按杨师群的估计，"北宋东京城内外，约有半数以上人户是租屋居住的。其中从一般官员到贫苦市民，各阶层人士都有"。③

北宋开封城的出租房主要来自朝廷设立的房屋出租机构"店宅务"和官僚权贵及其依附商人控制的私营邸店。朝廷经营租房业务始于五代。北宋建立后将之发扬光大，成立了专门的机构"店宅务"（又名"楼店务"）。店宅务的主要职责是收租，然后"以其钱供宫中脂泽"④，也就是这些租金进的不是国库，而是皇帝的腰包。这个机构初设时有三名头目，分别来自朝官、三班和内侍，下属是500名"修造指挥"⑤。后来随着业务扩张，头目和下属人数都有增长。

店宅务成立之初掌控的房屋只有五六千间。但上有皇权加持，下有牟利驱动，店宅务成立后即迅猛扩张，在开封城内大量拿地，或自

---

① （南宋）徐梦莘编：《三朝北盟会编》卷三十六，"靖康元年二月八日"条。

② （北宋）翁彦国：《上徽宗乞今后非有大勋业者不赐第》，收入于《宋朝诸臣奏议》卷一百，上海古籍出版社1999年版，第1081页。

③ 杨师群：《东京店宅务：北宋官营房地产业》，《史林》1991年第1期。

④ （南宋）李焘：《续资治通鉴长编》卷三十，端拱二年"国初"条。

⑤ （清）徐松：《宋会要辑稿·食货五五》。

已建房或转租给商人，且不断强行买进城内民居。扩张造成了极坏的影响，使得宋太宗不得不在淳化四年（993）颁布诏书，禁止店宅务继续在京城购入房屋扩张出租房规模。但诏书效应有限。到了宋真宗天禧元年（1017），店宅务手中已拥有2.33万间邸店，年租金收入是140093贯。到宋仁宗天圣三年（1025），邸店数量增至2.62万间，但年租金收入略有下降，为134639贯。到了宋神宗熙宁十年（1077），店宅务控制的房产包括出租屋14626间、空地654段、宅子164所，年租金收入增长至216581贯。[①]

这些官营出租屋服务态度普遍恶劣。比如，官府说涨房租就涨房租，租户很难与之讨价还价。景德四年（1007），有人向朝廷提议说"居人获利多而输官少，乞增所输，许夺赁，若人重迁，必自增其数"[②]。提议者觉得京城百姓租住朝廷的房子，租金交得太低，是占了朝廷的大便宜，故请求皇帝允许涨房租，若不接受就将租户赶出去；且断言租户们在房子里住了很久，迁徙成本高，最后一定会接受涨房租。宋真宗否决了这项提议。但皇帝的否决效果有限。到了大中祥符三年（1010），宋真宗又连续两次下诏禁绝此类现象，可见店宅务的官员被逐利的欲望驱动，没把皇帝的话当回事。其中一道诏书说"赁官屋者如自备添修，店宅务无得旋添僦钱；如徙居者，并听拆随"。[③]显见当时开封的租户一旦修缮了租住的房子，店宅务就会冒出来涨房租，太多此类事件闹到了皇帝跟前，造成了极不好的影响，宋真宗遂下旨严禁，且允许租户离开时拆走修缮增补的部分。另一道诏书说"在京店宅，自今止以元额为定，不得辄增数划夺，违者罪在官吏"[④]，皇帝要店宅务的官员遵守契约，按订立合同时商定的数字收租金，不许动不动就找理由涨房租。皇帝

---

① 杨师群：《东京店宅务：北宋官营房地产业》，《史林》1991年第1期。

② （北宋）曾巩：《隆平集》卷三，"爱民"篇。

③ （清）徐松：《宋会要辑稿·食货五五》。

④ （清）徐松：《宋会要辑稿·食货五五》。

下发这样的诏书，显见店宅务官员违约乱涨房租，是当时的常见现象。

官营出租屋质量低劣，店宅务常拒绝履行修缮义务，也是让租户极为头疼的问题。

大中祥符三年（1010），宋真宗颁布诏书称"应宣借宅，如欹侧破损者，不须官修"[1]。宣借宅，指的是朝廷拨给中高级官员居住的房屋，这些房屋由官办店宅务经营，所有权属于朝廷，官员只有使用权[2]。诏书的意思是官员宣借居住的房子如果歪了塌了，不能要求店宅务来负责修理。这显示当时的开封城内，有许多官员住在朝廷拨赐的出租屋内。且官员获赐的房子质量较差，以致他们经常去找店宅务要求修理。店宅务是皇帝的产业，修理房子需要成本。皇帝不肯吃亏，于是下诏书禁止官员去找店宅务。此外，官员们做"二房东"，将从店宅务宣借来的房子再租给别人，也会让皇帝很不开心。如景德元年（1004），宋真宗曾下诏要求"应宣借舍屋，须的是正身居住。如已有产业，却将转赁，委店宅务常切觉察，收管入官"[3]。店宅务对待官员尚且是这样一种态度，如何对待底层租户也就可想而知了。

店宅务对底层租户的敷衍，可参见景德二年（1005）的另一份诏书。该诏书提到，若店宅务出租的房子出现"欹垫"问题，也就是歪了垮了，租户采购建材进行添修时，须约定将来退租时"润官不折动"，不能拆走添修的部分。如果要拆，也须由店宅务派官员前去评估，唯

---

① 《借宅破损不须官修诏》，收入于曾枣庄、刘琳主编，四川大学古籍整理研究所编：《全宋文》第六册，巴蜀书社1989年版，第422页。

② 北宋康定元年（1040），苏舜钦有《论宣借宅事疏》，将宣借住宅给朝臣称作"赐第之典"，据此似可推测官员宣借店宅务的房子不必缴纳租金。见曾枣庄、刘琳主编，四川大学古籍整理研究所编：《全宋文》第二十一册，巴蜀书社1992年版，第11—12页。

③ 《宣借舍屋须正身居止诏》，收入于曾枣庄、刘琳主编，四川大学古籍整理研究所编：《全宋文》第六册，巴蜀书社1989年版，第113页。

有评估结果认为拆掉增修部分对官产不会产生损害，才可以动手。由利益相关的店宅务而非其他机构去评估，结果当然大概率是不能拆。[①]试想，如果出租屋的维护工作由店宅务负责，自然没必要下发这样的诏书。下发这种诏书，意味着当时的出租屋经常出现质量问题，且租户们只能咬牙自己出资维修。租户们出了大钱，对房子做了大修，退租时就难免要与店宅务发生纠纷，或要店宅务补钱，或要拆走添增的部分。这类情况必然很多，才会惹动皇帝亲自下诏来解决。

事实上，即便租户愿意忍痛自己出钱维修房子，也会有其他糟心事等着他们。大中祥符三年（1010），宋真宗下诏"赁官屋者如自备添修，店宅务无得旋添僦钱"[②]，不许店宅务趁租户维修完房子后要挟提高租金。引起皇帝下诏关注，显见此类事情不是个案而是现象。而且，租户如果不出资维修，房子垮了塌了造成人员伤亡，租户也只能自认倒霉，租金是要不回来的，更没办法找店宅务索赔。针对房屋倒塌或者被火烧毁，大中祥符三年的规定仅是重新修盖之前可暂免租户的房租[③]。

景德四年（1007），宋真宗有诏书要求店宅务在处理那些倒塌的房屋时，须将其中仍堪使用的木料挑选出来，不得随意充当柴火卖掉或者烧掉[④]。诏书会注意到这种问题，显示官营出租屋倒塌是很常见的事情。这也是为什么天圣三年（1025）店宅务拥有的出租屋（2.62万间）

[①]《人户备材添修店宅务舍屋事诏》，收入于曾枣庄、刘琳主编，四川大学古籍整理研究所编：《全宋文》第六册，巴蜀书社1989年版，第135页。诏书原文是："店宅务舍屋欹垫，人户欲备材添修者，须约退赁时润官不拆动。即委监官相度，如不亏官亦听。"

[②]（清）徐松：《宋会要辑稿·食货五五》。该诏书同时还提到"如徙居者并听拆随"，允许租户退租时拆走不影响房屋结构的添修部分，但拆动是否影响房屋结构仍由店宅务说了算。

[③]（清）徐松：《宋会要辑稿·食货五五》。

[④]《令店宅务委监官点校倒塌舍屋及损下退材诏》，收入于曾枣庄、刘琳主编，四川大学古籍整理研究所编：《全宋文》第六册，巴蜀书社1989年版，第231页。

多于天禧元年（2.33万间），年租金收入却少于后者——在这短短的几年里，有大约6000间官营出租屋倒塌或破损，它们留在统计簿册里，却已无法为朝廷牟取利润。

损毁率如此之高，不仅是疏于修缮的问题，也与店宅务在修建出租屋时偷工减料有很直接的关系。至和元年（1054），宋仁宗下诏批评之前"差官修缮"的京师官舍多不合格，要求自今以后修建的官营出租屋必须做到七年之内不倒塌，"如七年内损堕者，其监修官吏及工匠并劾罪以闻"[1]，如果七年之内倒塌损毁了，相应官员和工匠都要被治罪。房子的寿命标准只有七年，质量本已相当低劣；之前的官营出租屋连坚持七年都做不到，可见粗制滥造到了何种程度。

除了官府自营，店宅务也会将开封城内的部分房屋承包给民间商人，或将手中掌握的部分地皮租给民间商人，由商人出资建房再租给开封市民。如此，房屋的质量问题与修缮义务就全部转嫁给了民营商人，店宅务要做的只剩催租与加租。但对普通民营商人来说，承包店宅务的房子或土地绝不会是愉快之事。宋真宗时代，因民营商人修缮或建造的出租屋比店宅务直营的出租屋质量更好，挣到了钱，立即引起店宅务眼红，随后便出台政策向这些商人索要利润，且强制规定若商人不愿再经营下去，其修造的房屋不许转卖给他人，只能卖给官府。[2]如此这般被官营店宅务多坑几回，多摘几次桃子，民营商人也就都学"聪明"了，为了利润开始使用劣质材料，牺牲房屋质量。待到租约到期，留给朝廷的往往已是完全不堪使用的破房子。店宅务当然也不傻，又于宋仁宗时期出台新政策，规定商人退出前须由店宅务评估留下的房子，若质量尚佳则必须卖给店宅务，若已破烂不堪则允许商人自行处置。店宅务与民营商人攻伐往来，最终的受害者则是底层租户，他们只能住在随时可能倒塌的劣质出租屋里。

---

[1]《缮修京师官舍须实计功料申三司令所修完久诏》，收入于四川大学古籍整理研究所编：《全宋文》第二十三册，巴蜀书社1992年版，第279—280页。

[2] 四川大学古籍整理研究所编：《全宋文》第八册，巴蜀书社1990年版，第501页。

官营店宅务之外，开封城还有不少官僚在从事租房买卖。北宋初年，宰相赵普曾被人揭发广建房屋、经营邸店（提供住宿与货物寄存服务）、与民争利。宋仁宗时期，宰相夏竦、张方平等也在开封城内置办了许多房产并开设邸店。到了宋徽宗时期，宰相何执中名下的邸店数量为京师魁首，每天可以收120贯房钱，一年可收近4万贯，相当于宋神宗时期店宅务年房租收入的五分之一。他的同僚朱勔也很厉害，名下邸店每天可收租金数百贯，按最低200贯来算，年收入是7万余贯，相当于宋神宗时期店宅务年房租收入的三分之一。这些官僚名下的出租屋，质量可能要比店宅务的出租屋好一些。毕竟，他们无法像店宅务那般垄断数万间房屋。为了挣钱，官僚经营的出租屋多少需注意一点质量。但高质量的房屋在开封城始终是稀缺品，对大多数开封百姓来说，店宅务提供的那种风雨飘摇、寿命上限只有七年的破房子，才是他们的安身之所。

其实，不要说普通百姓，连翰林学士欧阳修与国子监直讲梅尧臣这类官员，当年在开封城租住的房子也是破破烂烂的。时为宋仁宗嘉祐二年（1057）七月，开封城降了一场暴雨。梅尧臣在开封城东租住的房子一片汪洋，屋内漂着浮萍，墙体已经残破，仅勉强撑着还没垮[①]。欧阳修租住的房子也在风雨中摇摇晃晃，四面墙壁皆有破口，雨水顺着裂隙涌入，蛤蟆游进灶台彻夜鸣叫。为将屋内积水排出，欧阳修带着全家人和僮仆奋斗了两个昼夜，连自己的藏书都没顾上抢救[②]。其实，上一年的七月，这所又破又老的房子就淹过水，欧阳修无可奈何，"仓皇中搬家来《唐书》局，又为皇城司所逐，一家惶惶，不知所之"[③]。堂堂翰林学士

----

① （北宋）梅尧臣：《嘉祐二年七月九日大雨寄永叔内翰》，收入于北京大学古文献研究所编：《全宋诗》第五册，北京大学出版社1998年版，第3239页。

② （北宋）欧阳修：《与梅圣俞书三八》，《欧阳修集编年笺注（八）》，巴蜀书社2007年版，第199—200页。

③ （北宋）欧阳修：《与赵康靖公书二》，《欧阳修集编年笺注（八）》，巴蜀书社2007年版，第52页。

文坛巨擘，只因租住的房子太破，承受不住暴雨，竟成了开封城里的丧家之犬。于是，两位同陷困境的"京漂"租客发出了相似的感慨：欧阳修对梅尧臣说"住京况味，其实如此，奈何奈何"[1]，梅尧臣则对欧阳修说"免为小吊鬼，世上一鸿毛"[2]。

欧阳修与梅尧臣皆在开封做官多年，并非不想拥有一所属于自己的舒适住宅。但开封的房子不是单纯的商品，而是北宋政府的一种汲取工具。只要汲取工具的性质不变，高房价、高房租与出租房破破烂烂的情况，就不可能得到改善。欧阳修与梅尧臣，还有开封城内的数十万普通民众，就都只能住在破破烂烂的出租屋里。

商业繁荣的畸形成因

今人谈及宋代的城市化时，常赞誉宋代商业繁荣，认为商业繁荣仅是宋代经济发展的必然结果。实则除了经济发展，宋代的商业繁荣还存在其他缘故。

第一个缘故是宋代养活着规模远超前代的统治阶层。统治阶层的消费支撑起了开封、洛阳、杭州这类城市的商业繁荣。流入这些城市的商品与服务，主要是为了满足统治阶层的需求。《东京梦华录》与《梦粱录》等资料对此有相当充分的记载。宋代统治阶层的规模与城市繁华程度的关系，详见本书的第一章，这里不再赘述。

第二大缘故是宋代的赋税货币化程度加深。所谓赋税货币化，指的是朝廷以政策强迫百姓用货币来缴纳赋税。如此，百姓便不得不将生产出来的实物拿到市场上去出售，以换回钱币来纳税。宋代乡镇普遍出现

---

① （北宋）欧阳修：《与梅圣俞书三八》，《欧阳修集编年笺注（八）》，巴蜀书社2007年版，第199页。

② （北宋）梅尧臣：《嘉祐二年七月九日大雨寄永叔内翰》，收入于北京大学古文献研究所编：《全宋诗》第五册，北京大学出版社1998年版，第3239页。

称作"草市"与"墟市"的定期集市，与赋税的货币化有直接关系。正如宋史学者汪圣铎在其《两宋货币史》中所总结的那样："宋代统治者为了增加税收，不断提高农业税中的货币比重，这种情况大大超越了当时商品货币经济的实际发展程度。"①意即朝廷为增加财政收入而强行提升赋税货币化的比重，属于汲取方式过于"先进"，脱离了当时经济发展的实际情况。

赋税货币化程度加深的直接结果，是逼迫底层民众不得不参与商业活动以获取货币，进而造成一种商业繁荣的假象。之所以将这种商业繁荣称作假象，是因为农民乃是被迫参与其中，其进入市场的核心目的是获取货币以缴纳赋税，而非赚取利润。市场虽然繁荣，但商品生产者并不能从这繁荣中得到好处。宋代士大夫对此其实已有很深入的观察。如北宋人李觏说："公有赋役之令，私有称贷之责。故谷一始熟，腰镰未解而日输市焉。"②为了完成官府的赋税，为了偿还欠下的私债，稻谷刚刚收完，腰上的镰刀没来得及解下，农民就得把粮食拿到市场上去出售。南宋人陆九渊也说："今农民皆贫，当收获时，多不复能藏，亟须粜易以给他用，以解逋责。"③南宋百姓同样须在收获之后，立即将粮食拿到市场上出售以换取金钱，以缴纳朝廷的税赋并偿还私人的债务。大量的粮食集中在收获季涌向市场，必然造成粮价下跌。李觏说"粜者既多，其价不得不贱"，陆游说丰收之年农民更惨，"百钱斗米无人要"④，皆是这个原因。

当出卖农产品已无法获得足额货币来缴纳税赋时，底层百姓便不得不另谋副业。朱熹在给宋孝宗的奏疏中说"民间虽复尽力耕种，所收之

---

① 详细的分析可参见汪圣铎《两宋货币史》的第六章《钱荒现象及官方对策》，社会科学文献出版社2016年版。

② （北宋）李觏：《直讲李先生文集》卷十六，《富国策第六》。

③ （南宋）陆九渊：《象山先生全集》卷八，《与陈教授书》。

④ （南宋）陆游：《剑南诗稿》卷五九，《太息》。

利，或不足以了纳税赋，须至别作营求，乃可赔贴输官"①，便是在痛心南宋百姓为了缴纳赋税，于农耕之外还得挤出精力从事其他经营活动。另一位南宋人王柏也说，南宋百姓为了换得纳税所需的货币，"往往负贩佣工以谋朝夕之赢者，比比皆是"②，必须在耕作之外另有经营，或去做小买卖，或是给别人打工。宋代城乡小商贩众多且劳动力市场活跃的重要原因之一便在这里。这实际上是用税赋制度榨干了百姓的休闲时间，可以视之为一种前现代的"加班文化"。

除了谷贱伤农和逼迫农户"加班"，为增加财政收入而强行提升赋税货币化的比重，还会伤害整个经济体的健康。南宋人蔡戡在给朝廷的札子里说，灾年对农民来说是噩梦，丰年对农民来说也是噩梦。农民种田十年能遇上一次大丰收就算运气很好了。为了给官府纳租，为了偿还欠款，农民必须把粮食拿到市场上去卖，结果却因丰年卖粮者众多而卖不出价，其收入连眼前的税赋与债务都填补不上。米价低贱而钱币难得，百姓为了缴纳税赋，为了应付州县的各种催科，就会紧紧捂住口袋里有限的钱币，不愿拿出来消费③。百姓不消费，就会造成"客旅稀

---

① （南宋）朱熹：《晦庵集》卷一一，《庚子应诏封事》。

② （南宋）王柏：《鲁斋集》卷七，《社仓利害书》。

③ 除了不愿拿钱出来消费之外，赋税的货币化也直接造成两宋民间富户嗜好储存铜钱的风气——赋税货币化让铜钱成了最能保值的东西。吕陶对宋神宗说"现钱大半入官，市井少有转用"［见（北宋）吕陶：《净德集》卷一，《奏乞放免宽剩役钱状》］，苏辙说"官库之钱，贯朽而不可校；民间官钱，搜索殆尽"［见（北宋）苏辙：《栾城集》卷三三，《乞借常平钱置上供及诸州军粮状》］，都是在说朝廷以货币来汲取民财的力度很大。且民间富户即使有钱，也会因各类物资价格低贱而难以大量流入市场，普通百姓想要获取铜钱来缴纳税赋就会变得更难。为了逼迫富户将铜钱花出去，宋高宗曾在绍兴二十九年（1159）颁布政策，"命官之家存留见钱二万贯，民庶半之。余限二年，听变转金银、算请茶、盐、香、矾、钞引之类。越数隐寄，许人告。"［见（元）马端临：《文献通考》卷九《钱币考二》］但只要朝廷的汲取政策不变，禁令是不会有效的。

少，市井萧条，工商游手之徒，莫不坐困"的恶果，整个经济体都将陷入萧条。①不过，其他行业的萎缩不影响官府在草市和墟市征收商税。据漆侠的统计，宋代"村市商税量不大，但是全国村市和镇市商税集合起来，熙宁十年为1546192贯（其中包括152608贯铁钱），占该年商税总额的18.12%，也颇为可观了"。②

北宋政府强推赋税货币化最激进的时段，是宋神宗启用王安石变法期间。苏轼在熙宁五年（1072）秋赴湖州视察，写有诗作《吴中田妇叹》，内中说吴中地区本年气候不佳，农户收了粮食后赶紧拿去市场上卖，结果却"价贱乞与如糠粞"，许多人被逼到了"卖牛纳税拆屋炊，虑浅不及明年饥"的程度，为了缴纳赋税只好把牛卖了，也顾不上明年没了牛耕作还能不能顺利。如此惨况究其根源，全在于"官今要钱不要米"，朝廷自变法之后，越来越多的赋税改为以货币缴纳，农户没办法只好卖粮食卖牛。③司马光也在熙宁七年上奏说，新法打着便利百姓的旗号处处敛财，实则很多百姓已被逼至卖耕牛卖田宅的地步：

> 今有司立法，唯钱是求。民值丰岁，贱粜其谷以输官，至凶年，无谷可粜，吏责其钱不已，欲卖田则家家卖田，欲卖屋则家家卖屋，欲卖牛则家家卖牛。无田可售，不免伐桑枣，撤屋材，卖其薪，或杀牛卖其肉，得钱以输官。一年如此，明年将何以为生乎？故自行新法以来，农民尤被其害者，皆敛钱之咎也。④

---

① （南宋）蔡戡：《定斋集》卷四，《乞平籴札子》。

② 漆侠：《漆侠全集》第八卷，河北大学出版社2009年版，第493页。

③ （北宋）苏轼著，邓立勋编校：《苏东坡全集》上册，黄山书社1997年版，第74页。

④ （北宋）司马光：《温国文正司马公文集》卷四五，《应诏言朝政阙失事》。

　　司马光的这段叙述，千年后读来仍使人触目惊心。朝廷认为收取货币是比收取实物更好的敛财方式，所以借变法大力推行赋税货币化[①]。底层农民被逼带着粮食、耕牛和田宅进入市场，乡镇中的草市与墟市迎来了前所未有的繁荣。各类物资在草市与墟市廉价流入商人之手，又会进一步流入城市之中，以满足城市居民尤其是统治阶层的需求，当然也会促进城市的商业繁荣。只是这场商业繁荣的起点，也就是那些被迫进入市场的底层农民，并没有从繁荣中获得红利。相反，他们正是这场所谓繁荣最直接的代价。

　　这种统治下的畸形繁荣，也是有数据可证的。宋神宗熙宁十年（1077），县以下的收税单位——指官府派驻了税务人员或包税人员的商业贸易场所，包括镇市、场务、铺店、渡口等，共计有1013处。其中年税收在1000贯以下者占到了总数的三分之二（这当中，不超过500贯者有424个，不超过100贯者有152个，10贯以下者有49个），可见多数税收单位的商业繁荣度相当有限。然而，仅仅数年后，到宋神宗元丰末年，由官府正式命名且委派了官吏监管商税的镇市就增至1871个。[②]

---

　　① 宋代私铸货币的现象不严重，一个很重要的原因便是私铸的货币无法用来纳税，对百姓而言没有价值，南宋的纸币会子能够流通起来，也不是因为商品经济发达，而是会子可以用来纳税。另据宫泽知之的估算，北宋的钱监大约铸造了3亿贯铜钱，但是在11世纪晚期仅有约3000万贯铜钱在市场流通。底层农民是没有货币积蓄的，他们靠着出售农产品所得的货币，几乎全部作为赋税流回到了政府手中。见［美］万志英著，周星辉译：《宋代货币史研究的创新——评宫泽知之〈宋代中国国家经济〉及高聪明〈宋代货币与货币流通研究〉》，《宋史研究论丛》第13辑，河北大学出版社2012年版，第659—660页。宫泽知之还认为："宋朝的货币发行并不是以市场经济规律为基础的，而是以收取租税、组织全国性货物流通、国家财富的储存等政治动机为基础的，货币乃是通过财政的运作实现对社会、经济统制的手段、国家统治的手段。"转引自包伟民：《"宋代经济革命论"反思》，《国际汉学》第7辑，大象出版社2002年版，第127页。

　　② 周宝珠：《试论草市在宋代城市经济发展中的作用》，《后乐斋集》，河北大学出版社2012年版，第207—209页。

如果将商业镇市数量的大幅增长想当然地等同于经济出现了大发展，那么，上述数据很容易让人得出"宋神宗熙宁元丰年间是个大好时期"的错觉。实则不论王安石变法的初衷如何，一个众所周知的事实是，这场变法最终演变成了一场官权力的聚敛运动，大多数宋民并不愿生活在变法如火如荼的熙宁元丰时期。正如王曾瑜所总结的那般，"王安石变法的重点，是加强对贫民下户的搜刮和镇压""神宗在位的熙丰时代，其实并不是国泰民安，人民日子过得稍好一些的时代，而是民不聊生、民怨沸腾、民变迭起的时代"①。

为什么一个大肆聚敛的时代，一个民怨沸腾的时代，商业镇市的数量反而出现了大增长？玄机便在于司马光所说的"今有司立法，唯钱是求"。王安石变法的诸多项目中，青苗法是强制放贷，要百姓借钱还钱；免役法是改差役为募役，要百姓缴免役钱、助役钱和免役宽剩钱；市易法更是官府直接参与到商业活动当中，从民间汲取金钱。青苗法和免役法大大提升了普通百姓对金钱的需求，没有钱就应付不了朝廷的这些新汲取。市易法靠权力垄断赚取利润，让民间的钱币大量流入官府的口袋，又加剧了民间的钱荒问题，提升了普通百姓获取金钱的难度。于是，熙宁七年（1074），当开封府辖下诸县官府以逮捕鞭笞的方式督责索要青苗钱甚急时，民间便发生了百姓"伐桑为薪以易钱货"②的恶劣现象。熙宁十年，四川也出现了"现钱大半入官，市井少有转用""见（现）钱绝少，物价减半"③的情况。桑蚕是农户重要的谋生资产，不到万不得已，农户不会为了获得现钱而将桑树砍了去当柴火卖。物价减半则意味着民众必须拿出双倍的物资，才能在市场上换取足够的现钱去纳

---

① 王曾瑜：《王安石变法简论》，《中国社会科学》1980年第3期。

② （北宋）韩维：《乞蠲除租税奏》，收入于曾枣庄、刘琳主编，四川大学古籍整理研究所编：《全宋文》第二十五册，巴蜀书社1992年版，第181页。

③ （北宋）吕陶：《净德集》卷一，《奏乞放免宽剩役钱状》。

税。当开封的百姓迫不得已将桑树变成柴火拿到市场上，当四川的百姓也迫不得已将双倍物资拿到市场上，宋神宗熙丰年间的畸形商业繁荣也就出现了。草市、墟市、场务与铺店的交易量上升，商税额增加，由官府派员监管税收事务的镇市数量自然也会随之激增。

宋神宗熙宁元丰年间的这场变法，实际上造成了一种恶性循环。朝廷通过变法，大幅提升了百姓以钱币纳税的比例，迫使百姓不得不将更多劳动力与农产品投放到市场上以换取货币，造成了商业交易的畸形繁荣。大量货币通过税赋形式流入国库，又导致民间出现钱荒。民间出现钱荒，又使得农产品价格暴跌，进一步逼迫百姓将更多劳动力与农产品投放到市场上。投放到市场上的劳动力和农产品越多，劳动力与农产品的价格就越低，就越难售卖出去。对于这一恶性循环，亲历变法的宋代士大夫留下了许多描述。如张方平于熙宁九年（1076）秋上奏宋神宗，以应天府（治所在今河南商丘一带，北宋以之为南京）举例说道：

> 畿内七县，共主客户六万七千有余户。……惟屋税五千余贯，旧纳本色见钱。……今乃岁纳役钱七万五千三百有零贯。又散青苗钱八万三千六百余贯，累积息钱一万六千六百有零贯，此乃岁输实钱九万三千余贯。每年两限，家至户到，科校督迫，无有已时，天下谓之钱荒，搜索殆尽。[1]

据张方平见到的统计数据，应天府共有6.7万余户百姓，未变法时须用货币纳税的主要项目是屋税，为5000余贯。王安石变法后，光免役法加上青苗法这两项，须以货币纳税的额度就暴增至17.55万贯。应天府百姓为了凑足纳税的货币，只能大规模出售劳动力与农产品，市场是繁荣了，百姓的口袋却被掏空了。

---

[1] （南宋）李焘：《续资治通鉴长编》卷二百七十七，"熙宁九年七月壬午"条。

与张方平类似的观察，也见于宋哲宗元祐二年（1087）殿中侍御史孙升的奏疏。当时，宋神宗已驾崩约一年，高层权力的更迭使得检讨熙丰变法的历史教训成为可能。孙升遂上奏说道：

> 自免役出钱以来，乡村极力人户破荡殆尽，所存无几。……臣近询问福建路提刑喻陟，言福建一路八州，见有宽剩钱犹可支雇役十年之费。而殿中侍御史吕陶自成都府路回，言西川每岁坊场钱可足一年所用。或诸路例皆如此。……今东南民间所用无完钱，皆乌旧缺边，而乡村所出谷帛贱无人售。城郭人户比十五年前破家者十七八，皆因纳钱免役之患，此上下共知，非臣一人之私言也。①

据孙升的观察，熙丰变法虽然打着为百姓好的旗号，实际上却将乡村有财力有人力的人家扫荡一空；与变法之前相比，城市居民也十之七八皆已破产。真正获利的只有朝廷，福建路从百姓身上榨取出来的免役宽剩钱，足可让当地官府雇役十年，西川路仅坊场钱一项就可供当地官府一年之用。因为货币都以税赋的形式被官府汲取走了，东南地区民间只剩下黑旧缺边的残缺货币在流通，乡村百姓迫切想要卖掉谷帛以换取纳税用的货币，但根本就卖不掉。

据此，我们可以说，那种将宋代赋税货币化、将宋代草市与镇市数量的激增，皆视为宋代经济大繁荣、社会大发展的自然结果的看法，实在过于简单。权力不受节制的敛财欲，是两宋政府大力推行赋税货币化

---

① （南宋）李焘：《续资治通鉴长编》卷三百九十四，"元祐二年正月辛巳"条。

的核心动力①；赋税货币化逼迫民众必须想尽办法出卖劳动力、出卖农产品与手工业产品去换取货币，又推动了商业的畸形繁荣，推动了草市与镇市数量的激增。这是一场残酷的汲取游戏，在这场游戏里，那些努力耕作创造财富的普通民众受到了极大伤害。

此外，还有一些暴政也会造就商品贸易的畸形繁荣。比如，官府为了敛财，会强迫不产绢帛的地区在纳税时缴纳绢帛。程俱在南宋初年做过秀州知府。据他披露，秀州乡村主要种植水稻，鲜少种植桑树，但朝廷每年都要秀州百姓以绢帛缴纳夏税，于是每年到了纳税日前后，就会有许多商人从出产绢帛的杭州、湖州等地低价买入绢帛，运到秀州高价出售。百姓必须赶在纳税日结束前缴足夏税，只能忍痛从商人手里购买高价绢帛。秀州的绢帛市场，遂出现了季节性的畸形繁荣。②此类苛政甚多，在两宋也是常态，就不逐一详述了。

两种截然不同的城市

北宋都城开封与南宋都城临安，均是人口规模达百万级别的大城

---

① 宋人自己对此有许多敏锐的观察。如北宋人晁说之说："庙堂之上，命令之先务，公卿大臣之谋谟者，钱也。刑罚之虽重，虽杀人可赦，而钱不可赦也。使者旁午，文移急于星火，谴苛无所不至，惟钱是恤也。"见（北宋）晁说之：《嵩山文集》卷一《元符三年应诏封事》。南宋的情况更甚，据《宋史》记载，南宋孝宗、光宗、宁宗统治时期，缗钱、斗米、束薪与菜茹皆有税。虚市有税，空舟也有税。食用的大米会被指为酿酒之米而有税，衣服会被指为布帛而有税。士大夫带着行李出门，行李里的东西会被当成商品而有税，贫民在村落中交易琐碎之物会被指为漏税而入罪。空身出门，绕路避开税卡，也会遇到埋伏在小路上的税务人员"拦截叫呼"，如果被他们抓住把柄，必会被搜刮得干干净净。见（元）脱脱等：《宋史》志第一百三十九《食货下八》。

② （北宋）程俱：《北山小集》卷三十七，《乞免秀州和买绢奏状》。其原文是："苏秀两州乡村，目前例种水田，不栽桑柘，每年人户输纳夏税物帛为无所产，多数行贩之人预于起纳日前，先往出产处杭湖乡庄，贱价傃揽百姓合纳税物，抬价货卖，人户要趁限了纳，耗费甚多，官中又不得堪好物帛。"

市。大致同时期，西欧的顶级城市如米兰、威尼斯、佛罗伦萨与热那亚等，人口规模只在10万上下。再次一级的城市，如英国的伦敦，德意志的科隆[①]，其人口规模多在2.5万—5万之间。[②]再次一级的小城市，则一般仅有数千人口。[③]

但这既不意味着宋朝的经济比同时期的欧洲更发达，也不意味着宋朝的民众比同时期的西欧生活更优越。同时代的东西方城市，虽然皆名为城市，实则是两种完全不同的东西。

这种不同，首先体现在成因上。开封与临安之所以能聚集百万人口，是因为皇权将数十万统治阶层（包括宗室、官僚、禁军及其家属）聚集在这里。为了满足这些统治阶层的消费需求，开封与临安犹如巨大的怪兽，源源不断汲取全国的人力与财力。开封与临安的繁华背后，是全国性的凋敝。与开封、临安相似的西欧城市是古罗马。据说在奥古斯都（前63年至14年）统治时期，古罗马城的人口也达到了百万规模。[④]条条大路通罗马，既是因为罗马需要通过这些道路控制辖下行省，也是因为罗马城内聚集着大量的权贵，需要依赖这些道路完成人力与物力的汲取，以满足罗马城内权贵的消费需求。总而言之，是中央集权的政治制度与高强度的税赋汲取造就了开封、临安与罗马的繁荣。它们是传统的古代城市，是政权的附庸，是没有内在活力的"食税之城"。当政权发生转移，统治阶层消失，城市很快就会衰落下来。

---

① 科隆在14世纪初人口达到巅峰时只有3.5万—4万人。见［德］乌尔夫·迪尔迈尔著，孟钟捷译：《德意志史》，商务印书馆2022年版，第26页。

② ［美］朱迪斯·M.本内特著，林盛、杨宁、李韵译：《欧洲中世纪史》，上海社会科学院出版社2021年版，第155页。

③ 徐浩：《中世纪英国城市人口估算》，《史学集刊》2015年第1期。

④ ［英］查尔斯·弗里曼著，李大维、刘亮译：《埃及、希腊与罗马》，民主与建设出版社2020年版，第687页。此说并非确论，也有意见认为古罗马的城市人口只有数十万，并未达到百万级别。

　　西欧中世纪新出现的城市则不然。它们不是统治意志的产物，而是商业发展的自然结果。罗马帝国当年曾在其疆域中建立过数千座大小不一的城市，作为中央和地方的行政中心，这些城市的运作完全掌控在帝国官员手中。罗马帝国灭亡后，欧洲进入封建领主时代，行政式城市衰落，大陆上遍布的是领主的城堡与附属于领主的乡镇与村庄。这期间新兴的威尼斯、佛罗伦萨、热那亚、马赛、巴塞罗那等城市，皆非由国王、封建领主或教会主导造就，而是商人、工匠和手艺人在长达数个世纪的商业活动中逐渐汇聚财力建设而成的。连米兰这种传统的罗马城市，在中世纪重新崛起时，也与政权的统治没有多少关系，甚至可以说政权的统治（教会与领主）正是米兰重新崛起的阻碍。

　　公元4世纪时，米兰曾短时间成为西罗马帝国的首都，是一座典型的"食税之城"。公元5世纪到6世纪，米兰先后遭到匈人、哥特人、伦巴第人的侵略，渐趋衰落。到了10世纪，丧失行政中心地位已久的米兰退化成了大型村庄，与同期那些只有数千人的欧洲城镇没多少区别。米兰重新成为引人瞩目的城市，始于1057年的市民起义。起义以反对大主教、要求自治为目的，起义市民主要由拥有土地的小贵族、商人及手工业者组成。经过持续多年的斗争与妥协，米兰于11世纪末成立了自治公社，市民们可以定期选举自己的执政官，可以参与制定城市的自治法律。米兰城的执政官是复数，以防个人专权。1117年，米兰的执政官共有18人，1130年是23人。执政官负责管理公社，率领公社抵御外敌侵犯，并审理公社成员间的争讼。执政官有固定任期，通常每年或每两年选举一次，迥异于封建领主的世袭制。执政官中又有首席执政，作为公社的最高军事长官、最高行政长官和首席法官，首席执政的任期通常只有六个月，且不能连任。首席执政任期结束时，其政绩将由专门成立的委员会做细致评估。为了维持城市的日常运转，公社还设有市民议会之类的机构以代表民意，米兰的大议会有成员800人。大议会不能随时召集以处理日常事务，于是下面又有常设的责任议会与特别委员会。首席执

政官就重大事务做出决策时需要与市民议会协商。市民议会还拥有制定法律的权力。^①

到了13世纪初，也就是中国的南宋中期，许多西欧新兴商业城市从领主或教会手中获得了自治权，纷纷建立起了米兰公社式的自治政府。获得自治权的过程自然是很艰难的。武力斗争者有之，以金钱赎买者也有之——向城市出售自治特权是很多缺钱的封建领主乐意做的事情，更常见的情况则是武力斗争与金钱赎买并行。除此之外，城市能够成功获得自治权，还有一个重要原因，就是当时的西欧并非帝国式的中央集权，而是由国王、领主和教会共同统治的封建社会。城市在谋求自治权时，可以充分利用这些势力间的矛盾，如利用国王来对抗贵族，利用主教来对抗国王。英王理查一世统治时期（1189—1199），之所以会给许多城市颁发允许自治的特许状，便是因为他在统治集团内部引发了战争而亟需用钱。

自治，是这些新兴城市区别于传统城市的核心特征。比利时历史学家亨利·皮雷纳（Henri Pirenne）在其名作《中世纪的城市》中，如此概括这些城市的性质："中世纪的城市从12世纪起是一个公社，受到筑有防御工事的城墙的保护，靠工商业维持生存，享有特别的法律、行政和司法，这使它成为一个享有特权的集体法人。"^②言下之意，这些新兴城市不再是统治者（国王、封建领主与教会）意志的体现，而代表着市民的利益。城市相当于市民阶层的共同体。其政治运作与社会治理中孕育着法治、契约精神、公民社会、代议制等近代西方文明要素。对于这一点，马克斯·韦伯（Max Webber）也有一段独特的议论：

①［美］哈罗德·伯尔曼：《城市法——中世纪城市自治的基础》，收入于王建勋编：《自治二十讲》，天津人民出版社2008年版，第229—234页。

②［比利时］亨利·皮雷纳著，陈国樑译：《中世纪的城市》，商务印书馆2006年版，第133页。

在堡垒和政治的以及教士的管理中心这个意义上，西方世界之外确实出现过城市。但在统一的共同体意义上，西方世界之外"不存在"城市。在欧洲中世纪，城市的明显特征是具有自己的法律、法庭和自治的行政。在受法律的支配并且参与选择行政官员的意义上，个人是公民。在政治共同体的意义上，西方之外没有城市，这是需要说明的。……在中国和印度，存在着比西方的团体更为紧密结合在一起的团体，但是，统一的城市，不能在那里存在。[①]

在韦伯看来，如果仅将城市视为防御性的堡垒或统治者的行政中心，那么古代的东方与西方都存在许多城市。可如果将城市定义为"统一的共同体"，视为居民共同意志的产物，那么，这样的城市要到中世纪的西欧才会出现，其核心特征是城市居民拥有属于他们自己的法律与法庭，拥有由他们自己选举产生的行政机构。在此之前的东西方城市也有法律，但那些法律不属于市民，只代表国王或者领主的意志。在此之前的东西方城市也有行政机构，但那些行政机构不属于市民，只是皇权或者领主权力的延伸。换言之，被皇权控制的堡垒，不管它如何巨大，都只能算作古代的遗物；由市民自治的城镇，哪怕规模不过数千人，仍应视作近代的开端。

城市性质迥异，内部运作当然也会大不相同。比如，两宋城市与西欧中世纪城市中的行会，便是同名异质的两种东西。宋代行会的情况，如本章前文所言，是由官府主导成立，受到官府的严格控制，其首要职责不是保护入会商人的利益，而是满足官府在采购与销售方面的需求。西欧新兴城市中的行会则独立于政府机构之外，既是同业组织，也是互

---

① ［德］马克斯·韦伯著，黄宪起、张晓琳译：《文明的历史脚步——韦伯文集》，生活·读书·新知上海三联书店1988年版，第170页。

助组织。为维护入会成员的利益，行会制定有诸多法规，如成为行会学徒的条件、工作日与假日、商品的质量标准、商品的最低售价、同类商店的距离等，以确保公平竞争。行会还要承担救助病残或陷入法律困境的会员、为会员子女兴办学校、为会员建设教堂等事务。行会设有民选的执政，设有负责审议法规的行业全体会议，也设有负责处理日常事务的小型议会或仲裁法庭。除非行会违反了城市法律，否则城市官员不能干预行会的运作。①

行会的差异只是个小缩影。如厉以宁所言，西欧中世纪城市的出现，相当于在封建社会之外产生了一种新的"体制外异己力量"②。城市不断将人吸引进来，让他们摆脱旧身份，获得新的上升通道，不断对旧的封建等级制度造成冲击。中世纪的西欧谚语说"城市里的空气使人自由"，市民在当时被称作"自由民"，涵义便在这里。行会制度、商业合伙人制度、契约制度、会计制度、商业法律制度等，皆是这种体制外异己力量的衍生物。尤为重要的是，原本只有封建领主与教会人士才属于文化人，一般人很难有受教育的机会，受了教育也无用武之地。城市却给独立于神学之外的世俗知识分子提供了出路，让医师、法官、律师、作家、艺术家、会计等可以自谋生路，获得新的社会地位，而不必再做权力的附属品。如果没有城市，不会有达·芬奇，也不会有伽利略。

下文是一位叫作邦韦奇诺·达·里帕的意大利修道士，对13世纪的米兰城的观察：

①［美］哈罗德·伯尔曼：《城市法——中世纪城市自治的基础》，收入于王建勋编：《自治二十讲》，天津人民出版社2008年版，第236页。

②厉以宁：《资本主义的起源：比较经济史研究》，商务印书馆2003年版，第81页。

人口每天都在增加……在城市也包括郊区，共有10家医院为病人服务……除麻风病患者另有医院外，所有患者都可得到收留，得到亲切和慷慨的治疗以恢复健康，医院提供床位和食物。那些需要外科治疗的穷人，由专门指定的外科医生治疗。这些医生由城市当局支付工资……单在这个城市内就有120个精通两种法律的博士……公证人有1500人以上……被称为内科医生的医学专家有28人。各种不同专科的外科医生在150人以上，……精于语法技巧的教授有8人，他们督导着大批学生……教读和写这类基础知识的教师实际人数在70人以上。抄写员超过40人。城中面包房有300家以上……经销各式各样货物的零售业店主在1000人以上。屠户人数超过440个。……为骡马之类制作铁掌的铁匠大约有80人……单是这个城市每年燃烧的木柴肯定要超过15万车。①

下文则是意大利商人、编年史学者乔瓦尼·维拉尼（Giovanni Villani）对他所居住的14世纪的佛罗伦萨的观察：

据估计，在佛罗伦萨大约有9万人口，包括男子、妇女和儿童……城内常驻的外国人有1500人左右……男孩和女孩学习读书的人数约为8000人到1万人，儿童中学习算盘和阿拉伯数字算法的人数约为1000人到1200人，在4所大型学校中学习语法和逻辑的人数约为550人到600人。……佛罗伦萨市内和郊外的教堂有110个……30个医院设有床位1000多张，接收穷人和病

---

① ［意大利］乔瓦尼·维拉尼：《编年史》第二卷，转引自［意大利］卡洛·M. 奇波拉主编：《欧洲经济史：中世纪时期》，商务印书馆1988年版，第13页。为符合中文阅读习惯，对原译文略有调整。

人……羊毛行会和毛织商人的作坊有200家，或者还要更多，这些作坊织出呢布7万到8万匹，总价值超过120万金弗洛林。其中足足有三分之一留在本国支付工资，这还没有算入企业主的利润。3万多人以此为生。经营阿尔卑斯山北面所生产呢布的进口商行会的商栈大约有20个，他们每年进口1万多匹呢布……银行大约有80家……法官联合会有会员80人左右。公证人大约有600人。内外科医生共约有60人。药剂师约有100人。佛罗伦萨有146家面包房……这个城市每年消费大小牛只约4000头、绵羊6万只、雌雄山羊2万只、猪3万头。①

从中可以看到，这些城市拥有专门的医院，可以养活专业的外科医生和内科医生，拥有分门别类的各式学校，且儿童入学率极高。还拥有发达的支柱产业，与之配套的银行业与法律业也很完备。这些城市的人口规模虽小，却充满了活力，体现了近代感。

①［意大利］乔瓦尼·维拉尼：《编年史》第二卷，转引自［意大利］卡洛·M.奇波拉主编：《欧洲经济史：中世纪时期》，商务印书馆1988年版，第14页。

第八章
赵宋政权的统治逻辑

本书行文至此，已经回答了如下几个问题：一、宋代的繁荣从何而来？二、宋代的繁荣是谁的繁荣？三、宋代的普通乡村百姓与普通城市居民过着怎样的生活？基于对上述问题的理解，本章试图就赵宋政权的基本统治逻辑做一点粗浅的解剖。

"共治"只是统治术

今人常赞誉宋代政治，或称颂其"与士大夫共治天下"[①]，或称颂其有"不诛大臣与言官"的祖训。这些称颂或多或少都有史实依据。但究其实质，仍不过是皇权私藏秘用的统治术，而非公开稳定的制度建设。

何以这样说？我们可以先来看"不诛大臣与言官"的祖训。这份祖训被披露于世，是在靖康之变以后。当时徽宗与钦宗皆被俘虏北去。宋高宗于混乱中仓促即位，宋徽宗委托了亲信曹勋南返，将该祖训传递给宋高宗。曹勋如此转达道：

[①] 宋神宗朝大臣文彦博之语。其原文是："上曰：'更张法制，于士大夫诚多不说，然于百姓何所不便？'彦博曰：'为与士大夫治天下，非与百姓治天下也。'"见（元）马端临：《文献通考》卷十二《职役考一》。

> （太上皇）又语臣曰："归可奏上，艺祖有约，藏于太
> 庙，誓不诛大臣、言官，违者不祥。故七祖相袭，未尝辄易。
> 每念靖康年中，诛罚为甚。今日之祸，虽不（在）此，然要当
> 知而戒焉。"①

　　据曹勋的说法，该祖训"藏于太庙"，历来只有皇帝一人可以见
到②。宋高宗即位于外地时，汴京已被金军攻破，无从见到太庙里的誓
约，故宋徽宗派了曹勋特意转达。这意味着在靖康之变以前，除了皇帝
之外，北宋朝野上下无人知晓太庙中藏有这样一道祖训。也就是说，赵
匡胤如果真制定了这样一则祖训③，他也绝不会让天下人知晓该祖训的
存在。毕竟，一旦传播开来，祖训便不再是私藏秘用的统治术，而将成
为公开固定的制度。大臣与言官能够在政治活动中保全性命，也只会感
激制度，而不会感激皇权额外的恩德。这对皇权显然是不利的——没了
性命之忧，士大夫对皇权的批评必会加剧，皇帝的无限权力必会受到压
制。皇帝对批评意见的容忍，也会被视为理所当然，而非君恩浩荡。

　　正因无人知晓太庙里藏有"不杀大臣与言官"的祖训，所以宋神宗
欲诛杀漕官时，持反对意见的大臣只说"祖宗以来未尝杀士人，臣等不

---

　　① （南宋）徐梦莘编：《三朝北盟会编》卷九十八，"北狩见闻录"条。

　　② 陆游《避暑漫抄》中记载宋太祖的誓约是以"誓碑"的形式藏于太庙，且称
"太上寄语云：祖宗誓碑在太庙，恐今天子不及知"。也有学者认为《避暑漫抄》并
非陆游所抄录，理由是书中部分内容发生于陆游去世之后。该书可能是明代人编写，
真正的编撰者已不可考。据书中记载，关于宋太祖"誓碑"的文字抄自一本叫作《秘
史》的著作，此书究竟是何人所写也已不可考。

　　③ 历史上是否真存在这样一份誓约，学术界仍存在不同意见。可参见李峰：
《宋太祖誓约"不诛大臣、言官"新论：兼与张希清、刘浦江等先生商榷》，《史
林》2012年第6期；李峰、陈腾：《曹勋著述中所见宋太祖誓约辨析》，《史学史研
究》2021年第3期。

欲自陛下始"①，而无人拿太庙中藏有誓约为依据。吕大防欲向宋哲宗推广祖宗家法，也只提到"前代多深于用刑，大者诛戮，小者远窜，惟本朝用法最轻，臣下有罪，止于罢斥，此宽仁之法也"②，而未提及这些宽仁之法载于太庙誓约。宋哲宗后来拒绝杀戮党争失败者，也只说"朕遵祖宗遗志，未尝诛杀大臣"③，而无只字提及太庙里藏有誓约。

值得注意的是，誓约被曹勋公开后，宋孝宗于淳熙六年（1179）亲笔写下了一段批语，内中明言自己很反感不杀大臣与言官这项传统，认为"国朝以来过于忠厚，宰相而误国，大将而败军，未尝诛戮"是不对的，真正的用人之道应该厚赏与严诛并行，对消极执行王命的大臣就应该实施诛戮。④这份手诏流传出去之后震动朝野，造成了"中外大耸"的效果。合理推测，宋孝宗之所以做这种事，是因为他不希望"不杀大臣与言官"这一誓约变成公开的制度，变成赵宋官员们的护身符。这种心思，与不愿公开誓约的宋太祖是高度一致的。毕竟，只有宽松的政治环境并非来自固定公开的制度建设，而须高度依赖皇帝个人操守，皇权与官僚集团间的施恩与受恩关系，才会自然而然地成立。北宋人陈公辅说"本朝祖宗恩德之厚，未尝杀戮大臣"⑤，南宋人黄震说"太祖皇帝以来，始礼待士大夫，终始有恩矣"⑥，皆是将宽松的政治环境视为赵宋皇帝的特殊之恩。这种感恩戴德，正是宋太祖定下优待士大夫的统治术时所希望达成的效果。

---

① （明）陶宗仪：《说郛》卷四十一（下），《蓼花洲闲录》。

② （南宋）王偁：《东都事略》卷第八十九，齐鲁书社2000年版，第754页。"王偁"又作"王称"。

③ （南宋）王偁：《东都事略》卷第九十五，齐鲁书社2000年版，第816页。

④ （南宋）李心传：《建炎以来朝野杂记》乙集卷三，《孝宗论用人择相》。

⑤ （北宋）陈公辅：《待制陈定庵先生公辅遗文·条画十二事疏》，收入于（清）王棻：《台学统》卷四十七上，（嘉业堂刻本）。

⑥ （南宋）黄震：《黄氏日抄》卷八十，《引放词状榜》。

作为统治术的"不杀大臣与言官",可说是相当成功,极大改善了统治集团的内部生态,缓解了内部矛盾,避免了统治集团的内部分裂。

众所周知,自秦始皇而下,秦制君王们普遍怀有"打天下、坐天下"的思维,视天下为一家一姓之私产,且致力于将所有权力收归己手。如秦二世胡亥曾对赵高说,自己既然做了皇帝,便要"悉耳目之所好,穷心志之所乐"①。刘邦也是如此,他在新落成的未央宫大宴群臣,向老父敬酒说,你从前常批评我不能治产业,觉得我不如老二刘仲,"今某之业所就孰与仲多?"②可见刘邦虽在诏书里说过"与天下之豪士贤士大夫共定天下"之类的话(高帝十二年三月诏),但他内心深处并不愿和豪士贤士大夫共同拥有天下,这也是他做了皇帝之后屡兴战事消灭异姓王的主因。刘邦之后,历代君王大体如此,尤以明清两代为甚。明代皇权以天下为私产,给百姓造成了许多无尽的苦难,以至于亲历其祸的黄宗羲痛斥皇权为天下之大害:

> 敲剥天下之骨髓,离散天下之子女,以奉我一人之淫乐,视为当然,曰:"此我产业之花息也!"然则,为天下之大害者,君而已矣。③

秦制君王的一项基本特征,是坐拥无限权力,又普遍不愿承担与无限权力相对应的无限责任。拥有多大权力便要承担多大责任,这本是常识,更是良性政治的应有之义。可惜这种常识在秦制时代从来行不通。哪怕如汉武帝那般造成天下户口减半的恶果,也不会有实质性惩罚降临。实在不得不给天下人一个解释时,皇帝们的常规做法也是将施政失

①(西汉)司马迁:《史记·李斯列传》。

②(西汉)司马迁:《史记·高祖本纪》。

③(明)黄宗羲撰,孙卫华校释:《明夷待访录校释》,岳麓书社2011年版,第8—9页。

误的责任推给官僚集团。这种权责割裂越往后越严重。秦汉之际尚有天人感应理论，要求皇帝于天灾人祸出现后下罪己诏[①]。后来却被皇权强制改了规则，遇上天灾人祸就更换三公九卿，皇帝半点责任没有。到了明代，朱元璋干脆明言"忠君"的本意是施政有了过错皆须由臣子承担，施政有了功绩皆须归于君父。皇帝永远正确，有错的只能是官僚与民众。

皇权追求无限权力却不担责，那官僚集团怎么办？常规办法是做工具人，一切遵从皇帝的意志去办。这种办法适用于普通皇帝，若是碰上自命雄才之主，多半也很难全身保家。典型案例便是汉武帝时代的丞相公孙贺。汉武帝将皇权扩张至极致，他负责所有决策，官僚集团负责承担所有的责任。眼看着前任们个个不得好死，公孙贺对做丞相这件事深感恐惧，可又推辞不掉，只好哀叹"主上贤明，臣不足以称，恐负重责，从是殆矣"[②]，下定决心要消灭个人意志，事事以汉武帝的指示为准。可即便如此，其结局仍是父子皆死于狱中、家族被集体诛杀。此类教训多了，另一种办法便应运而生，即成为权臣取而代之。秦制君王固然拥有无限权力，但君王也是人，也会遭遇生老病死等变故。当变故发生，君王无力掌控其无限权力时，便须依赖官僚集团，尤其是依赖官僚集团中的有力领袖。这些有力领袖一旦开始替君王行权，就很难再有将无限权力和平返还给皇帝的机会，返还权力往往意味着自取灭亡。所以，汉武帝的托孤大臣霍光做权臣要一直做到死，刘备的托孤大臣诸葛亮做权臣也要一直做到死，帮助汉献帝重振皇权的权臣曹操同样至死也没有将权力还给汉献帝。这种选择，是秦制王朝政治架构无法给参与者提供安全感的必然结果，与霍光、诸葛亮、曹操们的政治品格无关。

---

① 以天人感应来要求皇权罪己，固然是古代政治缺乏理性的做法，但在君王肆意妄为的统治下，小灾害更容易因权力的不作为乃至反作为演变成大灾害，没灾害时也可能因权力的愚蠢与傲慢而酿出灾害。从这个角度来看，天人感应不宜全然归于迷信。

② （东汉）班固：《汉书》列传第五十一《公孙贺》。

秦制王朝的政治架构无法给官僚集团提供安全感，同样也无法给皇帝提供安全感——他们日夜担忧官僚集团蒙蔽自己，日夜担忧朝中出现朋党，日夜担忧权臣与军事强人篡位谋反。可以说，秦制帝王之所以前赴后继走在想方设法加强中央集权的路径之上，主因便是秦制王朝的政治架构无法为帝王提供安全感。许多皇帝依赖直觉认为，要想睡上安稳觉，唯有将皇权的辐射范围与辐射强度提升至最大，最好是用铜匦与密折制度将官场的角角落落都控制起来，最好是用东厂、西厂、锦衣卫与告密制度将社会的方方面面都监视起来。可惜的是，这样做反而加剧了统治集团的内部分裂，加剧了社会动荡，让皇权变得更加岌岌可危。

就上述背景而言，宋太祖赵匡胤为赵宋王朝定下的优待士大夫的祖制，可以视为给秦制王朝的政治架构打上了一块极重要的"补丁"，同时提升了官员与皇帝在政治活动中的安全感，改善了皇帝在官员中的形象，也增强了官员对赵宋王朝的向心力。两宋政治也因此有了一些新的特点，比如很少出现能够动摇皇权的权臣。即便是当政期间气焰极盛的秦桧，失去皇权支持后也溃败得相当迅速。这是因为官僚系统拥戴权臣以求自保的动力大减——相比之下，汉末曹氏的党羽只能永远支持曹氏，魏末司马氏的党羽也只能永远支持司马氏，直至将他们推上皇位。事实上，两宋时期敢于挑战执政大臣的士大夫明显比其他朝代要多。出现权臣的概率大幅下降后，皇权很自然地也减弱了培植内朝的动力。许多论著将宋朝无宦官之祸归因为皇帝个人的政治操守，解释力或有不足。两宋外朝难出权臣，内朝当然也就没必要重用外戚和宦官。然而，"不杀大臣与言官"的誓约只有皇帝知晓，终北宋一朝从未公开，仍在提醒我们：这优待士大夫的祖制只是统治术而非制度建设，赵宋王朝仍是个典型的秦制政权。[①]

---

① 欧阳修说："自汉以后，帝王称号，官府制度，皆袭秦故，以至于今。虽有因有革，然大抵皆秦制也。"可见宋人不但使用"秦制"一词，也是用"秦制"来定位本朝制度。见（北宋）欧阳修：《问进士策一》，收入于李之亮笺注：《欧阳修集编年笺注（三）》，巴蜀书社2007年版，第278页。

如何走出秦制？宋代的士大夫其实已有思考，他们给出的答案是权力与责任必须对等。比如南宋孝宗年间，因孝宗皇帝非常强势，在位期间"事皆上决，执政惟奉旨而行，群下多恐惧顾望"，遂有官员徐谊上书劝谏道："若是则人主日圣，人臣日愚，陛下谁与共功名乎？"[①]这当然是委婉的反话，如果皇帝事必躬亲，乾纲独断，英明神武，那对国家来说是大好事，徐谊又何必上奏劝谏呢？正因为皇帝事事大权独揽只会昏招迭出，只会让官僚集团事事以圣旨为准，从而拉低整个国家的执政水平，徐谊才会深感忧虑。在徐谊看来，理想的政治运作模式，是皇帝放弃无限权力，让官僚集团参与到重大决策中来，然后让官僚集团为其决策承担责任。

同样的建议，也见于另一位南宋官员杨万里。他在淳熙十二年（1185）五月借着地震的机会向宋孝宗进谏，提了一大堆具体的改革建议。在文章的末尾，杨万里如此写道：

> 然天下之事有本根，有枝叶。臣前所陈，枝叶而已。所谓本根，则人主不可以自用。人主自用，则人臣不任责。[②]

在杨万里看来，其他具体改革建议都只是枝叶，真正需要改革的问题是"人主自用"，这是其他所有改革的根。也就是皇帝不能大权独揽，不能事事皆由皇帝来做决策，皇帝不能事事都觉得自己对，不能将士大夫排斥在决策体系之外，不能将官僚集团变成纯粹的执行机构。杨万里警告宋孝宗，"人主自用"的结果，必定是"人臣不任责"。既然皇帝牢牢垄断着所有事情的决策权，那么作为纯执行者的士大夫为其自身利害计，必然变成一群皇帝怎么说我就怎么做的不负责任之人。

徐谊与杨万里的这些谏言，皆是希望君主能自我约束，能与官僚士大

---

① （元）脱脱等：《宋史》列传第一百五十六《徐谊》。

② （元）脱脱等：《宋史》列传第一百九十二《杨万里》。

夫共同分享政务决策权。当然，受限于时代，他们不敢直言皇帝的权力与责任必须对等，但他们反复申说皇帝不该垄断决策权，反复强调官僚集团若无参与决策的权力则必然不对施政担责，显见他们已经充分意识到了"拥有多大的权力，便要承担多大的责任"这一贯穿古今的政治常识。只有君王让权、士大夫扩权，或谓之约束君权、扩张绅权，政治制度才会进步。

可惜的是，赵宋王朝的君王们无意听从这些谏言。他们缓解权责割裂的办法不是约束君权，而是减轻官僚集团的责任，也就是"不杀大臣与言官"。皇帝把事情搞砸了，不拿大臣开刀卸责；工作出了大问题，官员们也不必担忧身家性命。简言之就是权力不下放，但问责力度降低。这种办法除了提升赵宋王朝政治架构的稳定性，提升皇帝与官员的安全感之外，并没有带来更多的东西。宋代的君王们仍然拥有无限权力，仍然不会受到任何实质性的追责。

不杀士大夫与言官，固然可以放大士大夫批评皇权的声音，但也仅止于此。一旦皇权试图肆意妄为，这些批评之声并不能起到实质性的阻止效果——士大夫们无法阻止宋真宗玩封禅耗尽国库，也无法阻止宋神宗以"富国强兵"为宗旨启动变法，更无法阻止宋徽宗推行"御笔"手诏这样的暴政。①

---

① 所谓御笔，即皇帝亲笔写下的文字。在宋徽宗时代，御笔具体指由皇帝直接下达给各级部门、未经宰执机构审议的命令。从程序上来说，这些御笔"不合法"。但徽宗根本不需考虑所谓的程序问题，他在崇宁五年（1106）下诏直接制定了"违御笔罪"。诏书里说"出令制法，轻重予夺在上"，政策的出台，法令的轻重，决策权全部属于皇帝。三省等部门拿其他文件对皇帝的御笔提出异议，是在"格人主之威福"，是在犯罪。徽宗公然宣布：自今以后，对皇帝的御笔只允许上奏提意见，不允许再用规章制度（常法）来阻挠其实施，否则就是犯了"大不恭"之罪。次年，宋徽宗又下诏宣布：经由御笔决断了的案子，一概不许再送尚书省申诉，否则就是犯了违御笔之罪。此外，"凡应承受御笔官府，稽滞一时杖一百，一日徒二年，二日加一等，罪止流三千里，三日以大不恭论"。参见群众出版社编辑部编：《历代刑法志》，群众出版社1988年版，第353—354页。

由此可见，只要权力与责任无法对等，只要君王仍然拥有无限权力且无法被问责，政治上的堕落便是必然。赵佶可以轻易走向独断，几乎没有遭遇到像样的阻力，便是因为在赵宋王朝的政治架构中，皇帝仍然拥有无限权力。从前的宰执大臣能"封还"君王的指示，是因为君王站在统治术的角度容忍他们这样做，而非存在某种有力量的制度可以支撑他们这样做。当赵佶不再愿意维持从前的统治术而想要肆意妄为时，他可以轻松取消"封还"的旧例，御笔也可以很顺利地推行下去。从这个角度来看，赵佶最后惹出"靖康之变"这样的大祸绝非偶然，不能简单视为赵佶个人的问题。换言之，在北宋政治中，确有很多值得肯定的东西，比如"不杀大臣与言官"，比如官员可以"封还"皇帝的旨意，但我们不能夸大这些东西的意义。它们至多只能视作因皇权宽容而约定俗成的政治规矩，远远算不上能为一个时代的政治文明托底的制度建设。这些政治规矩可以被皇权容忍，也可以被皇权轻易击穿。

当然，同样是君权不受约束，减轻让官员担责的惩罚力度，多少还是有点好处的。当皇权垄断决策权且喜欢严惩官员以卸责时，官僚集团会放弃主见，一切按皇帝的指示办，也就是杨万里所说的人主一旦"自用"，则人臣必定"不任责"。皇帝独断必定昏招迭出，官僚集团执行昏招不遗余力甚至层层加码，百姓必定深受其害。反之，皇权虽垄断决策权，但不再严惩官员以卸责时，官僚集团中固然会有部分人继续紧跟皇权的意志，但消极执行君王指示的人也会变得更加常见，一些有良知的士大夫甚至会抵制君王的指示。这种抵制与消极，多多少少会减轻一些皇权独断带来的危害。当宋徽宗制定"违御笔罪"以提升对官员的惩罚力度后，随之发生的事情便是越来越多的官员唯皇帝意志是从，皇帝说要把事情做到九分，下面的官员便积极将事情做到十分乃至十二分，原本的好事也会变成坏事，百姓遭受到的伤害也会随之扩大。本书第五章提到的居养院恶政，就是一个典型案例。

如此，重新审视两宋的"与士大夫治天下之说，便能看出其中的含金量很有限。所谓"与士大夫治天下"，其实质内涵无非有二：一，文职官僚集团是两宋王朝的统治基础之一。二，两宋减轻了对文职官僚的问责力度，让文职官僚可以活得更轻松一些。第一点没什么特殊之处，历代秦制王朝皆以文职官僚集团和军队为核心统治基础。第二点相比酷吏政治而言，两宋的政治确实值得称赞，但减轻对文职官僚的问责力度只是皇权的特殊恩赐，而非真正意义上的权责对等。正因为不是真正的权责对等，所以这种特殊恩赐固然给部分怀揣理想的士大夫提供了舞台，同时却也加剧了官僚系统普遍的不负责任——毕竟大多数官员的行为模式仍是由制度塑造的，宋朝的官僚士大夫也不能例外。总而言之，两宋鉴于唐与五代的历史教训，在政治制度上做了一些修补。这些修补主要集中在统治术层面，也确实产生了一些效果。但总体上，两宋仍是一个典型的秦制政权，皇权仍是权责倒挂。它不拂晓，也不前夜。

为内部维稳而养兵

宋靖康元年（1126）二月，宋钦宗在汴京被围的情势下答应向女真割地求和。金军统帅斡离不派十七名骑兵护送和议文书北还。这支金军小部队在路过河北磁州时，被当地的北宋驻军误以为是落单者，河北路兵马钤辖（相当于军分区司令）李侃率两千名禁军与民兵出城，欲将这十七名金军骑兵碾成齑粉。即便金军骑兵声明宋、金两国已经议和，李侃也无意放过他们。可出乎意料的是，战斗的结局却是两千宋朝禁军大败，十七骑金军大胜。原因是金军人数虽少，但因地制宜选择战术并执行战术的能力远胜宋军。《三朝北盟会编》记录下了金军此役的作战策略：

> 十七骑者分为三，以七骑居前，各分五骑为左右翼而稍近后。前七骑驰进，官军少却，左右翼乘势掩之，且驰且射，官

军奔乱，死者几半。[1]

北宋实施募兵制，禁军是职业兵，规模最盛时超过百万之众。禁军的日常主要业务便是锻炼身体、操练武器、熟悉阵法与战术。就常理而言，应是两千北宋职业禁军在战场上表现出更好的战术选择能力与战术执行能力，至少不能比刚刚脱离部落制的兵农合一的女真军队差，但实际情况完全颠倒了过来。

这种颠倒，可以视为自秦汉至明清以来，秦制政权皆无法回避的"职业兵困境"，即政权无法通过编练职业兵来实现军事上的崛起。

众所周知，通常情况下，职业兵在作战能力上要远胜义务兵。毕竟义务兵顶多在军队里干个两年三年（秦汉至明清的有些时代更短，每丁每次在边境服役不过数月），而职业兵在军队里一干就是一二十年。后者对战术的理解、对指令的执行、对武器的认知，与前者完全不可同日而语。但对所有秦制政权而言，职业兵又有一个天然的缺陷，那就是它无法与"家天下"兼容。职业兵部队必须是国家的部队，而非一家一姓之私兵，其存在才不会成为社会的不安定因素，这是职业兵能够形成的制度前提。而秦制政权恰是"一家一姓之政权"，这决定了它们虽然想搞职业兵，但搞出来的必定不会是真正的职业兵——政治头目只有在一种情况下能获得真正的职业兵，那就是他自己是部队的直接领导者，比如曹操直接统领青州兵，比如安禄山直接指挥范阳的武装集团。只有成为直接的带兵者，政治领袖才有可能真正掌握有战斗力的职业兵部队，也才会有动力去建设职业兵部队。而在多数情况下，秦制政权的君王未经战阵，是无力亲自统帅部队的，其对部队的掌控必须依赖代理人。如曹魏政权后期依赖曹真、司马懿等重臣，唐玄宗依赖安禄山等藩镇头目。而一旦依赖代理人，不要说职业兵部队，即便是由义务兵组成的军

---

① （南宋）徐梦莘编：《三朝北盟会编》卷三十六。

队，也常常会脱离君王的掌控，渐渐变成代理人的私产。这是"家天下"时代无法解决的死结，亦即"职业兵困境"。

在这种困境下，秦制君王没有两全之法：不能既要职业兵部队具备战斗力，又要职业兵部队保持对君王"家天下"的向心力。北宋禁军有职业兵之名而战斗力奇弱，便是赵宋皇权刻意选择后的产物。毕竟，赵宋皇权组建规模百万的禁军部队，其定位上本就主要用于维持内部的统治稳定，而非对外御敌。赵匡胤曾言："可以利百代者，唯养兵也。方凶年饥岁，有叛民而无叛兵，不幸乐岁而变生，则有叛兵而无叛民。"[1]话中的叛兵与叛民，皆是针对王朝内部稳定而言。宋神宗后来又进一步解释了赵匡胤对禁军的定位：

> 前世为乱者，皆无赖不逞之人。艺祖平定天下，悉招聚四方无赖不逞之人以为兵，连营以居之，什伍相制，节以军法，厚禄其长，使自爱重，付以生杀，寓威于阶级之间，使不得动。无赖不逞之人既聚而为兵，有以制之，无敢为非，因取其力以卫养良民，各安田里，所以太平之业定，而无叛民，自古未有及者。[2]

宋神宗说，鉴于前代造乱者多是无业游民。太祖皇帝赵匡胤平定天下后吸取历史教训，将全国的无业游民皆招募到军队之中，用军队的组织与纪律来约束他们；给他们提供优厚的俸禄，让他们珍惜生命，然后以生杀奖惩与等级制度将他们困住。如此，无业游民不敢为非作歹，且可以利用他们去"守护"良民，于是天下太平，再无民众起来反叛。这

---

① （北宋）晁说之：《嵩山文集》卷一，《元符三年应诏封事》，"四部丛刊续编集部"，上海书店1985年版。

② （南宋）李焘：《续资治通鉴长编》卷三百二十七，"元丰五年六月壬申"条。

是自古未有的"大智慧"。

也就是说，自赵匡胤以来，北宋军队的核心职能便是吸纳社会上的无业游民、消化国家内部的不安定因素。这一职能的重要性丝毫不弱于抵御外敌，甚至犹有过之。事实上，"以军队吸纳无业游民与地痞流氓"，一直是北宋王朝的基本国策。宋太宗时，为实现"乡闾静谧"，民间"与人为害者"被大量招募到军队之中①。宋神宗时，王安石批评说"募兵皆天下落魄无赖之人""募兵多浮浪不顾死亡之人"②。马端临在《文献通考》里如此总结这一国策：

> 自募兵之法行，于是择其愿应募者。而所谓愿应募者，非游手无藉之徒，则负罪亡命之辈耳，良民不为兵也。故世之詈人者，曰黥卒，曰老兵，盖言其贱而可羞。然则募兵所得者，皆不肖之小人也。夫兵所以捍国，而皆得不肖之小人，则国之所存者，幸也。③

在马端临看来，宋代自实施募兵制后，其招募对象就主要是游手好闲的地痞流氓与亡命之徒，皆是些不肖之小人而少有良民。以不肖之小人来构筑军队，这军队必然无力抵御外敌。国家能够在这种军队的保护下存在，只能说是运气好。当宋徽宗扯虎皮拉大旗，要用这些只能担负内部维稳职能的军队去夺回燕云十六州时，北宋王朝的寿命也就毫无悬念地走到了终点。也正因为北宋自立国之初便将军队的主要职责定性为内部维稳，所以每逢灾荒年份，当局就会启动募兵，自灾民中招募那些

---

① （北宋）田锡：《应诏言关右利病疏》，收入于《宋代蜀文辑存校补》（一），重庆大学出版社2014年版，第16页。

② 邓广铭：《北宋政治改革家王安石》，生活·读书·新知三联书店2017年版，第199页。

③ （元）马端临：《文献通考》卷一百五十二《兵考四》。

破产的青壮年流民，以避免他们流落在社会上成为隐患。正所谓"每募一人，朝廷即多一兵，而山野则少一贼"。

北宋人知不知道禁军内战内行，外战外行？当然也是知道的。宋仁宗时，御史吕景初上奏请求停止往军队里招募游民，理由之一正是游民毫无战斗力，"战则先奔，致勇者亦相牵而败"[①]。宋神宗时，大臣张方平建议朝廷实施军垦制度，引起许多人反对。最有力的反对意见就是"今之军士，皆市井桀猾，本游惰之民，至于无所容然后入军籍"，军中士兵全是在社会上为非作歹的流氓无赖，骄纵惯了，"是可使之寒耕暑耘者乎？"[②]怎么可能老老实实去给朝廷种地呢？

有必要特别指出的是，在秦制时代，良民通常是指没有见识而相当服从官府命令之人。游民不是良民，既因他们常为非作歹，也因他们活跃在市井之中见过世面，不会在战场上蒙头卖命。只有当秦制政权遭遇外部冲击，需要组建有战斗力的部队来续命时，其军队才会放弃征召游民，转而以服从的"良民"为士兵。戚继光在《纪效新书》里说，戚家军招兵时，"第一切忌，不可用城市游滑之人。……第一可用，只是乡野老实之人"[③]。所谓乡野老实之人，便是没有见识、不会逃跑、只会服从命令而不会思考自己为何而战的"愚民"。曾国藩招募湘军时，也只用"朴拙少心窍"的山区农家子弟，坚决不用城市之民与码头之民，理由是"水乡之民多浮滑，城市多游惰之习"[④]。另据李秀成说，太平军起事时重点裹挟的也是愚昧无知的乡下之人，"乡下之人，不知远路，行

---

①（明）杨士奇等：《历代名臣奏议》卷二百二十。

②曾枣庄、刘琳主编，四川大学古籍整理研究所编：《全宋文》第十九册，巴蜀书社1991年版，第439页。

③（明）戚继光：《纪效新书》卷一《束伍篇》。

④（清）曾国藩：《曾国藩全集》（一），岳麓书社2011年版，第461页。

百十里外，不悉回头，后又有追兵，而何不畏？"[1]这些没见识的乡下人连回家的路都找不到，只好跟着杨秀清、萧朝贵这些人继续转战。

除以游民为募兵主体外，为防止庞人的职业兵成为代理人的私兵，赵宋皇权还实施了兵将分离制度，造成一种"将不知兵、兵不知将"的效果。与该效果相伴而来的，是没有将领用心训练部队。于是，北宋的百万职业兵就变成了伪职业兵，变成了毫无战斗力的纯吃皇粮者。军中将领也普遍蜕化成了克扣军粮、虚报战功、坐吃空饷的腐败分子。

也就是说，在秦制政权下，因其"家天下"的天然缺陷，皆不可能成功实现军队的职业兵转型。即便在创业过程中存在过既有战斗力又有向心力的职业兵，也会在创业完成后或消失，或落入他人之手成为秦制皇权的威胁。曹魏政权创业成功后保留住了职业兵的战斗力，却丧失了军队的向心力；赵宋政权创业完成后保留住了职业兵的向心力，却阉割掉了军队的战斗力。这种无法两全，实可谓秦制政权的"职业兵困境"。

岳家军在南宋初年的遭遇，也与这种"职业兵困境"有关。

与今人的想象不同，岳飞于绍兴十一年（1141）被宋高宗冤杀时，并未在南宋军民当中激起群体性愤慨。岳飞入狱时，仅有宗室赵士㒟、大将韩世忠与平民刘允升等少数人试图救护；被冤杀后，也是过了二十多年才有两名太学生站出来为其公开鸣冤。且相比元、明、清三代，南宋人咏颂岳飞的诗词也很少。

这种现象，当然可以拿宋高宗与秦桧的政治高压来解释。但仅如此解释未免过于简单，毕竟秦桧死于绍兴二十五年（1155），岳飞获朝廷平反是在绍兴三十二年（1162），南宋此后还有百余年的国祚。更何况，在政治高压所不及的南宋民间野史里，岳飞的形象也远不如后世

---

[1]《李秀成自述》，收入于《太平天国》（一），上海人民出版社1957年版，第789—790页。

伟岸。

何以如此？

地域身份可能是个重要原因。赵翼在《廿二史札记》中注意到包括岳飞在内的"宋南渡诸将皆北人"[1]。南方士大夫与南方底层百姓对北伐的热情，必定没有这些出生于北方的武将强烈，毕竟恢复中原直接意味着更沉重的劳役与赋税。日本学者寺地遵在史料中也观察到，宋高宗绍兴年间的江南士大夫，存在"因反对战时财政也强烈地要求整合军队"[2]的政治立场。这些人有切实的自身利益需要维护，他们能够理解靖康耻与臣子恨，但对那些高倡恢复中原的南渡诸将，恐怕很难产生强烈的情感共鸣。他们身在历史之中，与那些只讲华夷之辨的后世士大夫，与那些跟恢复中原已无直接利害关系的后世读史者是不一样的。

另一个重要原因，则是宋代虽将"与士大夫共治天下"视为基本国策，但在宋代的政治语境里，士大夫皆是指读书出身的文官，不包括鏖战沙场的武将。"与士大夫共治天下"的另一面，恰是要对武将实施严厉压制，要将之排除在共治集团外。故此，宋仁宗时代的名将狄青，即便做到了枢密使，仍要被皇权与文官集团猜忌，最后落了个惊疑终日而卒的结局。换言之，对两宋士大夫而言，打击武将与尊崇文官其实是同一件事，他们不曾为狄青的遭遇而激发普遍性同情，也不会因岳飞的遭遇而激发群体性愤慨。

事实上，早在绍兴元年(1131)，也就是岳飞被冤杀的十年前，南宋朝廷内部就已出现了呼吁回归祖制、打压武将的声音。翰林学士汪藻上奏说"自古兵权属人，久未有不为患者"[3]，建议宋高宗及早针对统兵将领

---

① （清）赵翼：《廿二史札记》卷二十六，"宋南渡诸将皆北人"条，中国书店1987年版，第355页。

② ［日］寺地遵著，刘静贞、李今芸译：《南宋初期政治史研究》，复旦大学出版社2016年版，第162页。

③ （南宋）李心传：《建炎以来系年要录》卷四十二。

采取措施，否则便要悔之晚矣。吏部员外郎廖刚也上奏宋高宗，说大将们是靠不住的，建议皇帝组建直接掌控的亲兵①。绍兴五年，大学士张守言又上奏说大将手握重兵不是好事，建议通过由朝廷提拔部队中层将领的办法，瓦解大将们的部队②。政治立场会影响人的正义观，这种亟盼皇权打压武将的思维定势，使得许多南宋士大夫虽对岳飞之死抱有同情，却不会因岳飞之死而生发出强烈的激愤情绪。毕竟，宋高宗冤杀岳飞，也可以被视为皇权对士大夫呼吁打压武将的直接回应。如此，也就不难理解南宋人罗大经为何可以无视岳飞之死，仍在其著作《鹤林玉露》里大赞宋高宗，说他很英明，坚守住了不杀大臣的祖训，使得秦桧之流找不到办法对政敌实施肉体消灭③。罗大经无视岳飞之死，是因为在许多南宋士大夫的意识里，岳飞不属于与皇帝共治天下的士大夫集团，杀岳飞不算杀士人，不算破坏祖训。

宋高宗赵构当然也从未觉得杀害岳飞是在破坏祖训。甚至可以说，在他看来，杀岳飞才是维护祖制。建炎四年（1130），不通文墨的大将韩世忠被任命为检校少师时，赵构曾亲手抄了一篇《郭子仪传》交给宰执大臣，要他们召集众将领认真学习郭子仪的忠君保身之道④。绍兴十一年（1141）初大将张俊入见时，赵构又问他读没读过《郭子仪传》，张俊回答没读过后，赵构立即批评他，说郭子仪虽统领大军在外，"而心专朝廷，或有诏至，即日就道，无纤介顾望，故身享厚福，子孙庆流无穷"⑤。赵构还警告张俊，说你现在掌控的军队"乃朝廷兵也"，只有

---

① （南宋）李心传：《建炎以来系年要录》卷四十二。

② （南宋）李心传：《建炎以来系年要录》卷八十七。

③ （南宋）罗大经撰，刘友智校注：《鹤林玉露》卷五，"杜惊范文正"条，齐鲁书社2017年版，第142页。

④ 邓广铭：《韩世忠年谱》，生活·读书·新知三联书店2007年版，第64—65页。

⑤ （南宋）李心传：《建炎以来系年要录》卷一百三十九。

"尊朝廷如子仪"，才能自己有福，子孙也有福。否则的话，"非特子孙不飨福，身亦有不测之祸"。

类似这般杀气腾腾的话，赵构同样也对岳飞说过。时为绍兴七年（1137），赵构先是头脑发热，郑重允诺由岳飞统领淮西军，后又因担忧岳飞势力坐大而反悔。岳飞前前后后被折腾得不轻，怒而辞职，没等赵构批准便前往庐山为母亲守孝。后来，君臣各退一步，赵构派人去庐山劝说岳飞，岳飞前往建康府向赵构谢罪。君臣相见时，赵构的安抚话语中已带着浓重的杀机："朕实不怒卿，若怒卿，则必有行遣，太祖所谓犯吾法者惟有剑耳！"①在赵构这里，用"不测之祸"威胁张俊，用"惟有剑耳"威胁岳飞，使他们懂得"尊朝廷"，才是驾驭武将的祖训。

需注意的是，赵构口中的"尊朝廷"并非要将领们忠于国家。对家天下政权而言，以朝廷、国家为辞只是话术，赵构真正想要的，是将领们忠于自己、服从自己。绍兴六年（1136）七月，岳飞奉命执行赵构的意志前往江州驻屯，大臣赵鼎据此评价说诸将已懂得"尊朝廷"，赵构的回复是："刘麟败北不足喜；诸将知尊朝廷为可喜也。"②刘麟是伪齐政权皇帝刘豫之子，伪齐是金人扶植的敌对势力。赵构不在意宋军击败伪齐军队，只关心诸将是否服从自己，其政治要求的排序清晰可辨。对绍兴年间的赵构而言，金人虽仍可怕却已是次要矛盾，那些不知道"尊朝廷"的大将才是让他睡不着觉的存在。

赵构的这种政治要求排序，其实也是宋代祖训的一部分。绍兴十一年（1141）三月，南宋军队的抗金形势甚好，宋高宗却对大臣说："澶渊之役，挞览既死，真宗诏诸将按兵纵契丹，勿邀其归路，此朕家法

---

① （南宋）李心传：《建炎以来系年要录》卷一百十二。

② （南宋）李心传：《建炎以来系年要录》卷一百六。

也。"①在军事上取得更大的抗辽（金）优势，是国事；约束诸将，防止诸将取得更大功绩后不好控制，则是家事。宋真宗当年将家事放在国事之前，宋高宗如今也同样将家事放在国事之前。

说到赵构的这种政治要求排序，还应该再提一提建炎三年（1129）的"苗刘之变"。该年正月，金军大举南侵欲消灭南宋，赵构仓皇逃亡。三月份，杭州的护驾部队在御营军将领苗傅、刘正彦的率领下发动兵变，逼迫赵构将皇位禅让给三岁的皇太子，又请出宋哲宗的妻子隆祐皇太后垂帘听政。兵变被韩世忠等人平息后，苗、刘二人被赵构钦定为叛贼残忍处死。

"苗刘之变"的本质，是抗金军人对以赵构为首的南宋朝廷极度失望。这失望的远因，是赵构重建赵氏家天下的动力，远甚于拯救天下黎庶。他下旨解散抗金义军、向金军传递"决幸东南，无复经理中原之意"②，驻跸扬州十余月无所建树纵情声色……如此种种皆令军中将领失望。这失望的近因，是面对金军兵锋，庙堂中枢既无抗敌部署，也无逃跑预案，以致当金军游骑兵抵达瓜州时，扬州军民十余万尚拥堵江边，半数军民无辜淹死。金军入城后又火烧扬州，全城仅数千人幸存。这些惨剧给江南民众造成了巨大刺激，可赵构逃到杭州城后，他身边受宠的太监康履与一众宦官却还大张旗鼓、行帐塞街，只为去观赏海潮。金人大屠杀下幸存的百姓与军人愤懑难平，遂激发出"苗刘之变"。兵变传单之中，就有痛骂朝廷中枢"安然坐视，又无措置"③，给两浙百姓带来巨大灾难的内容。

在这场兵变中，苗、刘二将无叛国之意，他们想要推翻的是以赵构为首的朝廷中枢。但在赵构看来，苗、刘二将正是"诸将不尊朝廷"的

---

① （南宋）李心传：《建炎以来系年要录》卷一百三十九。

② （南宋）刘时举：《续宋编年资治通鉴》卷一。

③ （南宋）李心传：《建炎以来系年要录》卷二十一。

典型。赵构后来要诸将读《郭子仪传》，要韩世忠和张俊向郭子仪学习，还说自己不在乎宋军是否打胜仗，只在乎诸将是否"尊朝廷"。如此种种，都存有防范"苗刘之变"重演的用心。

遗憾的是，岳飞虽忠于南宋这个国家，却满足不了赵构"尊朝廷"的需求。负气辞职上庐山是一例，作战时部队调动常不能让在宫中遥控指挥的赵构满意又是一例，不像其他武将那般谨守所谓"本分"、建言赵构早立太子以挫败金人送宋钦宗之子南下扰乱皇位继承规则的阴谋，也是一例。在赵构眼中，这类行为皆属于"不尊朝廷"，皆属于不以朝廷（也就是赵构本人）的意志为意志。岳飞被冤杀后不久，赵构兴奋宣称"今兵权归朝廷，朕要易将帅，承命奉行，与差文臣无异也"[1]。他终于做到了一切都由自己说了算，终于重新构筑起了"家天下"，再不必担心发生"苗刘之变"。

赵构的这些话，也足以纠正一个流行多年的错误论断，即"为了向金人妥协，赵构杀害了主战的岳飞"。这个论断颠倒了因果，在赵构的政治逻辑里，与金人妥协只是手段，整肃军队杀害岳飞从而让将领们懂得"尊朝廷"才是目的。没有一个宽松、和平的宋金关系，赵构不敢冤杀岳飞；要冤杀岳飞，首要之务就是向金人妥协以缓和宋金关系。朱熹曾言：岳飞之所以悲剧收场，"缘上之举措无以服其心，所谓'得罪于巨室'者也"[2]。宋高宗要的，不是一支控制在职业将领手中，有助于恢复国家的有战斗力的岳家军，而是一支控制在皇权手中，有助于巩固家天下的军队。收复故土不重要，重要的是"尊朝廷"，而朝廷便是赵构自己。

地方郡县徒有其名

宋仁宗庆历三年（1043），京东路沂州（今山东临沂）禁军士兵王

---

① （南宋）李心传：《建炎以来系年要录》卷一百四十七。

② （南宋）朱熹：《朱子语类》卷四。

伦杀死沂州巡检使，率众四五十人起事。这支流寇向南劫掠至淮南的楚州、泰州等地，规模扩大为二三百人，"连骑扬旗，如履无人之境"。地方郡县负责治安事务的巡检与县尉莫遍放弃抵抗，有些甚至服从王伦的要求，将衣服甲胄与武器军械拱手相送。太常丞欧阳修担忧王伦的势力继续壮大会成为心腹之患，于该年六月上奏仁宗皇帝，要求对负责地方治安的文武官员实施严刑峻法，以督促他们努力剿匪。[①]

以数十人至数百人横行州县肆意劫掠，是北宋庆历年间地方治安的一种常态。右正言（中书省的属官）余靖在庆历三年（1043）六月也有一份奏章，内中向皇帝列举了一批类似案例：

> 南京（应天府，今河南商丘）者，天子之别都也，贼入城斩关；而入解州、池州之贼不过十人，公然入城劫掠人户；邓州之贼不满二十人，而数年不能获。又清平军贼入城，失主泣告，而军使反闭门不肯出。……今京东贼大者五七十人，小者三二十人；桂阳监贼仅二百人；建昌军贼四百余人，处处蜂起。[②]

余靖认为，事情发展到这种地步的主因是律法太宽松，地方负责治安的巡检、县尉放弃抵御贼寇，至多不过是罚钱罚俸，而与贼寇搏斗则需要冒生命危险，该如何选择一目了然。余靖建议宋仁宗出台严刑峻法，提升对巡检、县尉的惩罚力度，以逼迫他们去抵御贼寇。

欧阳修与余靖的建言似乎很有道理，中枢重臣富弼当时也一度主张

[①]（南宋）杨仲良编撰：《皇宋通鉴长编纪事本末》卷第四十八，仁宗皇帝"外郡寇贼"条。黑龙江人民出版社2006年版，第851—852页。

[②]（南宋）杨仲良编撰：《皇宋通鉴长编纪事本末》卷第四十八，仁宗皇帝"外郡寇贼"条。黑龙江人民出版社2006年版，第852页。

对那些放弃抵抗"委城而去"的地方文武官员予以重惩。但同在中枢的范仲淹却劝他不要这样干，理由是"今江淮郡县徒有名耳，城壁非如边塞，难以责城守。神文睿德宽仁，故弃城得减死"①，人人皆知地方郡县政府已是徒有虚名，人人皆知难以拿抵御贼寇来责难地方官员，故此才有弃城逃跑者不会被判死刑的惯例。

北宋的地方郡县何以会变成徒有虚名之物？

答案是北宋以强干弱枝为国策，不断收夺地方财权。收夺的主要手段有二。一是加强对地方财赋收入的监管与干预，使地方无法自由支配其财赋；二是设立各种名目，将地方财赋直接收归中央。北宋前期以第一种手段为主，北宋后期至南宋则渐以第二种手段为主。造成的结果是随着王朝存续时间的增长，地方政府的财政收入越来越局促，在治理上越来越失职，对地方民众的盘剥却越来越重。

对于这种趋势，南宋人陈傅良有一段很精辟的总结。他说，本朝开国之时，鉴于前代方镇控制财赋、割据地方的历史教训，"以天下留州钱物尽名系省，然非尽取之也"，尚未抽干地方财政，仍可谓"富藏天下"。但宋真宗大中祥符元年（1008）给地方设定上供岁额，熙宁新政又将上供岁额翻倍，崇宁年间颁布新上供标准后，地方上供中央的额度已增长了十多倍。而且从宋神宗变法开始，中央制定了各种杂敛从地方敛财。熙宁年间有免役钱、常平宽剩钱，元丰年间有坊场税钱、盐酒增价钱等十余种。到了宣和年间，又新增赡学钱、籴本钱和应奉局的各种杂税，共计又有十余种之多。到了南宋绍兴年间，又新增税契、茶引、

---

① （北宋）王得臣：《麈史》卷上，《忠说》。其原文是："神文时，庆历间淮南有王伦者啸聚其党，颇扰郡县。承平日久，守臣或有委城而去者。事定，朝廷议罪。郑公在枢密，凡弃城，请论如法。范文正参预大政，争之，以为不可。今江淮郡县徒有名耳，城壁非如边塞，难以责城守。神文睿德宽仁，故弃城得减死。郑公忿谓文正曰：六丈欲作佛耶？范曰：主上富于春秋，吾辈辅导当以德，若使人主轻于杀人，则吾辈亦将以不容矣。郑公叹服。"

盐袋等二十余种。终于造就了一个"三榷之入尽归京师"而民心尽失、外族南侵如入无人之境的结局。[1]

简言之，在北宋前期，因中央集权的制度尚未完备的缘故，地方州县在财政上仍拥有一定的自主支配权，其主要财税来源包括两税分录（正赋央地分税）、榷酒（酒类专卖）、坊场（市集收费）、房廊（官府名下的房产出租）、河渡（关津收费）与商税等。而到了北宋中后期，尤其是王安石变法之后，随着中央开支的增加与汲取力度的增强，地方州县的财政自主支配权就渐渐消失了。苏辙在呈递给宋神宗的奏疏里说"举四海之大，而一毫之用，必会于三司"[2]，便是指最能来钱的税目皆由中央掌握，州县的财政开支已全然控制在中央三司衙门之手。也就是地方的常规财政收入已全部被朝廷收归了。

然而，需要注意的是，地方政府并非无钱可花。朝廷自地方手中夺走绝大部分既存税赋后，地方必会绞尽脑汁巧立名目另谋财源，以维持各级衙门的运转，朝廷对此也会予以默认，所以地方官府仍然有钱花。朱熹说"州县无复赢余，于是别立名色巧取"[3]，指的就是这种情况。陆九渊对此也有一段很传神的叙述。他说，民众因过得太惨而去向转运使诉苦，转运使去询问州官，州官却回应道：

> 二税之初，有留州，有送使，有上供。州家、使家有以供用，故不必多取于民。今二税悉归上供，州家有军粮，有州用，有官吏廪稍，不取于民，则何所取之？[4]

---

[1]（南宋）陈傅良：《止斋先生文集》卷一九，《赴桂阳军拟奏事札子》。

[2]（北宋）苏辙：《栾城集》卷二十一，《上神宗皇帝书》。

[3]（元）脱脱等：《宋史》志第一百二十七《食货上二》。

[4]（南宋）陆九渊：《象山集》卷八，《与张春卿》。

对话中的转运使代表中央，州官代表地方。转运使责问州官为何巧立名目敛财，州官回应说以前两税正赋分成三份，一份留在地方，一份留在转运使手中，一份上供给中央。地方有钱可用，也就不必科敛百姓。如今两税正赋全归了中央，地方有军粮要支出，有行政经费要支出，有官吏的俸禄要支出，除了科敛百姓，难道还有别的办法吗？转运使无言以对，"遂亦纵而弗问，由是取之无艺"，自此不再过问州官新增苛捐杂税之事，地方也就越发肆无忌惮地盘剥百姓。陆九渊借这段对话，将中央财政集权加重百姓负担的逻辑链条清晰地勾勒了出来。

除了大幅加重百姓负担外，中央财政集权还会导致地方政府理所当然地陷入集体怠政状态。这当中的逻辑链条也很简单：地方自谋财源的核心驱动力，是满足地方官吏集团的敛财欲望，而非将这些财赋用于地方治理；中央将地方汲取得干干净净，又足以成为地方消极怠政的理由；中央无法掌握地方自谋财源的数字，自然也无法从制度上监督并驱使地方提供公共服务。于是，中央"受益"（财政收入增加），地方也"受益"（可乱拓财源并在地方治理上推卸责任），唯独普通百姓受了大害（税负加重），终于因中央财政的高度集权而横空出世。

这种制度之恶在宋代随处可见。比如，因中央财政集权的缘故，广西路在北宋时期财政便已无法自给，需要中央补助。南宋绍兴八年（1138），中央又在两广实施盐钞法，广西路80%的产盐区被划归中央，只留下20%的产盐区继续由地方政府官卖食盐。广西路财政收入锐减，底层百姓立即就遭了殃，"乃尽一路田租之米二十二万斛，令民折而输钱，至五倍其估"[1]。百姓家中坐，税从天上来，需要五倍缴纳田赋。这还不算完，因为大米已经全部折算成钱了，广西路二十余州的官吏与士兵的禄米没了着落，地方政府又"损其估以市米于民，曰和籴、招籴，民愈病"，打着和籴、招籴的旗号，恶意压低市场上的粮价，强

---

[1]（南宋）杨万里：《诚斋集》卷一百十六，《李侍郎传》。

行向民众征购粮食。收税钱的时候恶意抬高粮价，买粮的时候恶意压制粮价，这一升一降之间，中央财政增收，地方财政增收，只有底层百姓倒了大霉。再比如，据包伟民统计，福州在南宋淳熙年间岁入钱粮，包括两税正赋和其他各种杂税在内，是足钱660038贯，每年的支出，包括上供给中央的部分和州府的开支，总计是足钱1242919贯，收支相抵差了582881贯。这个巨大的缺口，当然只能以各种名目从福州百姓的身上榨取。①

综上，也就不难理解范仲淹说的"郡县徒有名耳"，其实是在隐晦地批评朝廷的畸形税制，是在批评地方政府放弃了治理责任，转将主要精力用于汲取税赋。毕竟，是否如期足额完成中央政府交付的汲取任务，才是两宋朝廷考察地方官员的核心标准。比如宋仁宗皇祐元年（1049），中央三司依据上供数额和完成情况，对地方转运使实行五等考核机制，上供不足者要被降职，上供超额者可以升职，结果导致"贪进者竞为诛剥，民不堪命"②。五年后，因民怨极大，宋仁宗不得不下旨废除这项制度。但这种废除是暂时的，就整个两宋时期来看，财政汲取的完成度始终是官员考核中最重要的指标。其结果，则如宋哲宗年间做过监察御史的上官均所言：

> 比年以来，外台以财利督郡县，不责守令以治民之效；郡县以财利责民，不暇及抚循安养之术。其甚者笞榜刻剥，穷耗财力，以免一时之责。③

---

① 包伟民：《宋代地方财政史研究》，上海古籍出版社2001年版，第260—265页。

② （南宋）李焘：《续资治通鉴长编》卷一百七十四，"皇祐五年六月壬辰"条。

③ （南宋）赵汝愚：《宋名臣奏议》卷七二，《上哲宗乞定州县考课之法》。

北宋人苏颂说过，县令的主要职责是教化民众与劝课农桑，征收税赋是其次的工作①。治理地方抚养百姓，如修筑道路、疏通水利与赈济灾民，本是地方政府应尽的首要责任。但在畸形的税收分配制度下，中央以汲取力度来考核州郡，州郡也以汲取力度来考核下面的县，县则要优先考虑如何用苛捐杂税养活县衙一干人等。于是，绝大多数地方官府放弃了自己的治理责任，退化成了纯粹的征税机器与食税怪兽。

在南宋淳熙年间做过临湘知县的王炎，对此深有感触。在一份给上级的材料中，王炎如此写道：临湘县的二税收入已全归州府支配，且夏税不收绢，要折算成钱缴纳，折算额度是市价的六倍，秋粮还须由县里送至州仓。临湘县的鱼湖收入与营田收入也都归了州府。州府还向临湘县摊派了八种自造税目，包括马草钱、捕盗钱、招军钱、陈设钱、拣汰使臣钱、煮酒钱、供给钱、遥领钱。将这些税赋征缴完毕，整个临湘县早已被搜刮殆尽，"无常赋可催，无奇零可取，无羡余可得，无渗漏可察"。县衙只好"不复论教化，不暇谋抚字，不及议狱讼，又不及语催科，惟违法以取钱，则汲汲焉"②。什么劝课农桑、教化民众、抚养孤寡、清理狱讼，这些常规的治理工作根本无力开展，官吏们只想着如何搜刮民财。

如此也就不难理解，为何王伦在宋仁宗时代仅纠集数十上百人即可横行淮南，为何宋江在宋徽宗时代能以区区三十六人横行齐魏③。这些皆与宋代"郡县徒有其名"有关，皆是彰显北宋地方治理空洞化的典型事件。

①（南宋）赵汝愚：《宋名臣奏议》卷七二，《上神宗乞别定县令考课》。

②（南宋）王炎：《双溪类稿》卷二十，《上薛大监书》。

③（元）脱脱等：《宋史》列传第一百一十《侯蒙传》。

向民间推卸赈灾责任

黄震是一位活跃于南宋咸淳年间的官员，时人赞誉他体恤民情、正直敢言。咸淳七年（1271），这位好官被任命为抚州知府。当时的抚州正遭逢一场不大不小的春荒。黄震忧心灾民，尚在赴任途中，即开始颁布公文，处理赈灾事宜。

他赈灾的主要办法，是劝谕抚州境内的"富户"，也就是家里有余粮者，拿出粮食分给灾民。为达成此一目的，从这年三月到七月，他针对境内富户连下了二十道榜文。

在第一道榜文里，黄震说自己的执政理念是"安富恤贫"，现在抚州米价不错，希望家中有粮的富户响应号召"乘时急粜"，赶紧把粮食拿到市场上来卖，否则等灾情过去米价下跌，富户们不但赚不到钱，还会被民众怨恨，可谓一举两失。[1]

结果收效甚微。富户们对灾情有多严重、自己有多少余粮、可以支撑多久，远比尚未入境的新任知府大人清楚。于是就有了第二道榜文。有些生气的黄震在榜文里说："天生五谷，正救百姓饥厄；天福富家，正欲贫富相资。"如今"米贵不粜，人饥不恤"，你们不肯拿粮食出来卖，不肯把粮食分给灾民，那苍天还要你们这些富户做什么？

结果仍是收效甚微。于是又有了第三、第四道榜文。在第四道榜文里，黄震号召地方贤达联合起来，向境内富户施压，对他们进行道德教育，"以义理感动乡之富者，以恩威开谕乡之贪者"，恩威并施，让富者、贪者把粮食拿出来。

不出所料，结果还是收效甚微。于是，在第五道榜文里，新任知府威胁与安抚并重。他先是恐吓富户们："照对：救荒之法，惟有劝分。劝分者，劝富室以惠小民，损有余而补不足，天道也，国法也。"朝

---

[1] 本小节关于黄震救灾的资料，均出自（南宋）黄震撰的《黄氏日抄》卷七十八。下文引自该书者不再赘注。

廷制定有一项核心救荒政策叫作"劝分"，就是要这些富户把钱粮拿出来，无偿分享给灾民。这是不容违背的天道，是不可忤逆的国法。然后，黄震语调一转说道："今我抚州不劝分而劝粜者，曲体富室之情也，急谋贫民之食也。"黄震还说，只要富户们把粮食拿出来投放到市场上，必有重赏。投放二千石者，由太守出面为其举办表彰大会；投放一万石者，由太守给朝廷写奏折为其申请官衔。黄震说，自己以人格担保决不食言。

结果仍然收效甚微。终于，在第七道榜文中黄震祭出了暴力手段。他宣布，被点名的富户若十日之内仍不将粮食投放市场，"轻则差官发廪，重则估籍黥配"，不但要派官差去强行打开他们的粮仓，还要将他们抓起来治罪刺面，发配边疆。在第十一道榜文里，黄震又点名了当地乐安县的十余家"官户"（家中有人为官者），命令他们拿出粮食来。

知府大人如此胁迫，富户们虽不情愿，也只好出血。如南塘县某饶姓富户，一再强调"一都自了一都"，只愿拿出粮食救济本乡灾民，黄震对此很不满意，遂命当地知县前往饶家坐镇"躬亲发廪"，由官府直接打开了饶家的粮仓，发粮给外地民众。陈孟八官、杨茂五官、陈茂三官三户人家也不愿拿粮食出来卖，黄震遂派出巡检将其粮仓查封，然后由当地知县坐镇放粮。

黄震毫无疑问是一位心存百姓的好官，但他在抚州挥舞的"劝分"政策，既是赵宋王朝用来推卸政府救济责任的工具，也是让两宋富户闻风丧胆的利器。

简单来说，"劝分"政策始于北宋。天禧元年（1017），宋真宗下诏地方官员，要他们劝导民间富户拿出粮食赈济灾民，且承诺将由朝廷给予相应赏赐，比如给予免税优惠，或赐予名义上的官衔。诏书虽强调不可强迫，须由富户自愿，但民间富户无力抗衡官僚机器，这项政策迅速变成了对富户的变相勒索。政策颁布的第一年，就有濮州地方官上奏朝廷，要求对该州富户"逐户数目，量留一年之费"，挨家挨户核查富户家底，只给他们留下一年口粮，其余粮食须全部拿出来按照官定价格出售，以赈济灾民。①

之后，这种变相勒索愈演愈烈。孝宗乾道八年（1172），潭州安化县的富户龚德新，因早年已响应过朝廷的"劝分"政策，且已获得"进武校尉"的虚衔，遂不愿再继续拿出粮食。结果被潭州的地方官以"略不体认国家赈恤之义"的罪名，没收了他进武校尉头衔，并将其送至五百里外的军中编管，进行充军再教育。②其实，赵宋官府所谓的"国家赈恤之义"，不过是朝廷借"劝分"之名，将自己的赈灾责任频繁而大规模地向民间富户转嫁。乾道五年，饶州旱涝，朝廷只调拨了官粮6800余石及上供御米1万石，却以劝分的名义从富户们身上榨出粮食19.6万余石。可见自从有了"劝分"政策，救灾的主要责任就都压在了民间富户身上。

推卸朝廷责任，强调民众义务，是所有秦制政权施政时的共同特征，赵宋王朝当然也不例外。这种朝廷一遇灾荒就逃避责任、强行让富户们买单的做法，引起了时人的颇多不满。南宋人王柏（1197—1274）曾如此嘲笑道：

> 官无以赈民，使民预输，以自相赈恤，已戾古意，今又移易他用，数额常亏，遇歉岁则复科巨室，此何义哉？③

王柏的这段话，同时提及了赵宋王朝的三大制度，即常平仓、义仓与"劝分"。王柏说：官府原本设有常平仓，里面堆积的是民众缴纳的税粮。民众纳了税，就应该在灾年获得官府的救济。可是常平仓的粮食

---

① 李华瑞：《宋代救荒史稿》，天津古籍出版社2014年版，第537页。

② 李华瑞：《宋代救荒史稿》，天津古籍出版社2014年版，第536页。

③（南宋）王柏：《鲁斋集》卷七，《赈济利害书》。

都被官府挪用光了，官府手里没粮用来赈济灾民。于是又设计出义仓制度，让民众每年往义仓里存粮食，遇上灾年就用义仓的粮食自我救济。搞义仓本已是官府在推卸救灾责任，结果义仓里的粮食又被不受制约的官府肆意挪用，到了灾荒年份，义仓里空空如也没有粮。于是官府又拿出"劝分"政策，去折腾民间的富户，将官府的赈灾责任全推给他们。在王柏看来，这种搞法，简直太不像话了。

灾荒之年，有余力的富户拿出钱粮来救济灾民，是值得鼓励和提倡的事情。但考虑到两宋按户等摊派的可怕差役制度，也不能苛责这些乡村富户。毕竟，那是一个必须争相装穷以躲避差役摊派、躲避破户亡家之灾的年代。响应官府的号召打开粮仓赈灾固然是美德，但事后也极有可能成为官府摊派差役的重点对象。好的制度会鼓励民众行善而无后顾之忧，坏的制度则反之。唯有理解此点，才能理解黄震治下的抚州富户们普遍在灾年保持沉默的原因。

除此之外，在呼吁民间富户赈灾之前，还有两件更重要的事情不应忽略。一是要监督官府有没有尽到其应尽的责任，富户不是官府用来卸责的洼地。二是要尊重个人财产，不管是穷人的财富还是富人的财富，只要是合法所得，皆应得到法律的保护，不能强制剥夺他人的合法财产。遗憾的是，即便是黄震这样体恤民情、正直敢言的士大夫，在执行"劝分"政策时也不遗余力且义正词严，说什么"天福富家，正欲贫富相资"，说什么"劝分者，劝富室以惠小民，损有余而补不足，天道也，国法也"，既没有针对官府失职的自我反思，也不尊重他人的个人财产，甚至用所谓的"天道"从理论上否认了个人财产的正当性。

尤为可悲的是，这种不尊重个人财产的思维模式，不但见于黄震这样的士大夫，也被普及推广到了民间的各个角落。比如成书于两汉士大夫之手、流行于两宋民间的《太平经》，内中有这样一段文字："少内之钱财，本非独以给人也；其有不足者，悉当从其取也。"意思是国库（少府与内库）的钱财不是皇帝一个人的；百姓没吃没喝的时候，就应该从中取用。这话说得自然是对极了。可惜的是，该书却又将富户的个人资产视作与皇帝国库性质相同之物，如此写道：

> 财物乃天地中和所有，以共养人也。此家但遇得其聚处，比若仓中之鼠，常独足食，此大仓之粟，本非独鼠有也。[1]

按《太平经》的说法，财物乃天下人共有，应由天下人共用。所谓富裕人家，不过是财物暂时聚集在他的家中罢了。富人好比那仓库中的老鼠，自己吃得饱饱的，却忘了这仓库中的粮食并不属于他，而属于大家。这些话，毫无疑问是在赤裸裸地否认个人财产，否定个人努力积累财富的意义。受这种思想影响，《太平经》的信徒们当然不可能认同个人财产神圣不可侵犯这类理念，抢富户在他们看来天经地义。

这也正是包括赵宋王朝在内的历代秦制政权，从来都很难产生体面人的重要原因之一。上至朝廷，中至士大夫与官僚，下至普通民众，皆丝毫不尊重他人的私有财产。皇权一味以推卸自身责任、强调民众义务为能事；官僚动辄以行政权力"损有余而补不足"，且将之视为天道；底层民众充满了仇富心态，将他人的合法资产视为"天地中和所有"（你的就是大家的）……这种毫无个人财产安全感的社会，毫无权利与责任分野的社会，普通民众难以求富，极端者甚至不敢求富，成了富户也不敢露富，不敢积极参与社会事务，无法成为打破社会原子化、维持社会组织能力的枢纽。这样的环境，当然不可能产生体面人。两宋商税规模空前，却没有出现值得一提的、积极参与社会事务的大商人，即是明证。

---

[1] 冯友兰：《中国哲学史新编》中卷，商务印书馆2020年版，第296页。

自欺欺人的面子游戏

宋仁宗庆历八年（1048），兴瑈渤国①派了使节带着国书来到开封。

宋朝针对外国文书有一套常规处理办法，即先找翻译将文书译成中文，然后将译文交给朝中文学之士"润色"，使格式与言辞符合朝廷规制，再正式进呈给皇帝并收入档案。当时没有培养翻译人才的专门机构，负责文书翻译者多是靠常年与外族打交道耳濡目染自学成才之士。这些人没有能力翻译出华美的词句，也缺乏维护"天朝上国"体面的政治意识。他们提供的译文往往极具口语化（某些见识浅陋的宋朝士大夫常以文书过度口语化为依据嘲讽他国没有文化），且忠实原意，鲜少增删。②兴瑈渤国国书的初始译文便具备这个特征。其译文如下：

> 兴瑈渤国蕃王元是丹蒲胧，每年发船归大地，今特将书求拜大朝官家。我听闻道是大朝官家修行，我州府有圣佛，重佛是重家一般，特将来兴瑈渤国佛一窒、犀牛头一个、连犀一株，又犀四株。蕃王修行年老，听闻大朝官家修行，办心礼拜。打钦元是我弟，特差亲弟来广州送纳。③

由译文可知，这个兴瑈渤国信奉佛教，该国国王听说宋朝皇帝也礼佛修行，遂派了亲弟为使节，带着佛像、犀牛头等礼物来到广州，要送给宋朝皇帝，以建立友好关系。译文中虽有"求拜"字样，但整体而言兴瑈渤国的自我定位乃是与宋朝平等的国家。这份原始译文被交给文学之士重新润饰。于是，作为公开文件拿给宋仁宗看的版本就变成了

---

① 其国已无从查考，推测或位于中南半岛南部。

② 程民生：《宋代的翻译》，《北京师范大学学报（社会科学版）》2013年第2期。

③ （清）徐松：《宋会要辑稿·蕃夷七》。该译文写作"兴瑈渤国"，他处则写作"瑈渤国"。

这样：

> 埊渤修行国王臣思蒙孙打南俾顿首。大宋皇帝陛下，臣思蒙本国修行，……伏闻大宋皇帝陛下德应三乘，功明大道，圣惠远超于南土，宸严广布于华夷。是以臣思蒙远颙金阙，遥想旌墀，身属迈年，无由顿首。臣思蒙收得西天佛僧金骨及西天佛树枝连叶，并西天佛一窬……臣思蒙发遣弟打钦赍赴广州进献，伏乞天慈，俯赐鉴纳。①

与原始译文相比，经文学之士润饰后的版本：一，原本与宋仁宗地位平等的埊渤国国王，变成了宋仁宗的臣子；二，原始国书止于向宋朝表示尊敬之意，修订版却竭力渲染，说埊渤国国王视大宋皇帝为偶像，只恨身在远方且年纪太大没办法亲自来开封给大宋皇帝叩拜；三，原始国书赠送礼物止于表达友好之意，在修订版里则变成了藩属国对宗主国的进献，变成了埊渤国国王恳求（伏乞）大宋皇帝收下贡品。这番润饰，直接将一位外邦国王降格成了大宋皇帝的藩属之臣。

此类润饰并非个案，而是两宋朝廷对外交往的惯例，即所谓"外国表章类不应律令，必先经有司点视，方许进御"②。如宋太宗淳化四年（993），大食国派使者带国书来到开封，该国书被宋朝文学之士修订后，出现了"皇帝陛下德合二仪，明齐七政，仁宥万国，光被四夷"这类极为肉麻的句子，大食国的国王也成了对宋太宗佩服得五体投地的藩

---

① （清）徐松：《宋会要辑稿·蕃夷七》。

② （南宋）周辉：《清波杂志》卷六，《外国章表》。

属国之"臣"。再如宋真宗大中祥符八年（1015），注辇国^①有使者来到开封，其国书被宋朝文学之士修订后，竟出现了"二帝开基，圣人继统，登封太岳、礼祀汾阴"这样的句子。要知道，这些词句乃是在歌颂宋真宗劳民伤财的封禅活动，赞美宋真宗乃是当世伟大的圣人。很难想象一个远在印度半岛、与中原王朝鲜有往来的国家，会在其国书中为宋真宗的封禅之举大唱赞歌。文化与政治生态的差异，也决定了注辇国的君臣不可能理解何谓封禅。注辇国的国书被篡改成这样，只是为了满足宋真宗的虚荣心，只是为了造就一种连外邦人士也对真宗封禅赞誉有加的舆论假象。^②

进入南宋后，朝廷不再满足于让文学之士润饰他国文书，更进一步开启了代写模式。流传至今的代表作，有唐士耻撰《代真里富贡方物表》、张守撰《代云南节度使大理国王谢赐历日表》、洪适撰《代嗣大理国王修贡表》等。

宋宁宗庆元六年（1200），真里富国^③派人送国书来到杭州。因其国书装帧简陋，装国书的匣子还断了一足，看起来相当简陋，曾引起宋宁宗君臣的嘲笑。五年后，真里富国再次送国书至杭州，据南宋政府安排翻译人员提供的原始译文，这个真里富国以前只知道有宋朝这样一个大国存在，但不知具体方位，直到近些年才从某些渠道了解到如何前往

---

① 注辇国位于今印度半岛某地。宋人周去非《领外代答》记载"注辇国是西天南印度也"。《宋史》列传第二百四十八《外国五》记载："注辇国东距海五里，西至天竺千五百里，南至罗兰二千五百里，北至顿田三千里，自古不通中国，水行至广州约四十一万一千四百里。"

② 黄纯艳：《多样形态与通用话语：宋朝在朝贡活动中对"四夷怀服"的营造》，《思想战线》2013年第5期。本小节还参考了黄纯艳：《唐宋政治经济史论稿》（甘肃人民出版社2009年版）所收"藩服自有格式：外交文书所见宋代与周边诸国的双向认识"一文。

③ 真里富国位于今天的东南亚某地。有研究认为，"真里富位于今泰国尖竹汶一带"，见朱振明主编：《当代泰国》，四川人民出版社1992年版，第302页。

宋朝。于是派了一名将领，带着公象、象牙与犀牛角之类礼物前来建立友好关系。可是，在唐士耻代写的《代真里富贡方物表》里，真里富国王不但成了宋宁宗的"微臣"，还成了"慕义于衣冠"的南来文明景仰者，且发誓从今往后要永远做宋朝的"陪臣"。[1]这种代写，仅保留了真里富国派使者来到南宋这个基本事实，其余情节皆可谓是向壁虚构。

宋代君臣似乎并不觉得如此这般向壁虚构有何不妥，甚至曾公开以代写国书作为科考试题。史载：

> 绍兴丁丑，词科《代交趾进驯象表》，就试之士仅能形容画象及塑象，俱不见驯服生动态度。惟周益公（周必大）说出象之步趋来庭之意，遂中首选。[2]

宋高宗绍兴二十七年（1157），周必大参加博学鸿词科的科举考试，试题是《代交趾进驯象表》，也就是替交趾国代写一份进呈大象的外交文书。参加考试的其他人在向壁虚构方面功夫有限，只能就大象的模样做些大概描述，显不出朝廷最需要的"驯服生动态度"。只有周必大的文章做到了这一点，因此中了头名。

将为他国代写文书定为科举试题，可知在当时人的心目中，并不以代写为羞耻，反将之视为理所当然之事。周必大愿意将该文收进自己的集子，似乎说明这一点。但无论怎么说，篡改乃至代写他国文书，在他国不知情的前提下，将他国降格为藩属，将他国君王降格为藩臣，乃至替他国君王捏造肉麻的颂辞，究其本质仍只是在自欺欺人。靠这种自欺

---

① 曾枣庄、刘琳主编，四川大学古籍整理研究所编：《全宋文》第308册，上海辞书出版社2006年版，第2—3页。

② （南宋）杨囷道：《云庄四六余话》，收入于王水照编：《历代文话》第一册，复旦大学出版社2007年版，第105页。

欺人的面子游戏来维系"天朝上国"的幻觉，恰说明赵宋政权对"天朝上国"这个身份严重缺乏自信。

这种面子游戏，也见于两宋的服饰禁令。北宋与辽朝因澶渊之盟结为兄弟之国，但北宋政府在意识深处始终将辽朝视为敌国，对本国百姓喜穿辽朝风格服饰的社会现象极为警惕。如宋仁宗于庆历八年（1048）下诏：

> 闻士庶仿效胡人衣装，裹番样头巾，着青绿及乘骑番鞍辔，妇人多以铜绿兔褐之类为衣。宜令开封府限一月内止绝；如违，并行重断。仍仰御史台、阁门弹纠以闻。[1]

引文中的"胡人"，在《宋史·舆服志》里直接写作"契丹"。显见宋仁宗所看不惯的，是北宋民众在穿着打扮上常带有契丹风格。具体包括穿契丹风格的衣服、戴契丹风格的头巾、骑乘装备有契丹式鞍辔的马匹和以契丹风格的颜色为装饰（青绿、铜绿与兔褐均是当时契丹人服饰上的常见颜色）。诏书要求开封府严查街头巷尾穿着契丹风格服饰之人，逮到即严惩，务必在一个月之内让契丹风格的服饰从开封消失，且要御史台与阁门参与监督弹劾，可知此轮整肃力度甚大。

史料未记载宋仁宗时期抓到穿契丹风格服饰的百姓会受到何种惩罚，但宋徽宗时代的惩罚是清楚的。政和七年（1117），宋徽宗下诏说："敢为契丹服若毡笠、钓墪之类者，以违御笔论。"[2]御笔的具体情况本章第一节已有介绍，这里不再赘述。简言之，"御笔"的字面意思指皇帝亲笔写下的文字，"违御笔"之罪指的是凡由皇帝下达的命令，只许官员提意见，不许官员援引其他规章制度来阻挠实施，否则要处以

---

① （清）徐松：《宋会要辑稿·舆服四》。

② （清）徐松：《宋会要辑稿·舆服四》。同书解释："钓墪，今亦谓之䩥袴，妇人之服也。"可知钓墪是一种供女性穿着、便于骑乘的下裳。

"大不恭"之罪。"大不恭"是重罪，惩罚力度没有上限，可以杖责，可以坐牢，也可以杀头，甚至可以诛灭九族。可知宋徽宗以"违御笔"之罪来惩罚穿契丹风格服饰的百姓，是在以"刑不可知，则威不可测"的手段恐吓民众。

宋徽宗对契丹风格服饰的敌视极深。除前文提及的政和七年（1117）禁令之外，史料留存下来的相似诏书还有不少。如大观四年（1110），宋徽宗下诏开封府，说"京城内近日有衣装杂以外裔形制之人，以带毡笠子、着战袍、系番束带之类，开封府宜严行禁止"①。政和元年，宋徽宗又下旨禁止民众在开封城内唱北曲穿北服，"一应士庶，于京城内不得辄戴毡笠子"②。宣和元年（1119），宋徽宗再次下诏。如此这般频繁下诏，既说明宋徽宗干预民众日常生活的欲望相当强烈，也说明这种干预违背了人性，很难落实到每个北宋百姓身上。

南宋的情况同样如此，只不过由禁穿契丹风格的服饰变成了禁穿女真风格的服饰。据《庆元条法事类》，南宋百姓一律不许穿四夷国家（主要针对金朝）的服饰，长期住在南宋的外国商人也须遵守该规定，只有临时来往的外国商人可以例外。违背禁令穿戴四夷国家服饰者，被抓住要杖责一百。且鼓励民间百姓互相告发，成功举报一名穿戴四夷国家服饰者，可获得五十贯赏钱。赏钱从被举报者的财产中扣除，若被举报者的家产不够五十贯，则惩罚其周围的知情不报者，以凑足给举报者的赏钱。③

为了皇权的面子而粗暴干预民众的日常生活，在两宋时代非止一例。政和三年（1113），宋徽宗赵佶还曾将北宋百姓逼至不敢给孩子办

---

① （南宋）吴曾：《能改斋漫录》卷十三，《诏禁外制衣装》。

② （南宋）吴曾：《能改斋漫录》卷一，《禁蕃曲毡笠》。

③ （南宋）谢深甫等：《庆元条法事类》卷三，《服饰器物》。其原文是："诸服饰不得效四夷，其蕃商住中国者准此。若暂往来者听身从本俗。""诸服饰辄效四夷者杖一百。""告获服饰辄效四夷者，（赏）钱五十贯。"

成年礼、不敢给子女办婚礼、不敢给死者办葬礼的地步。

该年正月，在宋徽宗的亲自主持下，议礼局众官员经过多年努力，终于编成了《五礼新仪》二百二十卷。这是赵宋政权正式颁布的第二部官方礼典。上一部全国推广的礼典，还是宋太祖赵匡胤主持编纂的《开宝通礼》。那时节，北宋建立时日尚浅，诸事纷杂，没有力量对历代礼制做全盘的梳理与考订。所谓《开宝通礼》，不过是在唐代开元礼制的基础上做一点增补与删改。盛世要有盛世的体面。赵佶觉得《开宝通礼》太粗陋，配不上大宋王朝的蒸蒸日上，于是在大观元年（1107），于尚书省中设立议礼局，专门负责讨论与修改礼制。扼要说来，就是通过考订历史来确定两件事情。第一，朝廷举办各种活动时，应该在什么地方、穿什么服装、由何人主持、举行何种仪式。第二，民众日常生活中的生育、成年、婚丧嫁娶等，应该在什么地方、穿什么服装、由何人主持、举行何种仪式。凡议礼局解决不了的争议问题，皆交由赵佶圣裁。在反复争议与不断圣裁中，《五礼新仪》的编订工作一搞就是七年。①

前代礼制，主要是为了通过仪式化活动来彰显皇权的威严与合法性。《五礼新仪》自然也不例外，但赵佶的谋划更大。他曾下旨命议礼局采用周礼，内中说：自汉以来的历朝历代皆"失先王礼意"，其礼制都是错的，如今我大宋要"接千岁之统，乘久安之运"，决不能辜负百余年的繁华，必须将中断了上千年的"先王之礼"重新接续传承起来。赵佶自认为德比尧舜、政比三代的膨胀心态，于此可见一斑。②

这种膨胀心态，也见于《五礼新仪》的另一个特点：该礼典首次针对底层百姓，提出了礼仪制度方面的硬性要求。内中有"庶人婚仪"

---

① 吴羽：《〈政和五礼新仪〉编撰考论》，《学术研究》2013年第6期。

② （南宋）佚名：《宋大诏令集》卷一百四十八，《依周吉礼之制御笔手诏》，"大观二年八月"条。

（底层人如何正确举行结婚仪式）、"庶人嫡子冠仪"（底层人如何正确举行嫡子成年仪式）、"庶人庶子冠仪"（底层人如何正确举行庶子成年仪式）、"庶人丧仪"（底层人如何正确举行丧礼）等名目。孔子说过"礼不下庶人"，因为庶人很穷，没能力一板一眼按典籍操办礼仪。庶人愿意按礼行事是好事，但不能强迫，强迫便等于实施暴政。但在赵佶看来，大观政和时期的大宋国富民强，正是让底层百姓普遍接受礼制教化、提升全民礼制文明水准的好时机，只有遵守《五礼新仪》行事的百姓，才是配得上大观政和时期的好百姓。故此，《五礼新仪》制成之日，赵佶便迫不及待下令，要将之强行推广到大宋的每个角落。他要看到每个大宋百姓都严格遵循《五礼新仪》，来过一种崭新的生活。若有人胆敢不按新礼制过日子，就会被逮住治罪。

可惜的是，大宋百姓的"觉悟"普遍跟不上赵佶。强制推行很快招来了民间的抵制与批评。议礼局官员刘炳上奏建议严惩批评者，赵佶于是下发御笔手诏：

> 礼以定民志，制未立而浮言惑之，妨功忌能，乱化之奸尚未悛革。可依所奏，仍立赏钱一千贯，许人告，以徒三年科罪。[1]

《五礼新仪》是赵佶亲自主持搞的文化面子工程，断不能容忍批评的噪声。为了消灭这些噪声，赵佶发起了全民举报运动，举报一名诋毁《五礼新仪》者可得赏钱一千贯，被举报者将被拘禁起来强制劳役三年。除了发起全民举报运动，赵佶还发起了针对官僚集团的监察运动。他下发御笔给各路监司官员，要他们以是否卖力推行《五礼新仪》

---

[1]《宋大诏令集》卷一四八《户部尚书礼制局详议官刘炳乞禁浮言御笔手诏》，"政和三年十月四日"条。

为考核标准，上报下辖官员的表现，再由朝廷对这些官员实施奖赏或惩罚。①

为了实现自己德比尧舜的美梦，宋徽宗拿着《五礼新仪》，从政和三年（1113）折腾到宣和元年（1119），终于将开封府的官员与百姓皆折腾至难以忍受的地步。这年六月，开封府上奏赵佶，恳求偃旗息鼓。内中写道：

> 顷命官修礼施之天下，冠婚丧祭莫不有制。俗儒胶古，便于立文，不知达俗。间阎比户，贫窭细民，无厅寝房牖之制，无阶庭升降之所，礼生教习，责其毕备，少有违犯，遂底于法。至于巫卜媒妁，不敢有行。冠昏丧祭，久不能决。礼欲以齐民，今为害民之本。开封府申请《五礼新仪节要》并前后指挥，及差礼直官礼生并教行人公文指挥，可更不施行。②

开封府说，朝廷强推《五礼新仪》，涉及百姓的成年礼、婚礼、丧礼、祭礼等方方面面。负责推广的俗儒固守教条，只知道文件里怎么说就要求百姓怎么办，毫不顾及百姓的现实情况，于是开封百姓就全都遭了殃。底层百姓生活在狭窄的街巷之中且收入有限，只有可供栖身的小破房子，家中没有客厅、寝房之分，也没有台阶、庭院之别。负责推行并监督新礼制实施的教习们却一板一眼按文件的要求办，一味责备底层百姓，强迫他们备齐实施新礼制所需的客厅、台阶与庭院。新礼制规定该在厅里办的事情，决不允许在厅外办；新礼制规定该在庭院里办的事情，决不允许在庭院外办。谁胆敢违犯，就将谁抓起来法办。如今的开

---

① （清）徐松：《宋会要辑稿·职官四》。

② （南宋）佚名：《宋大诏令集》卷一百四十八，《开封府申请五礼新仪节要并前后指挥更不施行》，"宣和元年六月二十五日"条。

封府已是这般模样：百姓不敢占卜吉日，不敢聘请媒人，不敢给孩子举行成年礼，不敢给子女举行婚礼，不敢给死者举行丧礼，甚至不敢祭祀祖先。礼的本意是教化百姓，如今反倒成了害民之本。开封府请求赵佶变更政策，不要继续如此这般搞法。

开封府的陈情奏章虽然将责任全推给了下面的执行者，但其将《五礼新仪》斥为害民之本，仍可谓颇具胆量。这恐怕也恰好说明开封府的百姓已被赵佶的新礼制折腾得很痛苦，负有推行新礼制并维持治安之责的开封府已与百姓发生了很多冲突。毕竟，开封乃天子脚下，是赵佶盯得最紧最勤的地方。奏章中提到朝廷派了"礼生教习"去到城里的各个角落监督百姓，即可说明这一点。

好在无论皇权如何将服饰与政治自信捆绑在一起，无论他们如何出台禁令，皆无法消灭两宋百姓的穿衣自由，无法阻止民众站在实用性角度，去选择适合自己的服饰。无论皇权如何将《五礼新仪》与德比尧舜、政比三代捆绑在一起，无论他们如何发起举报运动，也皆无法让百姓对荒唐的新礼制产生真正的认同感。当宋徽宗被金军俘虏北去，所谓的《五礼新仪》很快便被宋民们弃之不顾。到了南宋孝宗淳熙年间，杭州城内更是"一切衣冠服制习外国俗，官民士庶浸相效习"[1]，惹得一位叫作袁说友的官员痛心疾首，上奏怒骂南宋民众"恬不知耻"，呼吁朝廷针对百姓衣着来一场全面深入的大整肃。在袁说友看来，只有"见一异服如恶恶臭"，看到有人穿戴外国服饰就生出如闻恶臭般的生理反应，才算是合格的南宋百姓。只是赵宋皇权受时代限制，思想改造能力有限，直到南宋灭亡，也未能大规模造出此类理想民。

阶层跃迁，宋民的终极梦想

今人造有"鸡娃"一词，意指父母将孩子的各种补习、游学与社会

----

① （明）杨士奇等：《历代名臣奏议》卷一百二十，《礼乐》。

活动安排得满满当当，让孩子一刻也不能停下与同龄人竞争的脚步。北宋人叶梦得，在其笔记史料《避暑录话》中，也记录有当时的江西饶州百姓的疯狂"鸡娃"之举：

> 饶州自元丰末朱天锡以神童得官，俚俗争慕之。小儿不问如何，粗能念书，自五六岁即以次教之五经，以竹篮坐之木杪，绝其视听。教者预为价，终一经偿钱若干。昼夜苦之。中间此科久废，政和后稍复，于是亦有偶中者。流俗因言饶州出神童。然儿非其质，苦之以至死者，盖多于中也。[①]

时为宋神宗元丰末年，江西饶州出了个朱天赐。他跑去开封参加朝廷举办的神童考试，通过疯狂背诵经书得到了官职，实现了个人和家庭的阶层跃升。榜样在前，饶州百姓纷纷效仿。家中小儿长至五六岁时，便请来教师传授五经。为了让孩子将全部精力用于背书，家长会将孩子装进竹篮之中，高高挂到树上。对教书先生也是按量考核，孩子背诵出一本经书，教书先生便能得到相应的绩效工资。饶州因此出神童，但出神童的代价是许多孩子饱受折磨。

引爆饶州"鸡娃"风潮的朱天赐，之所以能成为朝廷认证的神童，是因为年仅九岁的他（另有说法是十一岁），在礼部当众背诵了《周易》《尚书》《毛诗》《周礼》《礼记》《论语》《孟子》，一个字都没背错。"凡七经各五道，背全通，无一字少误。"朱天赐的同族兄长、年仅十二岁的朱天申，也于同年在礼部当众背诵了《周易》《尚书》《毛诗》《周礼》《礼记》《孝经》《论语》《孟子》《扬子》《老子》。"凡十经各有一百通。"于是，朱天申也成了获得朝廷认证

---

① 诸葛忆兵编著：《宋代科举资料长编·北宋卷》（下），凤凰出版社2017年版，第793页。

的"神童"。①

榜样的力量之所以无穷，是因为榜样往往意味着更便捷的成功路径。朱天赐兄弟的示范效应便是如此。虽然像他们那样大体量疯狂背诵经书，乃至于无一字背错，本身就是件很难的事情，但对普通北宋百姓而言，其他实现阶层跃升的路径更难。在难与更难之间，江西饶州的百姓很自然地选择了难。

对官僚与士大夫而言，北宋是一个很好的时代；但对普通百姓而言，北宋却是一个朱熹所谓的"古者刻剥之法本朝皆备"的时代，日子过得实在很惨。朝廷以公田、民田、城邑、杂变、丁口五种赋税，辅以盐、茗、酒三种禁令（只许官卖），将天下百姓盘剥到了民不聊生的地步，正所谓："生民之衣食，举此八者穷矣。"②

最要命的是，这种民不聊生，在整个北宋是常态化的。即便是"明君"宋仁宗统治的时代，底层草民们也必须竞相拼穷。到了爱折腾的宋神宗和私欲无限的宋徽宗时代，情况就更糟糕了。

普通人这么惨，自然便会催生民众实行阶层跃迁的热情。然而，常规路径——也就是参加科举，又实在是太难挤了。下面两项数据，足以说明北宋的科举之路到底有多难走：

一，宋仁宗景祐三年（1036），广南东路57万户人口中，只有97人有资格参与进士科考，只有3人中举。东京路的134万户人口里，只有157人有资格参与进士科考，只有5人中举。③也就是说，20多万户百姓当中，才会有1名中举者。二，宋代官僚集团绝大多数人的出身，也不是科

---

① （北宋）庞元英：《文昌杂录》，转引自《古今笔记精华录》上册，岳麓书社1997年版，第424—425页。

② （北宋）陈舜俞：《都官集》卷二《厚生四》，转引自王瑞明：《宋代政治史概要》，华中师范大学出版社1989年版，第114页。

③ 《中国考试制度里的区域、家族与个人》，收入于刘海峰编：《二十世纪科举研究论文选编》，武汉大学出版社2009年版，第119页，"表一"。

举。据南宋嘉定六年（1213）的统计，科举出身的官员只占到全部官员的26.1%，而"恩荫出仕"却占到了56.9%。[①]北宋的情况缺乏统计，但政策是相同的，比例上自然也不会有太大的差距。

做普通百姓很惨，走常规科举之路挤进体制的几率又微乎其微，只能搜肠刮肚寻找其他捷径。"小背书家"朱天赐的成功，便是饶州百姓眼中的捷径。

和常规科举考试不同，背书是一件可以量化的事情，能背出几本来，便是几本，谁也做不了假，也不必看时代风气（科举考试能否得中，许多时候取决于主持考试者在文风和思想旨趣方面的个人喜好）。可以量化，"鸡娃"时便能做到心里有底，便能衡量成本与收益，或是及时止损让娃改行下地种田。

叶梦得所见闻的饶州"鸡娃"风潮，便是在这样一种时代逻辑下兴起的。从宣和元年（1119）到乾道九年（1173），江西共举神童23人次，其中饶州便有19人次。可见饶州百姓在逼孩子背书方面是最疯狂的。

"鸡娃"现象，其实只是宋人以进入统治阶层为终极梦想的一个小案例。

在宋代，财富与阶层如果没有获得权力的加持，皆很难维持。乡村有衙前之类的差役，可以将没有权力背景的富户闹至破产。城市有沉重的行役，可以将没有权力背景的富商折腾至家道败落。为了保住财富与社会地位，宋代商人极度热衷与权力联姻。宋人朱彧在《萍洲可谈》中写道："近宗室女既多，宗正立官媒数十人掌议婚，初不限阀阅，富室多赂宗室求婚，苟求一官，以庇门户。"宋代榜下捉婿的社会风气也是因此而生：

> 本朝贵人家选婿于科场年，择过省士人，不问阴阳吉凶及

---

① 方健：《北宋士人交游录》，上海书店出版社2013年版，第3页。

其家世，谓之"榜下捉婿"。亦有缗钱，谓之"系捉钱"，盖
与婿为京索之费。近岁富商庸俗与厚藏者嫁女，亦于榜下捉
婿，厚捉钱以饵士人，使之俯就，一婿至千余缗。①

　　榜下捉婿之外，宋代富人也很愿意花大价钱去购买官身，以求能够
免除各种科役。如宋徽宗大观四年（1110）四月二十九日，有官员上奏
说："访闻河北路买官之人，多是市井庸狯，门户科役辄恃无赖以免，
郡县莫之能制。"②这里仍透露了如下信息：河北路的城市居民为了免
除课役，纷纷花钱购买官身。因为有了官身，地方郡县就没法盘剥他们
了。而且，对民众的剥削越严重，民众想方设法花钱购买官户身份的驱
动力就越大。南宋高宗绍兴十七年（1147）正月十五日，有官员上奏
说："今日官户不可胜计，而又富商大业之家多以金帛审名军中，侥幸
补官，及假名冒户规免科须者，比比皆是。"③宋高宗时期赋税科役层出
不穷，很多人只好花钱行贿弄个官身，以求躲避官府的压榨。
　　投靠有权势的官僚勋贵，抛弃自己的祖先，成为官僚勋贵家族中的
一员，也是一种免除差役与行役的办法。如开封府的茶商马季良娶了
刘太后（宋真宗皇后）之兄刘美的女儿，获得了免除各种差役与劳役的
官身。这马季良随后就"冒立券，庇占富民刘守谦免户役"，拿了富民
刘守谦的好处，用假文书将之庇护在自家名下，使其也得以免除了户
役。④政治制度塑造社会风气。统治阶层最了解制度的运转逻辑，自然也
最明白官户身份的价值，最懂得如何利用身份来变现财富，马季良显然
就是这类人。

----

① （北宋）朱彧：《萍洲可谈》卷一。

② （清）徐松：《宋会要辑稿·职官五五》。

③ （清）徐松：《宋会要辑稿·食货六》。

④ （元）脱脱等：《宋史》列传第二百二十二《外戚上》。

到了北宋中期，拿官户身份来变现财富的现象已泛滥成灾。活跃于宋仁宗、宋哲宗年间的官员丁骘上奏说：

> 臣窃闻近年进士登科，娶妻论财，全乖礼义。衣冠之家随所厚薄，则遣媒妁往返，甚于乞丐，小不如意，弃而之它。市井驵侩出捐千金，则贸贸而来，安以就之。名挂仕版，身被命服，不顾廉耻，自为得计，玷辱恩命，亏损名节，莫甚于此。^①

丁骘希望御史台加强对登科进士婚姻选择的监察，严惩那些一心只想用官户身份变现财富、遂去与富商之家结为姻亲之人。

然而，只要赵宋王朝不改变其特权社会的本质，这种监察就不会产生效果。与丁骘大略同时代的蔡襄与司马光，还有南宋的朱熹等，均对士大夫论财娶妻的风气深恶痛绝，但都无可奈何。如南宋淳熙年间，太学生黄左之科举登第，很快就做了池阳人王生的女婿，"得奁具（嫁妆）五百万"^②。黄左之不傻，王生也不傻。这场结合，不过是统治集团内部权力在当时婚姻市场上的正常变现。进入统治集团内部，以摆脱官府的各种盘剥，并保住财富与阶层，可以说是宋人的终极梦想。

---

① （北宋）丁骘：《请禁绝登科进士论才娶妻》，收录于（南宋）吕祖谦编：《宋文鉴》卷六十一。

② （南宋）洪迈：《夷坚志》甲卷七，"黄左之"条。

第九章
两种历史记忆

人类的历史记忆是很容易出现偏差的。因为生活在历史中的绝大多数人没有理解自身命运的能力，更没有记录自身命运的能力。也因为后世的时代意见常常基于现实需要而扭曲历史意见，会刻意过滤那些"不恰当的历史记忆"，只保留"合乎需要的历史记忆"。这正是历史被不断重写的原因。只有在不断的重写中，那些已被遗忘的、属于普通人的历史记忆，才可能被重新发掘出来。

被《东京梦华录》遮蔽的苦难

太平时日已经维持很久了。

人口与财富繁荣丰盛。未束发的儿童忙于学鼓练舞，头发斑白的老人早已认不得打仗的武器。举目四望，是青漆粉饰的楼房，彩绘装点的阁馆，锦绣打扮的门户，珍珠织成的帘幕。华丽的雕车竞相停驻于天街，名贵的骏马争先驰骋于御路。黄金与翠玉做成的饰品耀眼夺目，绫罗与绸缎织就的衣带飘香醉人。柳陌花街上，荡漾着新制的乐曲与美丽的笑颜；茶坊酒肆里，随处可见按管调弦的娱乐演出。八方之货与万邦之人群集于此，市场上堆满了自四海汇聚的珍宝奇物，庖厨里全是自寰宇搜罗的特殊食材。道路上充溢着鲜花的光彩，仿佛时时皆在春游；空气中弥漫着箫鼓之乐，仿佛家家皆在夜宴。[①]

这是宋人孟元老在其《东京梦华录》一书中对北宋都城开封的追忆。孟元老说，他自宋徽宗崇宁年间（1102—1106）来到开封，在这座城市"烂赏叠游"二十余年，书中所载种种繁华皆是亲身经历。只是写下这些追忆文字时，孟元老正避难江左，开封城早已在1126年的靖康之变中陷于金人之手。

在诸多旧都繁华中，孟元老对白矾楼的印象尤其深刻。白矾楼是一座酒楼，坐落在开封景明坊。彼时开封城内的豪华酒楼，普遍于大门口张灯结彩以招揽客商。进店后是宽敞的廊厅，沿廊厅走百余步是南北朝向的天井，天井两侧是供客人就餐的舒适包间。到了晚上，酒楼内光影摇曳热闹非凡，装扮艳丽的女子群倚在主廊窗边，等待酒客呼唤。美酒匹配佳人，灯红呼应酒绿，举目望之宛若神仙之境。这些酒楼当中最气派的便是白矾楼。孟元老于绍兴十七年（1147）撰成《东京梦华录》[②]时，念念不忘该楼的昔日盛景：

> 宣和间，（白矾楼）更修。三层相高，五楼相向，各有飞桥栏槛，明暗相通，珠帘绣额，灯烛晃耀。[③]

那豪华的酒楼高三层，共五座，鼎立错落。中间以带栏杆的飞桥相连，通道明暗交错，以珍珠做门帘，以锦绣饰门额，夜夜灯烛灿烂。这是宣和年间（1119—1125）翻修增建后的白矾楼。彼时的孟元老已是

---

① （宋）孟元老撰，伊永文笺注：《东京梦华录笺注》，中华书局2007年版，梦华录序。

② （宋）孟元老撰，伊永文笺注：《东京梦华录笺注》，中华书局2007年版，前言。

③ （宋）孟元老撰，伊永文笺注：《东京梦华录笺注》，中华书局2007年版，第174页。

开封城内极会玩的人物，新白矾楼的雄伟壮观与富丽堂皇是他的切身感受。这感受很准确，周密在《齐东野语》中也说白矾楼是京城酒楼的头一号，"乃京师酒肆之甲，饮徒常千余人"[1]。门客流量能长期维持在千人以上，足见白矾楼的规模之大。

白矾楼这个名字也许源于该楼早年经营过白矾生意。矾在北宋是政府管控的专卖品。相比另一种专卖品酒，矾的市场要小很多，所以白矾楼后来转型成了酒楼，唯与白矾专卖有关的楼名留存了下来。宋仁宗天圣五年（1027）八月，朝廷有一道诏书提到该楼，内称：

> 白矾楼酒店如有情愿买扑，出办课利，令于在京脚店酒户内拨定三千户，每日于本店取酒沽卖。[2]

买扑即包税。脚店指无力自官府取得酿酒资格的酒馆，对应者是由官府赋予酿酒资格的正店。诏书的意思是：如果白矾楼能承包下让官府满意的税额，那么官府可以让该楼做正店，允许该楼自己酿酒，并自开封城内众多脚店中拨出三千户，让他们统一向白矾楼买酒。由该诏书可知，白矾楼转型成为正店酒楼是在宋仁宗时代，且因资本雄厚，甫一转型便能对接三千户脚店。由该诏书还可以知道，开封城内酒楼业的繁华，是一种与权力紧密结合的繁华，酒楼向权力输送财富，权力为酒楼提供特权。

不独白矾楼如此。北宋宣和年间的开封城内，还有仁和店、姜店、班楼、刘楼、乳酪张家、八仙楼、长庆楼等共计七十二家正店。每家正

---

① 《齐东野语》卷十一，收入于（南宋）周密著，杨瑞点校：《周密集》第一册，浙江古籍出版社2015年版，第192页。

② 曾枣庄、刘琳主编，四川大学古籍整理研究所编：《全宋文》第二十二册，巴蜀书社1992年版，第504页。

店都颇具规模，每家正店的背后都有官僚背景支撑，每家正店的经营前提都是向官府输送财富以获取酿酒特权。这些正店，与城内上万家被剥夺了酿酒资格的脚店，共同构成了酒城开封的基本面。

开封城每年要消费多少酒？宋神宗熙宁九年（1076）的统计数据显示，"在京酒户，岁用糯米三十万石"[①]。按当时出酒率，即一斗粮食酿一斗酒，三十万石糯米可酿造三百万斗酒。一斗等于十升，今天市面上出售的普通瓶装矿泉水通常为500毫升（0.5升）。忽略不同时代计量单位的小差异，粗略折算下来，开封酒户在熙宁九年仅以糯米酿酒，便生产了6000万瓶之多（每瓶0.5升）。对一座总人口百万上下的城市而言，这是一个惊人的数据——毕竟，除糯米外，开封酒户还会使用粳米、黍、麦子作为酿酒原料。另据李华瑞以酒曲为依据所做估算，熙宁年间朝廷每年大概可以卖出167万斤酒曲（为了牟利，北宋官府对酒曲实施垄断政策），按一斤曲可造二斗五升酒来计算，167万斤酒曲可以酿造出418万斗酒。[②]按每瓶0.5升算，相当于开封城的酒户每年要生产8360多万瓶酒。平摊到百万开封人头上，意味着每人每年要消费大约80瓶酒——这当中尚未算入官府自酿之酒投放到市场上的数量。

开封俨然一座酒城，是因为皇权希望它变成一座酒城。为增加财政收入，北宋政府对酒实施禁榷政策，由官府垄断。垄断方式有三种：一是官产官运官卖；二是由官府向商人售卖生产许可证与销售许可证；三是民间酿造出的酒必须由官府收购，再由官府卖给民间。具体到开封，其酒业经营实施的主要是榷曲法，即由官办的都曲院对酒户实施配曲。一家正店酒户可以酿造多少酒，完全取决于酒店能从政府手中买到多少酒曲配额。这笔购买酒曲配额的钱便叫作"曲钱"。开封城内的七十多家正店，全部得向政府交了曲钱、买了官曲之后才能酿酒。只向正店出

---

①（清）徐松：《宋会要辑稿·食货二十》。

② 李华瑞：《宋代酒的生产和征榷》，河北大学出版社2001年版，第82页。

售酿酒配额，自是为了便于监管，以降低征税难度。

当官府在经济领域掌握了不受制约的权力，必会发生权力的疯狂变现。北宋都曲院的情况正是如此。都曲院最喜欢干的事情是多造酒曲，然后摊派给酒户。至于酒户们需不需要这么多酒曲，酒户们能否将酿出来的酒全卖出去，开封城的酒类消费能力的上限是多少，都曲院皆不关心。宋英宗时期，户部副使张焘上奏批评过这种行为："京师赋曲于酒，人有常籍，毋问售不售，或瘝产以偿"[①]——京城的人口数量是有常数的，都曲院在京城只求摊派更多的酒曲，不管市场能否消化那么多酒，搞得很多商户破了产，把家产全变卖了也还不起都曲院的曲钱。宋神宗年间，大臣周直儒也上奏批评都曲院："曲数过多，酒数亦因而多。多则价贱，贱则人户折其利"[②]。恶性循环下，酿酒越多，酒户就亏得越多；酒户们纷纷破了产，都曲院的酒曲摊派也变得更加困难。

除了要被强行摊派酒曲外，开封城的酒户们还面临一项致命政策，即北宋在元丰二年（1079）制定的"月输不及数，计所负倍罚"[③]条款。该条款一方面规定酒户须按月向官府输钱，如果某月输送给官府的金额未达到预定指标，须按缺额加倍罚款；另一方面还规定酒户须按时酿酒，须按向官府购买酒曲的数量酿酒，不许多酿，不许使用超规格的计量器具，更不许使用私人制造的酒曲。为将这些监管落到实处，朝廷还鼓励民众举报酒户的违规行为，举报者将获得丰厚赏赐，被举报者则要面临严惩。宋太祖建隆三年（962）制定的法律规定：违背酒曲之禁，城郭之民私自造酒超过20斤者，乡村之民私自造酒超过30斤者，一律公开处死；民众拿着私酿之酒进入京城（开封）50里内、进入西京（洛阳）和州城20里内，只要超过5斗一律处死；凡有官署卖酒之地，只要携

---

① （元）脱脱等：《宋史》列传第九十二，《张焘传》。

② （清）徐松：《宋会要辑稿·食货二十》。

③ （元）脱脱等：《宋史》志第一百三十八《食货下七》。

带的私酒达到一石，也一律处死。①

在如此这般长期而严密的管控之下，没有政治背景的酒户必然亏本。宋仁宗时期的刘保衡便是典型。史载"京城富民刘保衡开酒场，负官曲钱百余万，三司遣吏督之，保衡卖产以偿"②。这位刘保衡参与了开封城的酒行生意，结果欠下官府百余万曲钱，被官府逼着将包括房宅在内的家产变卖了来还账。刘保衡的投资悲剧之所以会被记载下来，是因为他卖房还债意外引发了朝堂高层的动荡。以低价买入刘家宅院的是时任三司使、吏部侍郎张方平。刘保衡拿到卖房款后，将之全部用来偿还了欠官府的曲钱。刘氏家族中人没见到卖房款的影子，刘保衡的姑姑遂一纸诉状将刘保衡告到衙门，说他本非刘家之子，无权败光刘氏的家产。案子闹开后，时任御史中丞包拯上奏弹劾张方平，说他身为最高财政长官却以低价趁机贱买本部门监管下的富民宅邸，实在太无廉耻。张方平因此被从中央外放至地方。由这桩案子提供的信息可知，刘保衡虽颇有家产，但在官府中并无值得一提的靠山。这种无背景者贸然扎进开封城的酒行买卖当中，赔至倾家荡产实非偶然。

真正能够在开封城站稳脚跟的正店酒楼，皆有政治背景。如宋太宗的外戚孙氏，宋徽宗之郑妃的父亲郑绅，皆在开封城内经营酒楼。这类人拥有特殊身份，都曲院不敢强行摊派酒曲，也不敢施以苛刻的监管。他们依赖权力获得酿酒、卖酒的特殊资格，开酒楼稳赚不赔。普通酒户则不然。元丰年间，因开封城酒户长期亏损，实在还不上欠朝廷的"旧曲钱及倍罚钱"③，宋神宗只好下诏允许酒户将还款的最后期限再延长半年。闹到宋神宗出面推迟还款期限，说明开封一般酒户普遍面临经营困境，而这困境又主要来自朝廷唯利是图的酒类经营政策。

---

① （元）脱脱等：《宋史》志第一百三十八《食货下七》。

② （南宋）李焘：《续资治通鉴长编》卷一八九，"嘉祐四年三月己亥"条。

③ （元）脱脱等：《宋史》志第一百三十八《食货下七》。

面对沉重的酒曲摊派，开封城的正店酒户们要想挣到钱，其实只有一种办法，那就是走高档路线提升酒的品位。开封城内最具消费力的人群，是由皇室、贵族、官僚及其家属组成的统治集团。唯有满足这些人的需求，正店酒楼才可能存活下来。于是，在宋人张能臣的《酒名记》中，开封城正店酒楼所酿之酒在取名时普遍走的是文雅路线，如：丰乐楼眉寿、和旨，忻乐楼仙醪，和乐楼琼浆，遇仙楼玉液，玉楼玉醴，铁薛楼瑶醹，仁和楼琼浆，高阳店流霞，清风楼玉髓，会仙楼玉醑，八仙楼仙醪，时楼碧光，班楼琼波，潘楼琼液，千春楼仙醪，中山园子店千日春，银王店延寿，蛮王园子正店玉浆……这些有着文雅名称的酒，显而易见是以那些喜好附庸文雅的统治集团为主要目标用户。

正如本书第一章第六节"繁华的底层逻辑"中提到的酒楼老板孙赐号，其经营风格迎合了开封城庞大的官僚士大夫的消费趣味，于是生意兴隆。挣了大钱的孙赐号，后来建楼开起正店，成了开封城里有头有脸的人物。可以想见：如果有一天官僚士大夫这个群体消失了，孙赐号的酒楼便会开不下去。如果有一天所有的文人士大夫都消失了，开封城的所谓繁华也将瞬间崩塌。

开封都曲院的情况如此，开封之外的州郡都酒务与县酒务的情况也大体相近。地方酒务部门为了创收（酒课收入部分上缴中央，部分留在地方），普遍积极往下摊派酿酒额度。可惜的是，官僚集团作为酒类消费的主力军，在地方上的数量远不如开封。乾兴元年（1022）前后，"杭州酒务每岁卖酒一百万瓶"[1]。这种瓶大体相当于三升，一百万瓶大约是三十万斗，相当于开封年酿酒量的十四分之一。当时的杭州人口约为开封的四分之一或三分之一，其酒类消费量却只有开封的十四分之一，主因便是杭州的衙门数量有限，官僚群体数量远不如开封。

官僚群体不足，消费能力有限，地方酒务部门只好强迫底层百姓喝

---

① （清）徐松：《宋会要辑稿·食货二十》。

酒。于是，在宋仁宗天圣七年（1029），淮南、两浙与荆湖地区皆发生了"民间吉凶之事……尚敢抑人多沽，辄出引目"[1]之事。谁家遭逢婚丧嫁娶，负责酒类专卖的地方官员便会出动，强行向百姓摊派买酒配额。也是在宋仁宗时期，平定军乐平县原本驻扎有禁军"兵士四指挥军"，酒类消费一度颇为繁荣，当地政府每年可收入酒课4000余贯。庆历三年（1043），驻军调离乐平县，该县县城仅剩下百余户民众。最大的酒类消费群体没了，上级下达给乐平县的酒课征收任务丝毫未减，知县屡次向上级申请减免也未获批准。官营酒务部门无法完成征税任务，只好竭力压榨本地民众。[2]

南宋的情况更甚。秀州嘉兴县原本每年的酿酒额度是四万缗。绍兴十八年（1148），地方官为了敛财，增酿至超过十三万缗，当地百姓根本喝不掉这么多酒，怎么办呢？官府就把卖酒的任务摊派给下面的胥吏和里正，按级别分摊售卖任务。搞到最后，县里的普通百姓、医生卜者、倡优，甚至连道士与僧尼都被摊派了卖酒任务，"贿赂肆行，公私交病，吏逃民困"，官吏与平民全都叫苦不迭。[3]

都曲院与地方酒务部门如此这般"努力"，终于将开封与杭州变成了酒城，也将宋朝变成了酒国。宋太宗时代，酒课只占到朝廷货币总收入的8.3%。20余年后，到宋真宗天禧年间，酒课的比重剧增至朝廷货币总收入的33.7%。宋仁宗庆历年间更是达到了最高点38.9%（1700余万贯）。此后虽因官府无节制摊派破坏了市场而导致收入下跌，酒课仍始

① 《禁抑配沽酒诏》，收入于曾枣庄、刘琳主编，四川大学古籍整理研究所编：《全宋文》第44册，上海辞书出版社2006年版，第174页。

② （北宋）欧阳修：《乞减乐平县课额札子》，收入于李之亮笺注：《欧阳修集编年笺注（六）》，巴蜀书社2007年版，第542—543页。

③ （南宋）楼钥：《南四乡记》，收入于浙江省地方志编纂委员会编著：《宋元浙江方志集成》第13册，杭州出版社2009年版，第6089页。

终维持在占朝廷货币总收入25%以上这样一个规模。[①]也正因此，清代史家赵翼才会评价说"历代榷酤，未有如宋之甚者"[②]，将赵宋王朝的酒类管控政策视为史上最残暴者。

遗憾的是，孟元老的《东京梦华录》里只字未提上述种种制度性残暴。书中只有开封城酒楼的富丽堂皇与开封城酒业的繁花似锦。作为一名在开封城内"烂赏叠游"二十余年的官宦子弟——孟元老自述"仆从先人宦游南北，崇宁癸未到京师"，显示其父乃是在职官员，孟元老乃是一名官员之子，考虑到宋代恩荫泛滥，孟元老可能也有官职在身。这是孟元老能在京城长期"烂赏叠游"的重要背景。孟元老不关心这富丽堂皇与繁花似锦的由来，也不关心这富丽堂皇与繁花似锦背后，普通的底层人究竟付出了什么样的代价。[③]

亦即是说，后世之人称颂北宋繁华，虽多以《东京梦华录》为重要史料依据，但官员之子孟元老的历史记忆，绝不能等同于普通百姓的历史记忆。不能以《东京梦华录》里的繁华，去遮蔽开封城内普通人的辗转腾挪与艰难求生。

纸做的衣服，纸做的被子

陈寅恪先生说"华夏民族之文化，历数千载之演进，造极于赵宋之

---

① 李华瑞：《宋代酒的生产和征榷》，河北大学出版社2001年版，第365—366页。

② （清）赵翼：《陔余丛考》卷十八，"宋元榷酤之重"条。

③ 还有一点需要注意，那就是颠沛流离中对往昔繁华的追忆，大多难免带有滤镜。杜甫在"安史之乱"中写诗"忆昔开元全盛日"便是典型案例。诗人在朝不保夕中想起开元天宝时期，觉得那是个"稻米流脂粟米白"的好时代，却忘了自己在"安史之乱"爆发前夕有过"朱门酒肉臭，路有冻死骨"的切身见闻。孟元老流落江南期间撰写的《东京梦华录》，也有这方面的迹象。

世"①，这番评价自然也代表了后世之人对于宋朝的一种历史记忆。这种历史记忆，无疑与宋代出版的蓬勃发展有直接关系。因造纸技术与雕版印刷术皆有显著进步，图书出版在宋代出现了前所未有的繁荣。正如宋末元初之人吴澄说，"宋三百年间，锓板成市，板本布满于天下"②，不但官府所藏前代之书得到刊刻并广泛散播至民间，宋人所撰新作也大量见于开封、临安等城市的书坊。汉代之前的口耳相传，唐代之前的埋头手抄，至此全成了陈年往事。保存至今的宋代著作要比之前所有朝代的著作加起来还多。两宋文化能给后世留下"造极"的印象，重要原因之一便在这里。

不过，需要注意的是，宋代造纸业的繁荣并不全是文化需求所致。在今人的常识里，纸张的主要功用是书写与记录。但在宋人的常识里，纸张还是衣服与被褥的廉价替代品，是底层人不可或缺的生活必需品③。

用纸来做衣服，始于唐末五代。王审知原是唐朝的威武军节度使，后割据福建建立闽国，其施政残酷狠暴汲取无度，故有记载称"王审知残民自奉，人多衣纸"④，在他的治下，福建百姓穿不起绢布之衣，只好穿纸做的衣服。入宋后，穿纸衣仍是一种存在的社会现象。北宋人苏易简《文房四谱》里说"山居者常以纸为衣"，又说安徽的黟、歙等地"有人造纸衣段可大如门阖许"，能造出如同门扇般大小的纸用于做衣服。王安石曾披露说，边境战士待遇窘迫，很多人只能穿着纸衣

---

① 陈寅恪：《陈寅恪集》，生活·读书·新知三联书店2009年版，第245页。

② （元）吴澄：《吴文正集》卷三十四，《赠鬻书人杨良甫序》。

③ 据笔者的有限所见，最早系统研究宋代人以纸衣、纸被等为生活必需品者，是熊正文先生刊于《食货》半月刊第五卷第12期（1937年6月）的《纸在宋代的特殊用途》一文。

④ （北宋）王禹偁：《小畜集》卷三十，《建溪处士赠大理评事柳府君墓碣铭》。

戍边。①宋代官府在救济贫苦百姓时也常发放纸衣。如宋神宗熙宁八年（1075），淮西提刑司曾督促下属诸郡"多造纸袄为衣"；宋徽宗崇宁二年（1103）冬，朝廷曾下诏要求各衙门将无用的废纸"送开封府造纸袄"，以便在大寒之日用于救济京城及周边地区那些没有衣服穿的贫民。②

纸衣之外又有纸衾，即纸作的被子。苏轼说，若"纸被旧而毛起者，将破"，可将五到七根黄蜀葵的梗捶碎后泡水，用浸出的涎水去刷纸被，能起到修补作用③，可见纸被在苏轼生活的年代已颇为流行，已沉淀出了修补纸被的有效之法。进入南宋后，纸被似乎更常见了。朱熹曾向好友陆游赠送纸被，陆游也有多首诗作提及纸被，还说自己"村居日饮酒，对梅花，醉则拥纸衾熟睡，甚自适也"④。陆游的所谓"自适"，当然只是文人墨客的苦中作乐。盖纸被对穷人而言终究是迫不得已，绝非纸被的舒适度胜过布被与棉被。另一位南宋诗人高翥就说得更诚实一些："更有诗人穷似我，夜深来共纸衾眠。"⑤

廉价，正是纸被在宋代贫民中流行的主因。南宋人李曾伯盖着纸被写诗"价廉功倍人人燠"，说纸被比布被、棉被更保暖恐怕未必，但毫无疑问价格更低廉。真德秀在福建做过地方官，见过百姓欲穿纸衣盖纸被而不得，曾写诗抨击官府"有田尽增税，无楮可为衾"，楮就是纸的代名词。真德秀还撰有《楮衾铭》，内中写道："一衾万钱，得之曷

① 漆侠：《宋代经济史》下册，南开大学出版社2019年版，第175页。

② （清）徐松：《宋会要辑稿·食货五九》。

③ （北宋）苏轼：《物类相感志》，《衣服》。

④ （南宋）陆游著，钱仲联校注：《陆游全集校注·3·剑南诗稿校注三》，浙江教育出版社2011年版，第368页。

⑤ （南宋）高翥：《同周晋仙睡》，转引自游修龄：《纸衣和纸被》，《古今农业》1996年第1期。

繇？不有此君，冻者成丘。"①布被与棉被的市价高达万钱，底层百姓哪里买得起。幸好有纸做的被子可勉强作为替代品，否则百姓就要被冻死了。南宋戏文《张协状元》里，出身贫寒的主人公赴京赶考，随身携带的也是廉价的"纸被儿"。主人公途中遇到强盗被洗劫一空，幸得贫女救济，贫女能拿出来的东西也只有米粥与"旧纸被"。能成为戏曲中的元素，可知盖不起布被、棉被而只能以廉价的纸被为替代品，乃是当时的常见现象，而非个案。另据金朝人刘祁《归潜志》记载，"余见河南为令者，有夜盖纸被，朝服弊衣以示廉"。②由此也可见纸被的低贱在当时已是广为人知的常识。

值得注意的是，这些廉价的纸衣和纸被皆可在市场上买到。如南宋人赵蕃自述"初寒无衾，买纸被以纾急"③；南宋明州官办的福利机构广惠院，每到冬天也要到市场上去购买纸被，"计口分给"那些鳏寡孤独之人④。只有存在较多需求的东西，才会成为市场上的常规商品。以上种种，皆显示纸衣与纸被在宋代普通民众中广泛使用。但凡能穿上布帛做的衣服，不会有人真喜欢纸作的衣服。但凡能盖上布帛做的被子，不会有人真喜欢纸做的被子。总之，宋代流行纸衣与纸被的主因，是有大量民众生活在濒临冻饿而死的贫困线上，他们用不起布匹与绢帛。

穿纸衣、盖纸被作为社会现象在宋代出现，究竟是进步还是退步？这是个值得细思的问题。宋代之前，秦汉三国南北朝时期，百姓无衣可穿的记载很多，但没发生穿纸衣、盖纸被的现象。这当然是因为那时候的造纸技术还比较落后，纸张的产量有限，造价也还很高，没法成为衣

---

① （南宋）真德秀：《西山丈集》卷三十三，《楮衾铭》。

② 扬之水：《新编终朝采蓝：古名物寻微》下册，生活·读书·新知三联书店2017年版，第236页。

③ （南宋）赵蕃：《章泉稿》卷四，《初寒无衾买纸被以纾急作四绝》。

④ （南宋）梅应发、刘锡撰：《开庆四明续志》卷四，《广惠院记》，转引自李华瑞：《宋代救荒史稿》下册，天津古籍出版社2014年版，第801页。

服与被子的廉价替代品。宋代之后，元明清时期，百姓无衣可穿的记载仍多，但穿纸衣与盖纸被未再成为常见的社会现象。这或许是因为棉花被引入并得到广泛种植，若是综合考虑造价与实用性，纸衣、纸被与棉制衣被相比已没有优势，作为商品的纸衣、纸被遂从市场上消失了。以上是从所谓"大历史"的视角去审视宋代流行纸衣、纸被这件事情——相比前代，宋人有纸衣、纸被可用，可算幸运；相比后世，宋人无奈以纸为衣被，又可谓不幸。可惜的是，由"大历史"视角生发出来的这种审视，对那些无可奈何以纸衣、纸被度日的两宋百姓而言毫无意义。在这些百姓的感知里，他们之所以用不起布匹与绢帛，核心原因只有一个，那就是宋朝政府的汲取机制过于残暴。

与隋唐时代一样，两宋政府也要求民众缴纳绢帛作为赋税。但不同的是，因军队规模空前庞大，且官僚集团数量空前膨胀，两宋政府对绢帛的需求量远大于前代。唐玄宗时期，政府财政收入中的调绢数量达到巅峰，有740余万匹。入宋后，宋仁宗皇祐年间政府的绢帛收入已达到874万余匹，宋哲宗元祐初年更是达到2445万余匹之多，已是唐代峰值的3倍有余。两宋之交，仅两浙路一地的上供绢就达到117万匹之多，这当中还不包括和买绢（指以政府采购名义汲取所得）。[1]相比前代，两宋朝廷对绢帛的汲取力度翻了数倍，却没有资料显示两宋民间的绢帛生产能力有跨越式增长，可想而知会有更多的两宋百姓用不起绢帛，穿不起布衣，盖不上布被。

在两宋，因食税群体（军人与官僚）规模过于庞大，仅通过征收夏秋二税，远不足以满足朝廷的布帛需求。如，宋朝每年在四川征收约180万匹布帛，只有近48万匹来自夏秋二税，其余132万匹则是通过折科、市买、和买等手段汲取而来。[2]四川如此，全国也是如此。这当中，所谓的

---

① 漆侠：《宋代经济史》下册，南开大学出版社2019年版，第101页。

② 贾大泉：《宋代四川经济述论》，四川省社会科学院1985年出版，第79页。

折科，指官府征税时，把税收中的其他项目（如盐税、酒课等）折算成布帛。因具体折算标准由官府说了算，民众遭遇折科必定吃亏。市买也叫科市，指官府拿着钱去市场上采购布帛。因政府采购带有强制性，百姓遭遇市买也必定吃亏。如宋太宗淳化年间，朝廷在四川设置官营采购机构博买务，强制川峡诸州百姓只能将布帛卖给官府，且严禁商人从事布帛的收购与销售，违者严惩。[1]这项暴政成了诱发王小波、李顺起义的重要因素之一。

折科与市买都很残暴，但若要论谁对百姓的伤害更大，二者都及不上和买。

和买绢政策始于北宋太宗时期，本是一项好政策。其内容简单说来就是：春天的时候由官府贷款给穷困的百姓，让他们有资金种桑养蚕、种麻织布，到了该缴纳夏秋二税之时，再让百姓给官府缴纳相应的绢帛来抵消贷款。实际上相当于政府预先支付采购绢帛的资金，所以该政策也叫作预买绢。宋仁宗时，因朝廷需要大量绢帛来满足军队所需，地方政府在征收绢帛方面压力很大，和买绢政策在河北、两浙、四川等地皆有实施，且为激发民众贷款生产的积极性，官府给出的布帛收购价一般等于或略高于市场价。到了宋神宗年间，和买绢又借王安石变法之机在全国铺开，成了宋朝政府的一项固定政策。[2]

也正是从此时开始，和买绢政策变成了宋朝百姓人人痛恨的暴政。宋神宗熙宁年间，因朝廷屡兴战事，对绢布的需求激增，绢布的市场价格暴涨数倍。但官府推行和买绢政策时预支的本钱却不愿随市价上涨，导致参与和买绢对百姓而言成了亏本生意。如四川地区的绢布价格上涨至每匹千钱以上，官府预支的和买绢价格却只有每匹四百钱，百姓纷纷要求从和买绢项目中退出。有些地方官府还玩起了折算的把戏，如宋

---

① （清）徐松：《宋会要辑稿·食货六四》。

② 殷小未：《关于宋代的和买绢、折帛钱问题》，《南开史学》1981年第1期。

哲宗元祐年间，江都县不给百姓预支现钱，而是把钱折算成盐，"每支盐六两，折绢一尺。盐六两原钱一十文五分足，绢一尺价钱二十八文足"[①]。这样折算下来，参与和买绢项目的百姓亏惨了，自然想要退出。朝廷急需大量绢布，百姓却不肯再参与和买绢，官府遂动用行政力量，按百姓家产等级强制摊派，被摊派到的百姓，不管愿不愿意，都必须参与和买绢，必须接受官府给定的预购价，必须按期缴足官府规定的绢布数量。亲历这一变化的北宋官员范镇，留有一段记载：

> 薛简肃公时，布一匹三百文，依其价，春给以钱，而秋令纳布，民初甚善之。今布千钱，增其价才至四百。其后，转运使务多其数，富者至数百匹，贫亦不下二三十匹，而贫富俱不懬矣。[②]

薛简肃公即薛奎，官至参知政事，活跃于宋太宗、宋真宗时期。范镇这段文字写于他"谢事"之后，即因不满王安石变法而自朝堂上退下来之后。按范镇提供的信息，百姓早期参与和买绢项目，因官府的收购价比较合理，还是能挣到一些钱的。但进入宋神宗时代之后，一切就都变了。不但官府的采购价远低于市场价，负责采购事务的转运使为了完成政绩，还搞起了摊派。富人必须参与和买绢，动辄被摊派数百匹之多；穷人也必须参与和买绢，动辄被摊派二三十匹之多。摊派的匹数越多，亏损就越多。富人和穷人都被搞得焦头烂额，都极其痛恨和买绢政策。之后发生的事情，自是不难想见：因朝廷频繁用兵，绢布价格本已暴涨，大量绢布又通过上述强制摊派的手段被汲取至国库，民间绢布存

---

① （北宋）苏轼：《东坡七集·奏议》卷一一，《论积欠六事并乞检会应诏所论四事一处行下状》。

② （北宋）范镇：《东斋记事》卷三，收入于《全宋笔记·第一编》（六），大象出版社2003年版，第213页。

量减少，只会刺激绢布的市场价格继续上涨。底层百姓买不起绢布的情况只会随之变得更加严重。活跃于宋神宗年间的苏轼、王安石在诗文里多次提及纸衣与纸被，宋神宗熙宁年间的淮西提刑司有制造纸袄来救济贫苦百姓的行为，其时代背景便在这里。

以上情况还不算最糟糕。在秦制时代，在官府权力不受约束的地方，任何充满善意初衷的利民政策都会退化为汲取工具，和买绢政策也不例外。宋神宗时期，百姓多少还能从官府手中拿到一点点绢布的预购款；而到了更恶劣的宋徽宗崇宁年间，官府已有直接将和买绢视为新税赋的倾向，连象征性的预购款也不愿向百姓支付了。进入南宋后，这项新税赋干脆以"折帛钱"的名目堂而皇之固定下来，成了所有百姓都要承受的负担。需要注意的是，不能因税名是"折帛钱"而想当然地认为百姓是在用钱纳税。"折帛钱"这个名称仅仅意味着官府将税额折算成了钱数，至于具体缴纳什么，是纳绢还是纳钱，主要取决于官府当时需要什么，取决于哪种缴纳模式可以给官府带来更大的收益。

两宋政府对绢布的大规模汲取，是绢布市场价格不断飙升的主因。北宋哲宗元符年间以前，每匹绢的价格约为1贯。到了宋徽宗大观年间和宋高宗绍兴初年，已上涨至每匹2贯。再往后，到了南宋乾道年间，又升至每匹1—4贯。布匹的价格也整体呈上涨趋势。宋真宗年间每匹约150—300文，宋神宗时期已上涨至每匹400—450文，进入南宋后，已高达每匹1—2贯。[1]绢布价格长期处于上涨态势，又使其成了保值商品和支付工具。正如日本学者加藤繁所言，绢布在宋代是日用品，也充当着货币的用途。有大量的税赋须以绢布的形式缴纳；在各种财政支付中，绢布常常代替现钱在使用。向民间购买物资与服务会使用绢布；向军队支付军费会使用绢布，向官员支付赏赐也会使用绢布。[2]绢布作为保值品与货币

---

① 李惠村、莫曰达：《中国统计史》，中国统计出版社1993年版，第141—142页。

② 汪圣铎：《试论宋代绢帛的货币功能》，《中国经济史研究》2004年第3期。

的色彩越浓，作为日用品的色彩就越淡。绢布以税赋的形式越来越多地集中到政府手中，其市场价格就会越高，就会有越来越多的底层百姓用不起绢布。于是，市场上就出现了纸做的衣服和纸做的被子。

华夏文化因造纸术与雕版印刷术而"造极于赵宋之世"，是后世学者站在所谓"大历史"的角度而总结出的一种历史记忆。这种历史记忆当然不能说是错的。只是，普通宋民恐怕很难感受到这种文化上的造极，也不会为这种造极而自豪。

类似的情况还有交子。今人谈到交子，第一反应往往是交子诞生于中国的北宋年间，乃是世界上第一个真正意义上的纸币。对今人而言，交子是老祖宗留下的民族骄傲，是极值得自豪的事情。可对两宋年间那些正在使用交子的老百姓而言，交子在很多时候可能意味着灾难。当朝廷发现印制纸币来支付军政开支远比铸造铜钱更划算后，交子很快就成了政府敛财的手段。宋神宗曾公开承认其之所以大量发行交子，目的便是为了空手套白狼以汲取民财："行交子诚非得已，若素有法制，财用既足，则不须此。"[1]官府滥发引发贬值，是交子、会子等纸币被两宋百姓厌恶的主因。宋哲宗时期的交子发行量是宋仁宗时期的三倍，于是每贯交子的市场价从高于面值的1100文跌到了低于面值的900文[2]。宋徽宗时期交子的发行量相当于宋仁宗时期的数十倍，于是旧交子的市场价跌至仅剩新交子市场价的四分之一[3]。宋徽宗君臣靠着频繁开动"印钞机"增加了许多财政收入，普通百姓则深陷在通货膨胀的泥潭里，拥有交子即等同于遭遇财富缩水。

---

① （南宋）李焘：《续资治通鉴长编》卷二二一，"熙宁四年三月戊子"条。

② （北宋）苏辙：《栾城集》卷三十六，《论蜀茶五害状》。其原文是："昔日蜀人利交子之轻便，一贯有卖一千一百者，近岁止卖九百以上。"

③ （元）脱脱等：《宋史》志第一百三十四《食货下三》。其原文是："自用兵取湟、廓、西宁，藉其法以助边费，较天圣一界逾二十倍，而价愈损。及更界年，新交子一当旧者四。"

南宋的纸币会子也是大体相似的情形。辛弃疾曾上奏说，会子之所以大幅贬值，一个重要原因是朝廷喜欢印刷会子，然后拿会子去民间采购物资，去偿付财政开支，但在征收税赋时，官府却不肯收纸币，只愿意收铜钱①。所以会子在民间是人见人怕、人见人憎。即便后来南宋朝廷出台政策，允许百姓用会子缴纳一半乃至十分之七的税赋，情况也没有得到多少改善，因为地方州郡的官吏知道会子必定贬值，仍想方设法刁难百姓，强迫他们用铜钱纳税。②

世界上的第一张纸币诞生于北宋时代的中国，是一种立足于宏大叙事的历史记忆。两宋百姓因官府滥发纸币而深陷通货膨胀的泥潭，对交子与会子深恶痛绝，是一种立足于日常生活的历史记忆。两种历史记忆可以共存，但其中的骄傲与苦难并不相通。正因为骄傲与苦难并不相通，所以骄傲值得被记住，苦难同样也不能被遮蔽，更不能被遗忘。

---

① （南宋）辛弃疾著，徐汉明点校：《辛弃疾全集》，《论行用会子疏》，崇文书局2013年版，第296—298页。值得注意的是，辛弃疾批评会子贬值，担忧朝廷给军队士兵发会子容易影响军队的向心力，他希望朝廷想办法让会子停止贬值，最好是让会子的市场价略高于其面值，这样士兵拿到会子必然开心，朝廷也可以源源不断靠印刷会子来支付军费。其原文是："今诸军请给微薄，不可复令亏折，故愿陛下重会子，使之贵于见钱。若平居得会子一贯，可以变转一贯有余，所得虽微，物情自喜。缓急之际，不过多印造会子，以助支散，百万财赋可一朝而办也。"一面想要靠开动"印钞机"来支付军费，一面又想维持纸币不贬值，辛弃疾的期望其实等同于空想。

② （南宋）谢深甫《庆元条法事类》卷三十《钱会中半》记载：乾道六年（1170）闰五月九日朝廷下发敕令，"诸路总领监司州军受纳、解发钱贯须是会子见钱各半"。李心传《建炎以来朝野杂记·甲集》卷十六《东南会子》记载，乾道七年春，"诏州郡上供许用七分会子，三分见钱（原注：正月）。然有司取于民悉以见镪"。见李埏、林文勋：《宋金楮币史系年》，收入于《李埏文集》第三卷，云南大学出版社2018年版，第138页。

"古者刻剥之法本朝皆备"

皇帝的恭俭仁恕出于天性。一遇水旱，或于禁庭秘密祷告，或光脚立于殿卜。担绝功几御苑，服饰朴实无华，夜里饿了想吃烧羊也不肯下旨索要，担忧开了先例后负责御膳的伙夫便会常年宰杀羊只以备不时之需。复审全部有疑点的死刑，每年挽救上千人的生命。在位四十二年间，吏治看似偷惰却无残暴刻薄的官员，刑法看似纵驰而执法者多是平允之士。国家虽有弊病但仍可称作治世，朝中虽有小人但仍以善类居多。其忠厚之政为两宋积累了三百年的国祚之基。《传》曰"为人君，止于仁"，这句话宋仁宗皇帝实在是当之无愧。[①]

上面这段话，是《宋史》对宋仁宗的赞誉，也是《宋史》试图留下的关于宋仁宗和宋仁宗时期的历史记忆。只是，在许多亲历过宋仁宗时期的宋人看来，这个所谓的治世并不存在。陈舜俞便是其中之一。陈是宋仁宗庆历六年（1046）的进士。据他所见，宋仁宗时期民生凋敝，百姓已被各种苛政压得喘不过气来。在给宋仁宗的奏疏中，陈舜俞总结了导致民生困苦的八项主要盘剥：

> 今天下之赋五：曰公田、曰民田、曰城邑、曰杂变、曰丁口。天下之禁三：曰盐、曰茗、曰酒。生民之衣食，举此八者穷矣。[②]

第一项盘剥手段公田，指的是租种朝廷的土地须缴纳地租。公田地租名义上比私田地租要低一些，但种公田是与官府打交道，佃户会常年受到官吏的敲诈勒索，实际负担往往远超过名义地租。如宋仁宗天圣元年（1023）有诏令披露称，全国各处职田（公田的一种）多不依照政策

---

① （元）脱脱等：《宋史》本纪第十二《仁宗四》。

② （北宋）陈舜俞：《都官集》卷二，《厚生四》。

规定去招募流民与客户耕种，而是由官府强制租佃给更方便控制的"公人及税户"，且用容量超过标准的大斗来收租，遭遇了水旱灾害也不许佃户申请减免田租。①也是在宋仁宗统治时期，吕大防就任青城知县，发现该县的圭田（祭祀用地，公田的一种）收租时用容量超标的大斗，支出时才用公斗，"卿大夫能获利三倍，民虽有怨而不敢诉"，佃户们遭遇超额盘剥却敢怒不敢言。②宋神宗熙宁年间，朝廷掌控的公田为四十四万七千四百四十八顷一十六亩③，约占当时全国垦田数的十分之一。宋仁宗时期的比例应与之大体相仿。换言之，宋代虽不立田制，但朝廷仍是最大的地主。官府敲剥加上胥吏勒索，租种朝廷公田所承担的实际田租，往往大于租种私田。

第二项盘剥手段民田，指民众耕种自家田地，需向朝廷缴纳夏秋两税。宋代两税名义上并不重，但官府在征税时常使用折变、支移等手段，民众的实际缴纳额度往往极为离谱。宋仁宗统治时期恰值折变与支移泛滥成灾。包拯曾上奏披露陈州的折变暴政，便是一个典型案例。据包拯讲，陈州的夏税本该缴纳大小麦，官府将之折算成每斗一百文钱，还要添加脚钱（运输费）二十文，头子仓耗钱（损耗费）二十文，总共是一百四十文。可当时大小麦的市场价仅为每斗五十文。官府随意玩了一把折变，陈州百姓的夏税负担就变成了之前的两倍半。最为令人发指者，是陈州官府对蚕盐的折变。当时的养蚕用盐须由官府配卖给百姓，陈州的官员将每斤蚕盐折价为一百文，而当时市场上的盐价是每斤二三十文。如此，百姓要缴纳的蚕盐钱就成了原来的三倍不止。这还不算完，陈州的官员又将每斤一百文的蚕盐钱折变成小麦，折算价格是

①《诸处职田依条召佃诏》，"天圣元年七月戊寅"条，收入于曾枣庄、刘琳主编，四川大学古籍整理研究所编：《全宋文》第二十二册，巴蜀书社1992年版，第415页。

②（元）脱脱等：《宋史》列传第九十九《吕大防传》。

③（元）马端临：《文献通考》卷七《田赋考七》。

每斗四十文，而当时陈州小麦的市场价是每斗五十文。按市场价，一百文蚕盐钱只需要缴纳两斗小麦，而按官府的折价则需要缴纳两斗五升小麦，百姓的负担二次提升。可是，事情还没有结束，陈州官吏又一次把这两斗五升小麦给折变成了现钱，折算价格是每斗一百四十文，两斗五升小麦变成了三百五十文钱。也就是说，购买一斤蚕盐按市价本来只需二三十文钱，而经过陈州官员的反复折变，最后竟变成了民众向官府配买一斤蚕盐得缴纳三百五十文钱，足足是市场价的十余倍。[①]

除折变外，"支移"也是让北宋自耕农闻之色变的盘剥手段。支移，顾名思义指民众须自费将缴纳给朝廷的赋税运输至指定地点。其本意，是官府要将物资调配的成本摊派给民众，如甲地百姓输纳的实物租税当地官家用不上，便须转运至需要该实物的乙地。官府不愿承担转输的人力成本与金钱成本，就以支移的名义强迫百姓来干。按常理，为了节省民力，支移应限于邻近的州、军之间，但到了北宋中期，强迫百姓千里迢迢远距离转输已是常见现象。宋仁宗宝元二年（1039），华州知州魏舜卿上奏说，陕西都转运司衙门要求下辖民户将夏税支移转运到"隔蓦州军"的仓库，也就是要跨州军运输，因路途遥远运费高昂，民户们迫不得已只好带着现钱前往目的地，然后在当地购买粮食缴纳至指定仓库。可是，民户们带钱上路，沿途又有诸多税卡要收他们的商税（宋代税种泛滥，民众带现钱出门途经税关须按钱数多少征税），以致损失惨重。[②]到宋仁宗庆历、嘉祐年间，地方官府为了创收，又对支移做了改革，将民运改为官运，转而向百姓收取"地里脚钱"。这笔钱是多是少全凭官府张口索要，至于物资是否真的需要转运出境，是否真的需要远途运输，那就不得而知了。

---

① （北宋）包拯撰、杨国宜校注：《包拯集校注》，黄山书社1999年版，第17页。

② （清）徐松：《宋会要辑稿·食货七十》。

第三项盘剥手段城役，指城市居民须承担行役，且要缴纳宅税、地税、茶课、盐课等杂税。行役的情况，本书第七章已有详细介绍，这里不再赘述。宋代杂税之多难以穷尽，其征税面之广前无古人，民众日常生产生活中的所有物品，几乎皆在征税之列。盖房子要征税，娶妻嫁女要征税，出门随身带着铜钱、铁钱也要征税，甚至连农具也有税。官府无法挨家挨户统计谁又买了新农具，又要保障农具税的体量，于是就把该税附在田赋中，不管农户有没有购买新农具，每年都得按田亩数量缴纳农具税。反倒是带着纸币出门一般不会被征税，因为朝廷喜欢滥发纸币以满足财政需要。这些杂税既针对乡村百姓，也针对城邑居民。

第四项盘剥手段杂变，指临时摊派下来的各种依附在田赋之上的附加税。如政府需要牛革，便临时向民众征收牛革；需要箭秆，便临时向民众征收箭秆。这类税种的开征极为随意，政府只须简单下个通令即可，并不需要征求民众的意见。据《宋史·食货志》，此类以杂变形式征收的物资共计有四五十种之多。杂变的本质，可以说是权力不受约束与财政收支无计划，随心所欲向百姓伸手。

第五项盘剥手段丁口，即狭义上的人头税，也就是"丁口钱""丁身米"等税种。其实质是民户家中多一口人，便须多纳一份人头税。宋仁宗庆历八年（1048），福建路转运使蔡襄又上奏说，其辖下泉州、漳州与兴化军的百姓因丁身米负担太重，生了孩子往往选择抛弃或者溺死。此类情况在本书的第四章已有详述，这里就不再展开了。

第六、七、八项盘剥手段盐、茗、酒，指宋朝政府对盐、茶、酒等商品实施国家垄断经营。其垄断方式有三种：一，官产官运官卖；二，官府掌控货源，向民间商人出售经营许可证；三，民间生产出来后全部由官府收购，再由官府卖给民间。酒类专卖给民众带来的祸患，本章第一小节已有介绍，不再赘述。茶叶专卖之祸也与之类似。宋哲宗元祐元年（1086），侍御史刘挚上奏专论朝廷在四川实施官营榷茶法后，给百姓造成的灾难。刘挚说，四川各州产茶，本是百姓赖以为生的好东西。朝廷实施榷茶法后，茶农（宋代称作园户）生产的茶叶必须且只能卖给官府，卖什么价全由官府说了算，胥吏牙侩还会从中盘剥，于是"园户有逃而免者，有恝死以免者，而其害犹及邻伍。欲伐条则有禁，欲增植则加市，故其俗论谓：地非生茶也，实生祸也！"①种茶变成了种祸，但砍伐茶树有罪，多种茶树只会让境况更糟，于是茶农们只好或抛弃产业逃跑。

盐、茶、酒三项垄断经营中，对民生危害最大的是食盐官营。北宋的食盐主要来自解州的池盐和东南两淮地区的海盐，宋仁宗时期之前，二者一度分别占到了全国食盐总年产量的30%和40%。官府垄断食盐经营，靠着贱买贵卖获得了巨额收入。如淮南之盐，官府的收购价不过每斤4文钱，盐户得了这4文钱，还得承担10%的损耗，实际收购价格相当于每斤盐只有3.64文钱，而官府将盐卖给百姓时，价格就变成了每斤三四十文钱，买价与卖价相差约十倍。解州的池盐更甚，买价与卖价相差数十倍之多。为保护这种暴利，宋太祖曾颁布律法，规定凡私自制盐达三斤者即可判处死刑。②

对两宋民众而言，盐价高昂的戕害还在其次，更可怕的事情是民众没有不吃盐的自由。北宋各地广泛存在按人丁摊派食盐、按资产摊派食盐、按屋税额度摊派食盐的政策。这些政策又普遍与"折纳"这类手段结合在一起，让民众闻之色变。前文包拯奏疏中提到的陈州蚕盐钱被官府折变来折变去，最后要缴纳的额度变成了市场价的十余倍，便是一个典型案例。而且，蚕盐的本意是满足农户养蚕以食盐消毒的需求，不养蚕的农户本不必向官府买蚕盐，自然也就不必出蚕盐钱。可是，在宋徽宗时期，朝廷居然出台政策，要求所有农户皆必须按定数缴纳蚕盐钱，

---

① （元）脱脱等：《宋史》志第一百三十七《食货下六》。

② 吴慧：《中国商业通史》（第二卷），中国财政经济出版社2006年版，第782—791页。

不许以不养蚕为由拒缴，唯一的"优惠"是如果农户不养蚕也不向官府要盐，那么可以允许他们按六折缴纳蚕盐钱。[①]

蚕盐尚且没有买与不买的自由，常规食盐自然也好不到哪里去。宋哲宗元祐元年（1086），朝廷将食盐官卖政策推广至河中、陕、解、同、华五州，因官卖价格太高，许多百姓宁愿淡食也不向官府买盐。官府随后出台政策，以民众资产多少为依据来摊派买盐额度，强制百姓按日买盐。且以丰厚的奖赏鼓励百姓互相告发以杜绝私盐，奖赏直接从被举报者的家产中拨付。政策还勒令民众必须将当天买的盐在当天吃完，若是留到第二天吃，而第二天又没有在官府买盐的记录，那就罪同购买私盐。结果导致民众怨气冲天，朝中也有舆论反对。但怨气冲天也是无用，这套搞法后来仍在曹州、濮州等地继续推行。[②]到了宋哲宗时期，淮南地区的食盐抑配对象，已不只是本地民众，还波及"过往舟船"。若是不按当地要求买足官盐，便不许舟船自当地通行。[③]到了南宋，官府又搞出了"长生盐"（盐未给而让民众先交钱，交完钱后民众长期拿不到盐）、"还魂盐"（民众可以只交摊派数额一半的钱而不向官府要盐）等稀奇古怪的汲取名目。[④]

因强制摊派与地方官员的利益紧密相连，"每买盐一斤，知县得钱一文"是常见现象，官盐的强制摊派在两宋极为普遍。强制摊派下来的

---

① （清）徐松：《宋会要辑稿·食货二六》。

② （北宋）司马光：《涑水记闻》卷十五。其原文是："九年，有殿中丞张景温建议，请榷河中、陕、解、同、华五州，官自卖盐，增重其价；民不肯买，乃课民日买官盐，随其贫富、作业为多少之差；有买卖私盐，听人告讦，重给赏钱，以犯人家财充；买官盐食之不尽，留经宿者同私盐法。于是民间骚怨。……朝廷疑之，乃召陕西东路转运使皮公弼入议其事。……公弼条陈实无此利。于是罢开封、河中等州，益、利等路卖盐，独曹、濮等数州行景温之法。"

③ （北宋）苏颂：《苏魏公文集》卷二十，《奏乞减定淮南盐价》。

④ （南宋）佚名：《皇宋中兴两朝圣政》卷四十六，"乾道三年闰七月癸未"条。

官盐，质量自然不可能好，"灰土拌和，斤两亏少"是常见现象。百姓花了大价钱，仍然吃不上合格的盐。[①]

南宋理学家陈淳（1159—1223）对其家乡福建漳州的官盐抑配有一番详述，颇有助于我们理解两宋官盐专卖的操作细节及其残酷之处。

陈淳说，强制百姓买官盐是种"横赋"，漳州百姓受其荼毒已有七十余年之久。最初设有十八家官铺卖盐，不久官铺即增长数倍，遍及漳州的乡村市镇。每铺设胥吏一人，走卒十余人。这些人擅自将百姓人户数据编成簿册，内中记录有百姓的姓名、主客身份（主户有田宅，客户无田宅以租种他人田地为生）及摊派买盐斤数。为强迫百姓买更多的官盐，父子同居没有分家者，要按分家来摊派；兄弟同居没有分家者，也要按分家来摊派；住在人迹罕至的深山穷谷之中，仍会被找出来摊派；连单丁户和孀寡户也不能豁免。客户每个季度要被勒令购买九斤官盐，每斤十六文，共计一百五十三文足，一年要缴纳六百一十二文足。主户每个季度必须比客户多买三斤，也就是十二斤，一年下来是八百一十六文足。有些地方，官府还勒令主户每个季度必须比客户多买六斤，一年下来要交一贯二十文足。这些额度被固定下来，列在地方官府的私籍里，不论什么原因都不许更改，更不能免除。

摊派已经如此之狠，到了该官府给盐的时候，却又总不按约定的斤数交付，给个一升半合，官吏们说它是多少斤就是多少斤。盐也不是好盐，掺杂着许多灰泥，根本没法吃。所以许多人户缴纳了买盐的钱，却不肯吃官府的盐。如果有人胆敢就斤两不足与质量太差向官府抗议，胥吏们便会带着一众走卒，立马将"不肯买盐"的大帽子扣过来，出面抗议的百姓会被抓起来，会倒大霉。百姓没办法，只好忍气吞声逆来顺受。官府送盐的时候，遇上百姓出门不在家，就撮取少量

---

① （清）徐松：《宋会要辑稿·食货二八》。

盐，不负责任地倒在房子的瓦沟、门槛之类地方，然后扬长而去，任凭这些盐遭遇风吹雨淋或鸟兽舔食，这样就算是给完了盐。到了季度将要结束之日，胥吏们带着走卒挨家挨户索要盐钱，却是急如星火。缴纳盐钱稍有迟缓，便会遭到叱骂、殴打乃至逮捕囚禁，甚至有被杖责毙命者。有些人只欠了数十文零头，也会被夺走农具拿去抵账，胥吏们丝毫不顾农具的实际价值。待农户凑足余钱去赎农具，那农具早已不知去向。每处官铺每个季度都要换胥吏，捞足了钱的旧胥吏离开时会将簿册交给新来的胥吏，饥肠辘辘的新胥吏会依据这些簿册，继续按上面这套方式，变本加厉折腾民众。①

以上种种属于底层百姓的历史记忆，在《宋史》的皇帝本纪里是看不到的。皇帝们希望留给后世的，是另一套历史记忆，是皇帝如何英明神武，如何德泽万民。比如，仁宗皇帝半夜里想吃烤羊肉但他最终还是自觉忍住了。忍住了当然是好事，只不过皇帝少吃点羊肉，丝毫无助于让不受制约的官权力有所收敛，丝毫无助于改变那些制度性苛政带给民众的戕害。号称"仁"的宋仁宗时期尚且如此，其他时期，如孜孜于追求国富的宋神宗时期，沉醉于重现尧舜盛世的宋徽宗时期，其民生境况更是可想而知。故此，宋室南渡后，门人向朱熹询问历史教训时，朱熹的回答是：

> 古者刻剥之法本朝皆备，所以有靖康之乱。②

---

①（南宋）陈淳：《北溪大全集》卷四十四，《上庄大卿论鬻盐》。

②（南宋）朱熹：《朱子语类》卷一百一十。

结　语

正文已毕，最后再写几句权作总结。

首先，赵宋王朝当然是繁华的。从人头税时代过渡到田亩税时代，被统治者的生育得到了解放，人口出现了激增，加上"不立田制"的无为红利，赵宋王朝相比前代拥有更多可征发的民力与物力，这些民力与物力被征发到地方州郡与开封、临安，成就了一个前所未有的繁华时代。

但这种繁华，无论物质层面还是文化层面，皆只是统治集团的繁华。百姓生产出来的财富，会以税赋的方式被大量集中到官府手中，再通过军饷、俸禄、赏赐等方式，转移到总体量远超前代的统治集团群体身上。哪里的军队与官僚越多，哪里就越繁华；哪里没有了军队与官僚，哪里就要陷入凋敝。北宋的开封城能成为拥有百万之众的繁华大都市，核心原因便是开封城内居住的皇室、官僚权贵与禁军及其家属，至少占到了全城人口的三分之一，某些时段甚至可占到半数以上。拜赵宋王朝优待士大夫和禁军的政策所赐，这些群体的收入很高，消费力也旺盛。他们在物质与文化两个层面的消费需求，共同撑起了开封城的繁华。反观那些统治群体稀少的地方州县，繁华程度往往很低，普通百姓只能过着饥一顿饱一顿的生活。他们走向市场从事交易，大多也不是为了改善生活，而是为了出售农产品和手工制品，以应对两宋严重的税赋货币化，去换取给朝廷纳税的货币。北宋只有一个开封，南宋只有一个临安，原因正在于此。

故此，可以说赵宋政权的治下是个国富民穷型社会。

其次，与所有的秦制政权一样，赵宋政权也奉行"特权治国"的统治术，即通过在纳税与服差役等方面赋予官僚集团（官户）有别于普通民众的巨大特权，来换取官僚集团的向心力。统治集团内有权力者没有役，赋也很少。统治集团外普通百姓则赋役沉重。《治平会计录》中说"赋租所不加者十居其七"[①]，即指天下十分之七的田地落入了特权阶层之手，不需要给朝廷缴纳租税。当然，十分之七是夸张的说辞，但已足可说明赵宋政权奉行"特权治国"的程度之深。田地落入特权阶层之手，也不尽然是特权阶层巧取豪夺的结果，还有很多田地是普通民户受不了朝廷的赋役摊派而选择庇荫到了特权阶层的门下。不管是巧取豪夺还是接受庇荫，其本质都是特权在起作用，其结果都是富者越富、贫者越贫。正如包伟民在《宋代地方财政史研究》中所言：

> 通过制度的与非制度的途径，大土地所有者的赋役负担较之贫民阶层明显为轻，因此在这一阶层中积聚着大量的社会财富，可以投资于其他的领域。宋代社会城市的富庶，文化的繁荣，思想的发展，主要依靠的就是这一部分财富。……宋代广大的贫民阶层，主要是农村下户和客户，作为社会直接生产者，在租赋的重负与官吏的欺凌之下，过着极其困苦的生活，只能"苟且辛苦过一世耳"。[②]

---

① （元）脱脱等：《宋史》志第一百二十六《食货上一》。

② 包伟民：《宋代地方财政史研究》，上海古籍出版社2001年版，第278页。

　　所谓赋役负担更轻的"大土地所有者"，在宋代主要指的就是拥有特权的官户。有权有势的官户们越来越富有，无权无势的民户们越来越劳困。就这一角度而言，赵宋政权的治下还是个劫贫济富型社会。

　　再次，政治滑坡必定引发道德滑坡。当国富民穷型社会与劫富济贫型社会叠加在一起后，也会很自然地催生出一个仇富慕权型社会。这里的仇富，指赵宋政权在赋役摊派上高度针对民户中的富户；这里的慕权，指宋民普遍羡慕有特权的官户，普遍想要成为官户的一分子。

　　宋代的赋役制度以户等为核心，户等按资产划分。民户中，谁的资产越多，户等评级就越高，要承担的差役行役就越重。这种制度设计乍看似乎合理，好似现代税制中的阶梯税率，有助于降低贫富差距。实则被摊派差役者具体要承担多少，其间要遭受官吏们多少盘剥与暗算，全无标准可言，故而衙前、里正等差役常将乡村富户逼至破户亡家的地步。这种制度设计的实质是在不断消灭民户中的富有者，同时并不会触动包括官户在内的特权阶层。与那些更富有的官户相比，这些民户中的富有者其实只是穷人。这是一种统治技术，与自秦汉以来皇权热衷于打击民间豪强而鲜少去碰官僚豪强的传统一脉相承，都是在找借口消灭被统治群体中的有力量者。只不过赵宋王朝的办法更隐蔽，更具欺骗性，也更制度化。民户要想降低户等以躲避摊派，或选择安于贫穷，或选择分家析产，结果就是被统治群体变得更贫困，也更散沙化。

　　宋民慕权，正是上述统治技术的直接产物。民户富有之后，如果既不想成为官府摊派差役职役的重点对象而落个破户亡家的结局，又不想分家析产重新变回无力量的小门小户，那么就只有一条路可走，进入官僚特权阶层成为官户或者成为官户的附属。这催生了宋人的科举热情，金榜题名或者榜下择婿，成了宋代富户普遍怀抱的人生梦想。赵宋政权也很清楚富民的这种心态，故而出台了种种政策对民户中的富人进行限制，以防止其利用财富成为特权阶层的一分子。如法令明确禁止官员与乡村富户往来。宋真宗年间，有宦官朱咸则遭受杖责的惩罚，原因是"私与富民饮食"①；宋仁宗时，又有"岐阳镇巡检夜饮富民家"，被其部卒当场抓住并以此事相要挟，该巡检官自此之后再不敢约束部卒的胡作非为②。法令还严格限制富民的做官路径。如宋仁宗时，有诏令"毋得补富民为教练使"③，翰林学士权三司使王拱辰也曾因"举富民郑旭（为官）"④而被降职外调。宋神宗熙宁年间，还曾下诏清查"富民与妃嫔家婚姻夤缘得官者"⑤。朝廷如此层层防范，可知民户中的富民确有浓厚的慕权心态。毕竟，在赵宋政权治下，法律保障不了富户的资产，一次差役摊派便有使其破产的可能。但官僚权力可以。

略言之，两宋是一个繁华的时代，也是一个凋敝的时代。繁华是统治阶层的繁华，凋敝是被统治者的凋敝。或者说，这繁华是一种典型的士大夫式的繁荣；这凋敝是一种典型的编户齐民式的凋敝。正如文彦博当日对宋神宗所言的那般，赵宋政权乃是"与士大夫治天下，非与百姓治天下也"⑥。当然，事情往往有其多面性，朝代更是如此。赵宋王朝也有很多相比其同类政权值得称道的地方，比如士大夫们多数时候还可以凭着良知说话，还可以对当朝者展开有限的批评。有限批评的时代，终究要胜过不能批评的时代。

---

① （南宋）李焘：《续资治通鉴长编》卷七十八，宋真宗"大中祥符五年九月壬申"条。

② （元）脱脱等：《宋史》列传第五十七《司马池传》。

③ （南宋）李焘：《续资治通鉴长编》卷一百六，宋仁宗"天圣六年十月丁丑"条。

④ （元）脱脱等：《宋史》列传第七十七《王拱辰传》。

⑤ （元）脱脱等：《宋史》本纪第十四《神宗一》。

⑥ （元）马端临：《文献通考》卷一二《职役考一》。

关于宋朝的两则当代神话

　　中文知识界近些年广泛流传过两则关于宋朝经济发展的神话。一则是"宋朝人均年粮食占有量1400多斤。清朝是700多斤，只有宋朝的一半"。另一则是宋朝的国内生产总值（GDP）占到了当时世界经济总量的60%—80%。这两处"宋朝"的具体所指均是北宋。在笔者看来，这两种说法皆不可信。

宋朝的人均粮食占有量

　　先说人均粮食占有量。

　　"宋朝人均年粮食占有量1400多斤。清朝是700多斤，只有宋朝的一半"这个说法流传开来，与电视上曾出现的一档名为《成败论乾隆》的节目有关。这个结论对不对？首先可以肯定的是，该说法并非信口开河。学界确有一些结论相近的研究。如郑正与王兴平于2000年将宋代的人均粮食占有量估算为1333市斤①。卜凤贤于2006年估算历代人均粮食占有量时，得出结论：宋元时期的人均粮食占有量高达1457.87市斤。与隋唐相近（1450.92市斤），远高于明清（明代数据为1192.94市斤，清代

---

　　① 郑正、王兴平：《古代中国人寿命与人均粮食占有量》，《江苏社会科学》2000年第1期。

1840年前后数据为780市斤）。①

不过，笔者以为更接近实际的情况，应是吴慧在《中国经济史若干问题的计量研究》（2009年出版）一书中给出的数据。该书写道：

> 北宋末叶人口达1.25亿，按人口平均，每人粮食占有量为原粮1214斤（市斤）。……但当时原粮的出品率较低，百斤原粮加工的成品粮不过50斤，因此人均占有的原粮折为成品粮食应为607斤。②

众所周知，要想计算出某个时代的人均年粮食占有量，至少需要知晓如下三项基础数据：垦田亩数、粮食亩产量、人口总量。用垦田亩数乘以粮食亩产量，再除以人口总量，便能得出人均粮食占有量的大致情况。

这当中，北宋中后期的人口数据是比较清晰的。据《中国人口史》的估算，大观三年（1109）的北宋总人口约为1.1275亿，宣和六年（1124）的北宋总人口约为1.26亿③。吴慧取用了"北宋末叶人口达1.25亿"这样一个数据，这个数据不存在大的争议。北宋中后期的粮食亩产数据也还算清晰。据宋人提供的各种数据，北方地区的粮食亩产较低，南方地区则要高出不少，亩产稻米二石大体可以视为宋代农业的平均产量。④吴慧在计算时，将亩产二石视为北方中田的产量，将亩产谷四石或

① 卜凤贤：《历史农业开发对灾荒发生的影响》，收入于《人类社会经济行为对环境的影响和作用》，三秦出版社2007年版，第16—17页。

② 吴慧：《中国经济史若干问题的计量研究》，福建人民出版社2009年版，第116页。

③ 葛剑雄主编，吴松弟著：《中国人口史（第三卷）辽宋金元时期》，复旦大学出版社2005年版，第349页、第352页。

④ 可参见本书第一章的第二小节"粮食亩产提升"的相关叙述。

米二石视为南方中田的产量，大体也符合学界的主流意见——如余也非认为，宋代北方陆田平均亩产粮食为一石（指成品粮），较之唐代减产了8.3%，南方水田一般亩产米二石，较之唐代增产了22.1%。[①]顾吉辰认为北宋的苏州、明州一带，"水稻亩产量（米）可达四石左右，江南其他地区亩产米则在二石左右；北方的麦粟亩产量大致为一石至二石。[②]这些看法与吴慧的意见大体是相近的。[③]

三项基础数据中，最难统计、争议最大的是北宋的垦田数。这是因为宋代根本就没有完整的垦田数据留存下来，宋朝政府也不知道自己辖下究竟有多少耕地。现存可用的数据，是《文献通考》卷四所记载的北宋垦田资料。然而，这些资料一般认为只是北宋政府控制下的征税田亩数据，并非真实的耕地数据——那些掌握在有权力背景之人手中不纳税的耕地，那些荫庇在他人名下的耕地，并没有被统计进来。要想得出耕地总亩数，只能估算。虽然是利用同一批征税田亩数据，但不同学者

---

① 余也非：《中国历代粮食平均亩产量考略》，《重庆师范大学学报（哲学社会科学版）》1980年第3期。

② 顾吉辰：《宋代粮食亩产量小考》，《农业考古》1983年第2期。

③ 当然也有不同意见。如李伯重认为，"斯波义信对南宋《常熟县学田籍碑记》中114例学田地租数字进行分析的结果表明，嘉熙年间以前该县一般亩产量在0.65石上下（亩产量以地租量之倍计，下同）。方健对该碑文中的数字进行复核，指出实属该县的学田地租数字应为153例，所涉及的学田共1784.94亩，平均亩产量为0.88石；而据袁甫《教育言子孙记》中的田租数字计算，同时期该县上等学田（450亩）的平均亩产量也仅为1.68石。笔者本人用嘉熙年间该县50都的义役田51310亩的地租数字计算，平均亩产量仅为1石；其中产量较高者（438亩），也只是在1.36—1.5石之间。……常熟农业在整个苏州乃至两浙路都名列前茅。若常熟一般亩产量仅为1石以下，那么苏州的一般亩产量绝不可能到达2石或2石以上。"见李伯重：《"选精""集粹"与"宋代江南农业革命"——对传统经济史研究方法的检讨》，《中国社会科学》2000年第1期。不过需要注意的是，学田与义役田带有公田性质，许多情况与普通民田不同，用学田与义役田的情况来推测民田的情况，可能会存在较大误差。

的估算方法不同，估算出来的北宋中期垦田总数往往差距很大。下表即《文献通考》所载北宋政府掌握的征税田亩数据[①]。

表9　《文献通考》所载北宋征税田亩数据

年代	户数（户）	垦田数据（宋亩）
宋太祖开宝九年（976）	3090504	295332060
宋太宗至道三年（997）	4132576	312525125
宋真宗天禧五年（1021）	8677677	524758432
宋仁宗皇祐三年（1051）	—	228000000
宋英宗治平三年（1066）	12917221	440000000
宋神宗元丰六年（1083）	17211713	461455000

目前有两种比较常见的估算方式。一种以漆侠为代表。其办法是引入宋神宗熙宁年间（1068—1077）王安石变法方田均税清丈隐田的数据（当时清丈了开封府界、河北等北方五路的耕地）。这五路原本登记在册的垦田数是118874203亩，清丈结果是248434900亩，挖出了隐藏田亩129560697亩。相当于有半数左右的耕地未被官府统计到。参考这一比例，漆侠估算认为北宋全国实际耕地"当为八亿多亩，折今七亿二千万亩以上。……七亿二千万亩大约是宋代垦田的最高数额，而这一数额不仅是前代未曾达到，即使是后来的元明两代也未超过此数额"。[②]

漆侠的估算方式看似合理，实际上却可能存在极大的误差。因为包括开封府、河北路在内的北方五路的田亩隐匿情况，未必能够代表全国的田亩隐匿情况。普通百姓隐匿田亩的主要动力是降低户等，以避免被官府定性为富人而承担种种差役。前表显示宋真宗天禧五年（1021）时官府掌握的田亩数约为5.25亿宋亩，30年后，到了宋仁宗皇祐三年

---

① （元）马端临：《文献通考》卷四《田赋考四》。

② 漆侠：《宋代经济史》上册，南开大学出版社2019年版，第64—66页。

（1051），官府掌握的田亩数竟然跌至2.28亿宋亩，一个极重要的原因，便是让宋民闻之色变的衙前之役，恰是在宋仁宗时代全面铺开。百姓为了躲避暴政，纷纷两害相权取其轻，将田亩庇荫到有权力背景的官户和形势户名下。

据此也可以说，某一地区的田亩隐匿情况到底有多严重，主要取决于两大因素：一是当地官府在按户等摊派差役时的残暴程度，二是当地的官户与形势户数量是多还是少。北宋北方各路在宋仁宗、宋神宗时期皆因与西夏的战争而差役频繁，百姓负担远比南方各路重，隐匿田亩的动力自然也更足。开封府界又是官户与形势户高度集中之地，由宋神宗时谏议大夫鲜于侁披露的信息"开封府多官户，祥符县至阊乡止有一户应差"①，即可知当地官户数量甚多。官户多，庇荫普通民户的能量就足，所以祥符县才闹到只剩下一家民户符合摊派差役的资格，其他民户皆带着资产隐匿到官户名下了。这种官户密集度，显然不是南方各路所能比拟的。换言之，按漆侠的估算模式得出的北宋实际耕地亩数必定是夸张的，且夸张程度很可能不小。

相比之下，吴慧的估算模式要更合理一些。吴慧其实也注意到了漆侠估算模式上的问题，认为"各地隐漏比例未必相同"，拿王安石清丈田亩的小范围数据来推论全国情况是不合适的，而且"（推算）所得之数将达969万顷，合8.7亿市亩（1宋亩约等于0.9市亩），此数大而无当。明代疆域大于宋代，明代最高垦田也不过780万顷，合6.7亿市亩"。要知道，明代不但疆域大于北宋，人口最高峰也超过了两亿。人口多于北宋，其耕地开垦数量反不如北宋，显然不合情理。明代的垦田统计数据较为可信，如此只能说漆侠的估算方式误差太大。既然漆侠的估算模式行不通，吴慧只好另寻办法，将宋真宗天禧年间的垦田数视为"隐漏程度较小"的统计数据，然后将之与宋英宗治平年间的垦田数对

---

① （元）脱脱等：《宋史》志第一百三十一《食货上六》。

比，得出北宋"至少有16.2%是隐田"的结论。然后以这一隐田比率，对宋神宗元丰年间的垦田数据进行处理，并将治平至元丰年间史料载有新耕地开辟的情况也考虑进来，得出一个550万顷的总耕地数据。吴慧认为，"550万顷这一概念可代表北宋后期的垦田数，纵有隐漏，已经不多"。①

据此，吴慧得出了宋代人均粮食年占有量约1200市斤的结论，如果从原粮折算成大米，则是人均年占有大米600市斤。这个数据与清代乾隆时期的人均粮食占有量（552市斤②）相比略有优势，但优势不大。当然，吴慧的估算模式只是比漆侠的估算模式更合理一些，与实际情况的误差要更小一些，不意味着其估算结论高度准确。采纳吴慧的数据，是因资料限制而不得已的事情。

其实，随着宋史研究的深入，以往那种认为宋代出现了耕地面积革命性增长、粮食亩产与总量革命性增长的看法，已逐渐被很多学者抛弃。如张邦炜先生回顾自己的研究生涯，便有过这样一段深刻的反思：

> 我从20世纪60年代初开始算，一直算到20世纪70年代末。在吸取前辈学者研究成果的基础上，统计、计算出四组数据：一、北宋耕地面积扩大：唐代约800万—850万顷，北宋约1460万余顷，北宋比唐代至少增加600万顷即6亿亩。二、北宋粮食平均亩产量提高：……北宋粮食亩产比唐代增长25%，比汉代增长近一倍。三、北宋年粮食总产量增加：……北宋比唐代翻了一番还多，比汉代增长三倍有余。四、北宋人口增多：汉代、

---

① 吴慧：《中国经济史若干问题的计量研究》，福建人民出版社2009年版，第308—309页。

② 吴慧：《中国经济史若干问题的计量研究》，福建人民出版社2009年版，第178页。

唐代均不过6000万，北宋在历史上首次突破1亿大关。……依据这些数字，进而得出结论：北宋超越汉、唐两代，在我国历史上是 次经济腾飞……若干年后，反躬自省，才发现上述四组数据，除第四组系学界通常说法之外，其他三组均不可信。2008年，在将《北宋租佃关系的发展及其影响》一文收入《两宋史散论》时，我索性把这些数据统统删掉。①

此外，人均粮食占有量的高低也不能反映宋代民众的生活水准，要想体察宋代民生的真实境况，仍须从赋税与劳役入手。只有廓清了两宋朝廷对百姓的控制与汲取，才能见到两宋民生的真实面貌，才能明白司马光所说的"谷未离场，帛未下机，已非己有矣。所食者糠籺而不足，所衣者绨褐而不完"②绝非虚言。

宋朝的GDP问题

再来说说宋朝的GDP。中文知识界常见的说法有两种，一种称宋朝的GDP占到世界的80%，另一种称占到世界的60%以上。某些稍微严谨一点的文章与著作则将二者结合起来，说宋朝的GDP占到了当时世界的60%–80%。

这些数据皆不可信。"占世界80%"之说的源头已不可考，也找不到任何学术与史料依据。其广泛传播同样与某电视台一档谈宋史的节目有关。在节目中，讲述人介绍了这个数据且对其持肯定态度。"占世界60%以上"之说，则出自对英国经济学家安格斯·麦迪森（Angus Maddison）的名作《世界经济千年史》的误读。

---

① 张邦炜：《历史学如何算起来？——从北宋耕地面积、粮食亩产量等数字说起》，《唐宋历史评论》2017年辑刊。

② （北宋）司马光：《传家集》卷四八，《乞省览农民封事札子》。

在麦迪森的《世界经济千年史》中，有一项利用购买力换算得出的统计，认为在公元1000年前后（正值中国北宋时期），亚洲（不包括日本）的GDP规模是789亿国际元，整个世界的GDP规模是1168亿国际元，前者相当于后者的67%左右。具体情况见下表：

表10　世界和主要地区GDP规模（公元0年至1998年）

（单位：10亿1990年国际元）

地区	公元0年	公元1000年	公元1820年	公元1998年
西欧	11.1	10.2	163.7	6961
西方衍生国	0.5	0.8	13.5	8456
日本	1.2	3.2	20.7	2582
拉丁美洲	2.2	4.6	14.1	2942
东欧和苏联	3.5	5.4	60.9	1793
亚洲（不包括日本）	77.0	78.9	390.5	9953
非洲	7.0	13.7	31.0	1939
世界	102.5	116.8	694.4	33726

资料来源：［英］安格斯·麦迪森著，伍晓鹰等译：《世界经济千年史》，北京大学出版社2003年版，第16页。

依据此表，有些读者想当然地认为公元1000年的"亚洲（不包括日本）"即主要是指北宋，于是就有了"宋朝GDP占到了世界60%以上"的说法。殊不知，上面这张表格只是简表，在该书的"附录B"中，麦迪森还有更详细的数据——他将"亚洲（不包括日本）"这一区域，划分成了中国、印度与其他亚洲国家（地区）三个部分。根据这张附表，中国在公元1000年前后的GDP规模是265.5亿国际元，只占到世界GDP总量的22.7%；而印度却占到了28.9%。具体如下表所示：

表11　世界GDP及20个国家和地区的GDP估计

（单位：百万1990年国际元）

地区	公元0年	1000年	1500年	1600年	1700年	1820年
日本	1200	3188	7770	9620	15390	20739
中国	26820	26550	61800	96000	82800	228660
印度	33750	33750	60500	74250	90750	111417
其他亚洲国家（地区）	16470	18630	31301	36725	40567	50486
世界	102536	116790	247116	329417	371369	694442

资料来源：〔英〕安格斯·麦迪森著，伍晓鹰等译：《世界经济千年史》，北京大学出版社2003年版，第259页。限于篇幅仅摘引了亚洲各地区的数据与世界总数据。

此外还有一点需要注意，那就是上面这张表里，麦迪森的统计对象是"中国"而非"北宋"。他在书中将公元1000年前后的中国人口确定为5900万。一般认为，公元980年的北宋人口大约是3250万。很显然，麦迪森统计的5900万人当中，还包括了辽、西夏与大理等政权的人口。也就是说，若以麦迪森的统计结论为依据，那么在公元1000年前后，北宋的GDP总量占到世界GDP总量的比例不但少于同期的印度，且在数据上还要远低于22.7%。这样的数据，当然很难带来血脉偾张的快感。所以，中文知识界流传最广的始终是以讹传讹的"宋朝GDP占到了同期世界的60%—80%"，鲜少有人去细查麦迪森的真实表述。

其实，中国统计GDP是20世纪80年代才开始的事情。麦迪森关于中国古代GDP的这些统计，是在原始数据极其不充分的条件下做出的估算，准确度很有限，很多学者也并不认同麦迪森的数据。当然，再怎么不认同，学者们也不会将占比不足22.7%误读成占比达60%乃至80%。前者有可能接近实际情况，后者只能是荒唐的神话，其唯一价值不过是满足某些人"祖上也曾经阔过"的虚骄心理。当宋朝百姓已被丁绢钱、丁盐钱、折布钱、僧道免丁钱、市例钱、秤提钱、罚酒钱、科醋钱、卖纸钱、税酱钱、下拳钱、经总制钱……压得奄奄一息时，讨论GDP世界占比是毫无意义的。

感　谢

　　最后要向在本书创作过程中提供了诸多帮助的朋友们表示诚挚的感谢。

　　感谢北京行距文化的黄一琨先生和武新华女士，感谢浙江人民出版社的编辑，谢谢你们容忍我一再拖稿。

　　本书进入收尾阶段时，我不慎遭遇意外导致胸椎骨折，不得不实施手术并卧床休养。感谢我的岳父与岳母在这期间给予的诸多照顾，感谢我的女儿谌大猫给予强大的精神支持，感谢诸多亲友的探视关怀，尤其要感谢我的夫人梁妍女士，是她的全程精心照料让我得以在病床上躺着完成了本书最后的内容。